Better Reading

ITALIAN

Second Edition

Daniela Gobetti, Ph.D.

New York Chicago San Francisco Lisbon London Madrid Mexico City
Milan New Delhi San Juan Seoul Singapore Sydney Toronto

The McGraw-Hill Companies

Copyright © 2012 by The McGraw-Hill Companies, Inc. All rights reserved. Printed in the United States of America. Except as permitted under the United States Copyright Act of 1976, no part of this publication may be reproduced or distributed in any form or by any means, or stored in a database or retrieval system, without the prior written permission of the publisher.

3 4 5 6 7 8 9 10 11 12 13 14 15   QVS/QVS   19 18 17 16 15 14

ISBN   978-0-07-177033-0
MHID   0-07-177033-X

e-ISBN   978-0-07-177034-7
e-MHID   0-07-177034-8

Library of Congress Control Number 2011928616

Interior design by Village Bookworks, Inc.

McGraw-Hill books are available at special quantity discounts to use as premiums and sales promotions or for use in corporate training programs. To contact a representative, please e-mail us at bulksales@mcgraw-hill.com.

Other titles in the Better Reading series:

Better Reading Spanish, second edition, Jean Yates
Better Reading French, second edition, Annie Heminway
Better Reading English, Jenni Currie Santamaria

Bonus readings online: *Lamerica* (see page 268 for details)

Every effort has been made to contact the copyright holders of the passages included in this book.

This book is printed on acid-free paper.

Contents

La moda e il design

Costume e società

La scuola

Lessico famigliare

Sebben che siamo donne...

La comunicazione, la musica e i giovani

Preface

Better Reading Italian is intended for native English speakers who wish to improve their skill in reading Italian. Although we live in a world where English is becoming the lingua franca, foreign languages are now more accessible than ever, thanks to the Internet and furiously multiplying web sites. Learners not interested in classical literature may find it useful, or even necessary, to be able to navigate a site in a foreign language.

The first step to better reading is to read more. To encourage beginning readers to pick up this book, it has been organized into sections according to eight areas of interest—travel within Italy, cuisine, fashion, customs and society, education, the family, feminism, and social media, as well as one online (Italian attitudes toward America)—with the idea that at least one of these areas might interest them already, and that after exploring that area, interest in another will follow naturally. It is also true that reading better encourages us to read more.

All of the reading selections in this book are original. Students of Italian may find easier, carefully prepared pieces in their grammar books, where every sentence is calibrated to the student's level of proficiency. But learning to read a foreign language means learning how to understand texts that are aimed at native speakers and therefore take for granted references, context, and levels of understanding that are mysterious to foreigners. Sooner or later, readers must confront this problem if they want to understand texts that express the culture of a foreign country. The first selection is a children's poem that is grammatically very simple, as simple as the vocabulary used. But its references—to a city and its landmarks and to a children's book, *Cuore*—may create difficulties for a foreign learner, no matter how proficient his or her knowledge of the "language" may be.

Readers should be patient with themselves. A first reading may yield only partial understanding, so it is crucial to read a selection several times, at different times. A reference to "gli azzurri" in a newspaper headline may make sense only after visiting a web site on Italian soccer. ("Azzurri" is the nickname for the national soccer team.) A reference to "D.O.C. wine" may mean nothing to you until you see it spelled out on a bottle of fine Italian wine: Denominazione di Origine Controllata.

While this book cannot thoroughly cover all things Italian, it does attempt to give a sense of the complexity and range of Italian linguistic production and cultural attitudes. The chapter on fashion and design includes an excerpt from one of Gadda's novels that is difficult even for native readers! It is included here to show how far the language can be pushed by a good and complex writer. The chapter on the family offers a portrait of family relations that are not exclusively focused on the stereotypical figure of an overprotective *mamma*.

How to use this book

One of the joys of reading is that you can read what you want, when you want, however you want.

The format of *Better Reading Italian* enables you to use, and benefit from, the book in different ways. One approach is to read the easiest selections in each section, writing the exercises after each one, then progress to more difficult selections. The level of difficulty of each piece is indicated. Level 1 selections are for learners who, while having a command of Italian grammar, have yet to acquire a large vocabulary and are not accustomed to long and complicated syntax. Level 2 selections present some lexical and syntactic difficulties that can be solved by a dictionary and a grammar book. Level 3 selections are for the student who wishes to extend an already proficient reading knowledge of Italian. There are two pieces "beyond level 3": an excerpt from a novel by Carlo Emilio Gadda and (online) a poem by Giovanni Pascoli. These provide a sense of how the limits of the language can be pushed so that even native readers have to mobilize all their resources to understand what the writer wishes to convey.

Another approach is to select a topic that interests you, read each of the selections in order, writing the exercises after each one. If you are really interested in this topic, you will probably be able to read the most difficult selections—because you want to and because you have been developing important reading skills that make the material easier to read. Then you may choose another topic that interests you.

English words and phrases are now common in Italian. Some are indispensable, although in many cases there is no need to use English words except to flaunt one's (often superficial) knowledge of English; why should you say "the new economy" instead of "la nuova economia"? Nevertheless, because this is the linguistic trend in Italy, *Better Reading Italian* provides readers with examples of the living language, not just with examples of good Italian.

Users of this book are invited to use props: dictionaries, grammar books, product labels, maps, and—above all—the Internet. Several Italian web sites have English versions, and several offer English translations of the original site.

The exercises that follow the reading selections are designed to develop reading skills.

- *Making sense of the selection.* Extensive comprehension questions follow each reading selection. Some of these questions can be answered after a quick reading to determine general purpose and content; others may require you to scan the selection for detailed information. In many cases, you can make educated guesses about the meaning of words by their use in the context of the sentence, the paragraph, or the entire reading. By the time you are able to answer all the questions yourself (there are no answers at the back of the book!), you will have acquired a full comprehension of the reading.

- *Vocabulary.* Nouns relevant to a particular topic are listed with the appropriate article, since it is the article, not the ending of the noun, that tells you its gender. Adjectives are listed in their basic form, which is usually masculine singular. You should attempt to learn nouns with their articles and verbs with the preposition(s) most commonly used to link them to their objects.

    Many Italian words have cognates in English—words that are similar in form and meaning. We instinctively translate these Italian words because they look like English words: *fondazione* immediately conjures up "foundation." But some of these words will fool you; they look like English words but have very different meanings. These words are called *falsi amici,* "false friends." For example, *attuale* means "contemporary" or "up-to-date" in Italian, not "actual" or "real." Italian words that are similar in both form and meaning to English words are called "true cognates" in this book and are set in bold type in vocabulary lists.

- *Grammar points.* Clear, concise grammar explanations are provided to help make sense of a specific selection. Related exercises reinforce your grasp of these grammar points and will inevitably be of use in further reading.

- *Fill in the blanks.* These exercises ask you to complete a sentence, often with a word or expression that can be found in the selection or a vocabulary list. This encourages you to use a word in more than one context, thereby learning the semantic field that it covers. Unless otherwise noted, write-on lines for answers indicate that the answers can be found in the Answer key at the end of the book.

- *Idiomatic expressions and proverbs.* These lists help you recognize and learn the meaning of forms that are lost in translation.

Buona lettura!

Il bel paese

It seems appropriate to begin a book on how to read Italian with a quotation from Dante. The phrase *il bel paese* comes from Canto XXXIII of Dante's *Inferno*: *Il bel paese là dove 'l sì sona*, "the beautiful country where the *sì* sounds" (as opposed to other ways of saying "yes," such as the northern French *oui* and the southern French *oc*). This set phrase has been so successful that in 1906 a manufacturer of dairy products, Galbani, introduced a cheese with that very name.

In recent decades the description of Italy as *il bel paese* has been popularized by *Panorama,* a magazine that for many years offered a weekly political cartoon by Carlo Tullio Altan called *Il bel paese.* The tone was unmistakably ironic, as if to say, "Beautiful country all right, but not to be completely trusted and not to be taken entirely seriously."

The label stuck. And that is how *il bel paese* is used here: affectionately and ironically, as the title of a group of reading selections devoted to Italy as a land of tourism. (As many people visit Italy each year as live there: about 60 million!)

Tourism is inseparable from tourist guidebooks, which aim to give visitors all the right reasons for going somewhere. The skies are always blue, the sun is always shining, the monuments are always imposing, and the food is always fine, if not downright extraordinary. These guides, however, may not convey a complete, or even truthful, picture of the country. This section juxtaposes five reading selections about four Italian places: a children's poem about Turin, a web site advertisement for a package tour of Sicily, a poem about Trieste, an excerpt from a recent best-seller about Trieste, and an advertisement for a country inn in Tuscany.

A children's poem stands at the beginning because learning a foreign language requires, in part, regressing to the early years of life. As language-learning adults, we need to accept the idea that our minds "shrink" to the vocabulary, syntactic structure, and context of children. This, of course, is not to take anything away from the intensity and preciseness of feelings, images, and ideas that children and good children's writers can attain.

Torino

Gianni Rodari (1920–1980) worked all his life on pedagogical and educational issues. He wrote several books of poetry and prose for children, which have been translated into several languages, including English, Russian, and Japanese. Rodari compared his work to that of a toy maker, for he believed that children learn best when they are at play. In 1970 he won the prestigious Hans Christian Andersen Award for children's literature.

The poem that follows is part of a collection of prose and poetry entitled *Filastrocche per tutto l'anno*. It is devoted to Turin, the capital of Piedmont, which is the region where Rodari came from, even though he spent much of his life in Milan. In the poem Rodari refers to characters from a well-known children's book, *Cuore*, which remains important even though it was published over a hundred years ago.

Torino

Sotto i portici di Torino
ho incontrato uno scolaretto.
Garrone? Nobis? Il muratorino
che della lepre, rifà il musetto?

Come le pagine vecchie e care
del vecchio *Cuore*, sempre belle,
le vecchie strade diritte e chiare
si somigliano come sorelle.

Torino, Torino
il Po e il Valentino
le colline incantate
per farci le passeggiate

di fine settimana,
e la Mole Antonelliana
in mezzo alle cartoline
illustrate.

Gianni Rodari, "Torino," *Filastrocche per tutto l'anno*, Editori Riuniti, 1986.

ESERCIZI

BACKGROUND NOTES

This poem, though simple, contains references to places and things that children must be acquainted with if they are to understand it. The children's book *Cuore* was written by Edmondo De Amicis and published in 1886. It has a role in Italian literature and imagination not unlike that of *Huckleberry Finn* in the United States. An excerpt from *Cuore* (page 133) may help you understand the characters Rodari mentions. *Po* is the Po River, which originates in the mountains west of Turin and empties into the Adriatic Sea. *Valentino* is Turin's equivalent of Hyde Park, a royal park given to London's residents in the seventeenth century. *La Mole Antonelliana* is Turin's most recognizable building, like the Tour Eiffel in Paris.

MAKING SENSE OF THE POEM

A Answer the following questions. You can mark your progress in understanding the poem by using the check boxes provided.

1 ☐ What do the first stanzas of the poem focus on—people or places?

2 ☐ What does the word *Cuore* refer to—the organ of the body or something else?

3 ☐ What links the characters mentioned in the first stanza to the book *Cuore*?

4 ☐ How do pages and streets resemble one another—in a physical way or in the impression they make on the reader?

5 ☐ What are the streets of Turin like? What kind of city do you visualize? One that has narrow streets and is snail shaped, like a medieval town? Or a more modern city?

6 ☐ What do the last two stanzas focus on?

7 ☐ Is Turin close to the sea? To the mountains? To the hills?

8 ☐ What does *la Mole Antonelliana* evoke? Strolls? Postcards? Paintings?

9 ☐ What is your general impression of the city? If you know anything else about Turin, does what you know agree or contrast with Rodari's depiction?

BUILDING VOCABULARY WITH SUFFIXES

🔎 Italian is rich in diminutives, augmentatives, and pejoratives. These are words formed by adding suffixes to nouns and adjectives to express nuances, often of size or of an affectionate or disparaging nature.

The most common diminutive suffixes in Italian, *-ino/-ina* and *-etto/-etta*, indicate smallness.

mia sorella	my sister	*la mia sorellina*	my little sister
un libro	a book	*un libretto*	a small book, booklet; an opera libretto

The most common augmentative suffix in Italian, *-one*, indicates largeness, sometimes with a negative connotation. When *-one* is added to a feminine noun, the resulting noun is masculine.

la porta	the door	*il portone*	the front door
una donna	a woman	*un donnone*	a huge woman

Some Italian words can take both *-one* and *-ona* suffixes (for example, *la villa, il villone, la villona*).

The most common pejorative suffixes in Italian, *-astro/-astra* and *-accio/-accia*, convey a negative meaning.

il poeta	the poet	*il poetastro*	the terrible poet
una parola	a word	*una parolaccia*	a swearword

Care should be taken when creating words with suffixes. Since you might be creating "words" that would not be used by a native speaker, it would be wise to use only formations that you have heard or seen in print.

B Classify the following words as diminutive, augmentative, or pejorative, then write the noun from which each is derived.

		TYPE OF SUFFIX	ROOT NOUN
1	*la scuoletta*	_____	_____
2	*il muratorino*	_____	_____
3	*lo stradone*	_____	_____
4	*il musetto*	_____	_____
5	*la sorellastra*	_____	_____

Now form diminutives by adding the appropriate suffixes to the following words. Some words can be modified in more than one way, for instance, by adding either *-ino/-ina* or *-etto/-etta* to form the diminutive.

6	*lo scolaro*	_____		
7	*la barca*	_____		
8	*la bimba*	_____	OR	_____
9	*il bimbo*	_____	OR	_____
10	*la gatta*	_____		
11	*il gatto*	_____		
12	*il gioco*	_____	OR	_____
13	*il micio*	_____	OR	_____

14 *la palla* _____

15 *la pancia* _____ OR _____

16 *il pane* _____

17 *la scarpa* _____ OR _____

18 *la tazza* _____

19 *l(o)'uccello* _____ OR _____

IDIOMATIC EXPRESSIONS

From the Italian word *muso* ("nose, face") comes the expression *fare il muso* (*mettere su il muso*), which means "to pout."

Tutte le volte che papà parla di fare una gita in montagna, mia sorella si mette a fare il muso.	Every time Dad mentions going on an excursion in the mountains, my sister starts pouting.

The phrase *rifà il musetto* appears in line 4 of the poem. *Rifare il muso* is used here to mean "to imitate the hare's face," as a pun on the expression *fare il verso a qualcuno* ("to imitate someone's voice/to mock someone's manner of speaking").

Mia cugina Giulia non apre bocca senza piagnucolare e lamentarsi e i suoi fratelli, che sono dispettosi, non perdono mai un'occasione per farle il verso.	My cousin Giulia can't open her mouth without moaning and crying; her naughty brothers don't miss a chance to mock her.

Il Touring Club Italiano

The web site on the following two pages advertises a tour organized by the Touring Club Italiano (TCI), an association founded in 1894 that provides its 500,000 members with the kind of services offered by the American Automobile Association in the United States. The association has always been active in ecology and conservation campaigns: In 1897 it installed the first one hundred road signs in Italy. In 1909 it launched a campaign for reforestation and the preservation of grazing lands. In 1922 it established the first camping grounds in Italy. By the 1960s, TCI's activities had branched out to include defense of Italy's artistic wealth and natural beauty.

---

www.touringclub.it.

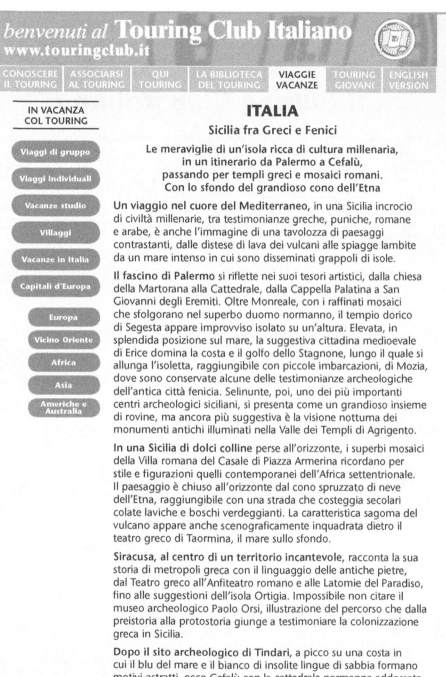

benvenuti al **Touring Club Italiano**
www.touringclub.it

| CONOSCERE IL TOURING | ASSOCIARSI AL TOURING | QUI TOURING | LA BIBLIOTECA DEL TOURING | VIAGGIE VACANZE | TOURING GIOVANI | ENGLISH VERSION |

IN VACANZA COL TOURING

- Viaggi di gruppo
- Viaggi individuali
- Vacanze studio
- Villaggi
- Vacanze in Italia
- Capitali d'Europa
- Europa
- Vicino Oriente
- Africa
- Asia
- Americhe e Australia

ITALIA
Sicilia fra Greci e Fenici

Le meraviglie di un'isola ricca di cultura millenaria,
in un itinerario da Palermo a Cefalù,
passando per templi greci e mosaici romani.
Con lo sfondo del grandioso cono dell'Etna

Un viaggio nel cuore del Mediterraneo, in una Sicilia incrocio di civiltà millenarie, tra testimonianze greche, puniche, romane e arabe, è anche l'immagine di una tavolozza di paesaggi contrastanti, dalle distese di lava dei vulcani alle spiagge lambite da un mare intenso in cui sono disseminati grappoli di isole.

Il fascino di Palermo si riflette nei suoi tesori artistici, dalla chiesa della Martorana alla Cattedrale, dalla Cappella Palatina a San Giovanni degli Eremiti. Oltre Monreale, con i raffinati mosaici che sfolgorano nel superbo duomo normanno, il tempio dorico di Segesta appare improvviso isolato su un'altura. Elevata, in splendida posizione sul mare, la suggestiva cittadina medioevale di Erice domina la costa e il golfo dello Stagnone, lungo il quale si allunga l'isoletta, raggiungibile con piccole imbarcazioni, di Mozia, dove sono conservate alcune delle testimonianze archeologiche dell'antica città fenicia. Selinunte, poi, uno dei più importanti centri archeologici siciliani, si presenta come un grandioso insieme di rovine, ma ancora più suggestiva è la visione notturna dei monumenti antichi illuminati nella Valle dei Templi di Agrigento.

In una Sicilia di dolci colline perse all'orizzonte, i superbi mosaici della Villa romana del Casale di Piazza Armerina ricordano per stile e figurazioni quelli contemporanei dell'Africa settentrionale. Il paesaggio è chiuso all'orizzonte dal cono spruzzato di neve dell'Etna, raggiungibile con una strada che costeggia secolari colate laviche e boschi verdeggianti. La caratteristica sagoma del vulcano appare anche scenograficamente inquadrata dietro il teatro greco di Taormina, il mare sullo sfondo.

Siracusa, al centro di un territorio incantevole, racconta la sua storia di metropoli greca con il linguaggio delle antiche pietre, dal Teatro greco all'Anfiteatro romano e alle Latomie del Paradiso, fino alle suggestioni dell'isola Ortigia. Impossibile non citare il museo archeologico Paolo Orsi, illustrazione del percorso che dalla preistoria alla protostoria giunge a testimoniare la colonizzazione greca in Sicilia.

Dopo il sito archeologico di Tindari, a picco su una costa in cui il blu del mare e il bianco di insolite lingue di sabbia formano motivi astratti, ecco Cefalù con la cattedrale normanna addossata a una grande parete rocciosa, che svetta alta sulle case del paese, ultima immagine prima di tornare nuovamente a Palermo.

TOUR DI 8 GIORNI / 7 NOTTI			Caparra	390

Quote individuali di partecipazione da Palermo

Supplementi per persona
(da versare assieme alla caparra)

Partenze
(min. 30 partecipanti)

	soci	non soci
dal 15 al 22 settembre	1.590	1.690
dal 6 al 13 ottobre	1.590	1.690
dal 20 al 27 ottobre	1.590	1.690
dall'1 all'8 dicembre	1.590	1.690

– camera singola
durante il tour 350
– pernottamento
facoltativo a Palermo 155
– camera singola per
la notte a Palermo 50

ITINERARIO

1° GIORNO
✈

PALERMO
Nel pomeriggio visita panoramica di Palermo. Sistemazione in albergo. Cena e pernottamento.

2° GIORNO
🚌

**PALERMO
MONREALE
MONREALE
SEGESTA
SEGESTA ERICE**
In mattinata visita di Palermo: la Cattedrale, il Palazzo dei Normanni con la Cappella Palatina, San Giovanni degli Eremiti. Visita del duomo di Monreale. Nel pomeriggio visita al tempio di Segesta. Sistemazione in albergo a Erice. Pensione completa.

3° GIORNO
🚌

**ERICE MOZIA
MOZIA SELINUNTE
SELINUNTE
AGRIGENTO**
In mattinata visita di Mozia. Nel pomeriggio visita al centro archeologico di Selinunte. Sistemazione in albergo ad Agrigento. Dopo cena tour alla Valle dei Templi. Pensione completa.

4° GIORNO
🚌

**AGRIGENTO
PIAZZA
ARMERINA
PIAZZA
ARMERINA
ACIREALE**
Mattinata dedicata alla visita della Valle dei Templi. Nel pomeriggio visita alla Villa Romana del Casale di Piazza Armerina. Sistemazione in albergo ad Acireale. Pensione completa.

5° GIORNO
🚌

**ACIREALE
SIRACUSA
SIRACUSA
ACIREALE**
Giornata dedicata alla visita di Siracusa: la zona archeologica (il parco della Neapoli con l'Anfiteatro Romano e il Teatro Greco, le Latomie del Paradiso), il Museo archeologico Paolo Orsi e l'isola di Ortigia. Pensione completa.

6° GIORNO
🚌

**ACIREALE ETNA
ETNA TAORMINA
TAORMINA
ACIREALE**
In mattinata, condizioni metereologiche permettendo, visita all'Etna (salita fino a 1.900 m). Nel primo pomeriggio visita al Teatro Greco a Taormina. Pensione completa.

7° GIORNO
🚌

**ACIREALE
TINDARI
TINDARI CEFALÙ
CEFALÙ PALERMO**
In mattina visita degli scavi di Tindari, nel pomeriggio visita a Cefalù. Sistemazione in albergo a Palermo. Pensione completa.

8° GIORNO
PALERMO
In giornata partenza. Prima colazione.

SCHEDA TECNICA

Alberghi
4 stelle a Palermo e Agrigento (3 stelle a Erice e ad Acireale).

Trattamento
pensione completa dalla cena del 1° giorno alla prima colazione dell'8° giorno.

Visite
ed escursione:
come da programma.

Ingressi
per le visite previste dal programma.

ESERCIZI

MAKING SENSE OF THE WEB SITE

A Answer the following questions.

1 ☐ Is this an American web site? If not, from what country does the site originate? Whose site is it?

2 What button would you click on for the following information?

a ☐ Where to find branches of the Touring Club Italiano

b ☐ Guides, maps, and books

c ☐ Trips within Italy

d ☐ The "youth" section

e ☐ How to contact the Touring Club Italiano

f ☐ Trips and vacations

g ☐ Group tours

h ☐ A description of the organization

i ☐ The English version

j ☐ How to become a member of the Touring Club Italiano

k ☐ Individual tours

l ☐ Information about the Near East

m ☐ Study abroad while on vacation

n ☐ Visiting European capitals

o ☐ Everything-included resorts

3 If you take the trip advertised on this web site, which of the following places will you see?
a An island located between Greece and another, unidentified island
b Sicily
c Italy

4 What kind of trip will you be taking?
a An individual vacation with a rented car
b A group trip
c A trip that will last 7 days
d A trip that will last 8 days

Before reading the daily itinerary of the trip, you may want to learn more about schedule and cost.

5 In what season(s) does the trip take place?
   a *Primavera*
   b *Estate*
   c *Autunno*
   d *Inverno*

6 ☐ How much does the basic trip cost nonmembers? In what currency?

7 ☐ How much is the deposit?

8 ☐ How much extra do you have to pay if you want a single room?

9 ☐ How much extra do you have to pay if you wish to spend a night in Palermo (double occupancy)?

B You can learn more about the places you are going to see by reading the itinerary. You will visit *siti archeologici* (archaeological sites), *le rovine greche e romane* (Greek and Roman ruins), and *monumenti religiosi cristiani* (Christian sites).

1 Write the names of sites mentioned on the web site in the appropriate column below. The answers are not given in the Answer key.

	SITI ARCHEOLOGICI	LE ROVINE GRECHE E ROMANE	MONUMENTI RELIGIOSI CRISTIANI
a Palermo			_____
b Monreale		_____	_____
c Segesta		_____	
d Mozia	_____		
e Selinunte	_____		
f Agrigento		_____	
g Piazza Armerina		_____	
h Taormina		_____	
i Siracusa	_____	_____	
j Tindari	_____		
k Cefalù			_____

2 What would prevent you from taking the planned *visita all'Etna*?
   a A strike of ferry operators
   b The threat of a volcanic eruption
   c Bad weather

3 Checking the prices again, you notice that the price for *soci* is lower. Where do you go on the site to become a *socio*?

C *Socio, membro,* and *associato* translate variously as "member," "partner," and "associate" in English. Italian does not always use these words in the same way as their English counterparts.

socio   *chi partecipa con altri a un'attività, o a un'impresa*
membro   *ogni componente di una collettività o un gruppo*
associato *chi fa parte di un'associazione, usato spesso come sinonimo di socio*

Complete the following sentences by choosing the correct noun and writing it in the blank. Be sure to use the correct form of each noun: *socio, socia, soci, socie; membro, membri; associato, associata, associati, associate.* Some sentences may have more than one correct answer.

1   He has never been a _____ (member) of any political party.

2   She has taken her sister as her _____ (partner), even though she has no business experience.

3   The committee was composed of three _____ (members), two women and one man.

4   I would like to become a _____ (member) of that golf club, but I do not know anyone who could sponsor me.

5   The _____ (members) of the congregation have chosen a new pastor.

6   How many _____ (members) do you have in your canasta club?

7   They opened a new accounting firm, Zanella & _____ (associates).

PROFESSIONS AND GENDER

Names of professions that end in -a are masculine, as are those that end in -e, even though many nouns that end in -e are feminine (for example, *fame, sete,* and *carne*). Names of professions that end in -a change the article to form the feminine.

lo psichiatra   *la psichiatra*

Some names of professions that end in -e have a different feminine form, and some do not.

il dottore   *la dottoressa*
BUT
il giudice   *il giudice*

Names of professions that end in -o change this ending to -a to form the feminine.

il cuoco   *la cuoca*

Masculine nouns that end in *-tore* often change this ending to *-trice* to refer to females.

lo scrittore   la scrittrice

Foreign words in this category are masculine.

Il leader socialista, una scrittrice in politica da molti anni, ha perso le ultime elezioni.	The socialist leader, a writer active in politics for many years, lost the last election.

D The following masculine singular nouns designate the person's profession. Write the feminine singular form, including the definite article.

1 *l'allenatore* _____

2 *l'astronauta* _____

3 *l'avvocato* _____

4 *il chirurgo* _____

5 *il direttore* _____

6 *il fisioterapista* _____

7 *il maestro* _____

8 *il musicista* _____

9 *il pagliaccio* _____

10 *il pilota* _____

11 *il pittore* _____

12 *il programmatore* _____

13 *lo psicologo* _____

14 *il sarto* _____

E Referring to the *Sicilia* itinerary on the web site, complete the following sentences with the correct word or phrase from the list below.

il sito archeologico	*elevata*	*archeologico*
normanna	*fenici*	
Siracusa	*illuminati*	

1 *La cittadina di Erice domina la costa da una posizione* _____.

2 *Mozia fu fondata dai* _____.

3 *Selinunte è un importante centro* _____.

4 *Nella Valle dei Templi di Agrigento è previsto un giro dopo cena per vedere i templi* _____.

5 *Si effettua la visita di un'altra importante zona archeologica a*

_____.

6 *E a Tindari si visita* _____.

7 *Cefalù è famosa per la sua cattedrale* _____.

FOREIGN WORDS IN ITALIAN

🔍 **www.touringclub.it** is the web site for *Touring Club Italiano,* a name comprising both Italian and English words. Coined in 1894, the phrase is a forerunner of today's neologisms, since English words are now pervasive in written and spoken Italian. Word order, however, follows the Italian rules, which most often place adjectives after the noun they modify.

un compito difficile	a hard job
una lezione noiosa	a boring class
una giornata magnifica	a wonderful day

It does not matter whether the noun itself is Italian or borrowed from English or any other language.

un leader importante	an important leader
dei jeans sdruciti	shabby/torn jeans
un film molto premiato	a movie that has won lots of awards
un computer nuovissimo	a very new computer
uno chef famoso	a renowned chef

Traditionally, foreign words are masculine and do not change their form in the plural.

il film giallo	detective film, thriller
i film gialli	detective films, thrillers
il leader democristiano	Christian Democrat leader
i leader democristiani	Christian Democrat leaders
il factotum	factotum, jack-of-all-trades
i factotum	factotums, jacks-of-all-trades

This rule is now widely disregarded, especially with English words; thus, *il film giallo* is often *i films gialli* in the plural.

When Italians use an English (or other foreign) word for which there is already an Italian equivalent, the foreign word usually takes the gender of the Italian word.

la haute couture	high fashion	(*la moda,* fashion)
il detective	detective	(*l(o)'investigatore privato,* private investigator)
la star del cinema	film star	(*la stella,* star)
la pop music	pop music	(*la musica,* music)
l(a)'authority delle acque	the Water Authority	(*l(a)'autorità,* authority)
la N.A.T.O.	North Atlantic Treaty Organization	(*l(a)'organizzazione,* organization)

There are exceptions, however.

il W.T.O.	World Trade Organization	(*l(a)'Organizzazione mondiale del commercio*)

Trieste (I)

Umberto Saba, whose poetic writing spans the first half of the twentieth century (1900 to 1954), was from Trieste, the quintessential frontier city in Italy. Speakers of English know the city mostly because James Joyce lived and worked there for several years. Set in a beautiful gulf and surrounded by harsh mountains that provide a weak barrier to the northeasterly wind called *la bora*, Trieste was heavily influenced by the German culture of the Hapsburg empire, which controlled the region until 1918. Trieste and its inhabitants embody the harshness of the land around them and the austerity of their former imperial masters. Unlike the *Touring Club Italiano*'s invitation to travel to Sicily (page 7), the poem that follows gives the reader a sense of the inner echo of the external landscape.

Ho attraversata tutta la città.
Poi ho salita un'erta,
popolosa in principio, in là deserta,
chiusa da un muricciolo:
un cantuccio in cui solo
siedo; e mi pare che dove esso termina
termini la città.
Trieste ha una scontrosa
grazia. Se piace,
è come un ragazzaccio aspro e vorace,
con gli occhi azzurri e mani troppo grandi
per regalare un fiore;
come un amore
con gelosia.
Da quest'erta ogni chiesa, ogni sua via
scopro, se mena° all'ingombrata spiaggia,
o alla collina cui, sulla sassosa
cima, una casa, l'ultima, s'aggrappa.
Intorno
circola ad ogni cosa
un'aria strana, un'aria tormentosa,
l'aria natìa.
La mia città che in ogni parte è viva,
ha il cantuccio a me fatto, alla mia vita
pensosa e schiva.

Umberto Saba, "Trieste," *Trieste e una donna,* 1912.
mena porta, conduce

ESERCIZI

MAKING SENSE OF THE POEM

A Answer the following questions.

1 ☐ What kind of city is Trieste? Lively, serene, friendly, strong?

2 ☐ Is Trieste an inland or a coastal city? Is it on a lake or on the sea? Can you tell from the poem?

3 ☐ What is the poet's destination?

4 ☐ What is the city compared to?

5 ☐ Why does the poet feel at home in this city? In what ways do city and poet resemble each other?

PAST PARTICIPLES

🔍 In Italian, the past participle agrees in gender and number with the word it refers to when the auxiliary verb is *essere*.

Le tre sorelle sono andate al mare tutte insieme.	The three sisters went to the sea together.
L'automobile si è rotta un'altra volta!	The car broke down again!

With the auxiliary verb *avere*, the past participle agrees with the word it refers to only when the direct object pronoun precedes the past participle.

Li ho incontrati a casa tua un anno fa.	I met them at your house a year ago.
Le ha mangiate tutte lei le ciliegie!	She ate all the cherries!

BUT

Ho incontrato i tuoi amici in piazza del Duomo.	I met your friends at the Piazza del Duomo.
Ho mangiato tre mele.	I ate three apples.

In lines one and two of the poem, however, Saba coordinates the direct objects *città* and *erta* ("steep slope/ascent") with the past participles *attraversata* and *salita,* even though there is no direct object pronoun preceding the participles, as if to emphasize the action being depicted.

B In the following list of diminutive and pejorative nouns, the first three can be found in the selection. Determine whether each noun is a diminutive or a pejorative, then write the root noun of each word in the appropriate column.

		DIMINUTIVE OF	PEJORATIVE OF
1	*muricciolo*	_____	_____
2	*cantuccio*	_____	_____
3	*ragazzaccio*	_____	_____

4 *barcaccia* _____ _____

5 *bestiaccia* _____ _____

6 *cappuccio* _____ _____

7 *cappuccino* _____ _____

8 *gattaccio* _____ _____

9 *stradaccia* _____ _____

10 *uccellaccio* _____ _____

C Write diminutives (using *-uccio/-uccia, -ino/-ina, -etto/-etta,* or *-olo/-ola*) and/or pejoratives (using *-accio/-accia*) of the following nouns.

	DIMINUTIVE	PEJORATIVE
1 *becco*	_____	_____
2 *cane*	_____	_____
3 *donna*	_____	_____
4 *muso*	_____	_____
5 *ragazza*	_____	_____
6 *uomo*	_____	_____
7 *vecchia*	_____	_____

MORE SUFFIXES

The suffixes *-aglia* and *-iglia* usually denote a rough version of the basic noun.

la gente	people	*la gentaglia*	mob, rabble
il muro	wall	*la muraglia* (as in *la muraglia cinese*)	wall of unrefined construction, with a rough, unfinished surface
		il muraglione	a large, unrefined wall
fango	mud	*fanghiglia*	"filthy" mud

Be careful: *Coniglio* is not a rough cone, it is a rabbit!

IDIOMATIC EXPRESSION

stare all'erta   to be on the lookout

Trieste (II)

Va' dove ti porta il cuore, a novel by Susanna Tamaro, was a recent best-seller in Italy. This short fictional autobiography is addressed to a young woman who lost her mother in childhood and who has left the person who raised her to go to America in search, the narrator suggests, of her own self.

È ridicolo che io alla mia età resti ancora così colpita da una guerra. In fondo sulla terra se ne combattono decine e decine nello stesso giorno, in ottant'anni avrei dovuto formare qualcosa di simile a un callo, un'abitudine. Da quando sono nata l'erba alta e gialla del Carso è stata attraversata da profughi ed eserciti vittoriosi o allo sbando: prima le tradotte dei fanti della grande guerra con lo scoppio delle bombe sull'altipiano; poi lo sfilare dei reduci della campagna di Russia e di Grecia, gli eccidi fascisti e nazisti, le stragi delle foibe; e adesso, ancora una volta il rumore dei cannoni sulla linea di confine, questo esodo di innocenti in fuga dalla grande mattanza dei Balcani. Qualche anno fa andando in treno da Trieste a Venezia ho viaggiato nello stesso scompartimento di una medium. Era una signora un po' più giovane di me con in testa un cappellino a focaccia. Non sapevo naturalmente che fosse una medium, l'ha svelato lei parlando con la sua vicina.

"Sa", le diceva mentre attraversavamo l'altipiano carsico, "se io cammino qua sopra sento tutte le voci dei morti, non posso fare due passi senza restare assordata. Tutti urlano in modo terribile, più sono morti giovani, più urlano forte". Poi le spiegò che dove c'era stato un atto di violenza, nell'atmosfera restava qualcosa di alterato per sempre, l'aria diventa corrosa, non è più compatta, e quella corrosione anziché per contrappasso* scatenare sentimenti miti, favorisce il compiersi di altri eccessi. Dove si è versato del sangue, insomma, se ne verserà dell'altro e su quell'altro dell'altro ancora. La terra, aveva detto la medium finendo il discorso, è come un vampiro, appena assaggia del sangue ne vuole di nuovo, di fresco sempre di più. Per tanti anni mi sono chiesta se questo luogo dove ci siamo trovate a vivere non covi in sé una maledizione, me lo sono chiesta e me lo continuo a chiedere senza riuscire a darmi una

---

Susanna Tamaro, *Va' dove ti porta il cuore*, Rizzoli Editore, 1995.

*In Dante's *La Divina Commedia*, correspondence of the punishments inflicted on sinners to the sins that they committed. Gluttonous people, for example, are condemned to wallow like pigs in a mire.

risposta. Ti ricordi quante volte siamo andate assieme alla rocca di Montepurino? Nelle giornate di bora trascorrevamo ore intere a osservare il
paesaggio, era un po' come stare su un aereo e guardare sotto. La vista
era a 360 gradi, facevamo a gara su chi per prima identificava una cima
delle Dolomiti, su chi distingueva Grado da Venezia. Adesso che non mi
è più possibile andarci materialmente, per vedere lo stesso paesaggio
devo chiudere gli occhi. Grazie alla magia della memoria compare tutto
davanti e intorno a me come se fossi sul belvedere della rocca. Non
manca niente, neppure il rumore del vento, gli odori della stagione che
ho scelto. Sto lì, guardo i piloni di calcare erosi dal tempo, il grande spazio brullo in cui si esercitano i carri armati, il promontorio scuro del-
l'Istria tuffato nell'azzurro del mare, guardo tutte le cose intorno e mi
chiedo per l'ennesima volta, se c'è una nota stridente dov'è?

Amo questo paesaggio e quest'amore forse mi impedisce di risolvere
la questione, l'unica cosa di cui sono certa è l'influsso dell'aspetto
esterno sul carattere di chi vive in questi luoghi. Se sono spesso così
brusca, se lo sei anche tu, lo dobbiamo al Carso, alla sua erosione, ai suoi
colori, al vento che lo sferza. Se fossimo nate, chessò, tra le colline del-
l'Umbria, forse saremmo state più miti, l'esasperazione non avrebbe
fatto parte del nostro temperamento. Sarebbe stato meglio? Non lo so,
non si può immaginare una condizione che non si è vissuta.

ESERCIZI

MAKING SENSE OF THE SELECTION

A Answer the following questions.

1 ☐ Can you tell whether the narrator is male or female? Young, middle-aged,
or old?

2 ☐ Nothing in the selection directly states what part of Italy is being
described. Can you find clues that help you identify it?

3 ☐ Judging from the historical references in the first paragraph, can you guess
when the selection was written?

4 ☐ What is a *medium*? What does this person sense that corroborates the
impression of the place conveyed by the narrator?

5 ☐ Whom is the medium addressing?

6 ☐ Is the narrator addressing the same person as the medium?

7 ☐ What is the *bora*?

8 ☐ What would you be able to see from the top of the *rocca di Montepurino*?

9 ☐ What kind of landscape is the narrator describing? Does it in any way
resemble the images evoked by Umberto Saba in *Trieste* (see page 15)?

10 ☐ What effect does the narrator think the landscape has on her own character and personality?

11 ☐ What does the narrator have in common with the person to whom the selection is addressed?

COGNATES

🔍 Many Italian words have cognates in English—words that are similar in form and meaning to the Italian words.

entrare	to enter
consistere (di)	to consist (of)
la libertà	liberty
il turismo	tourism
l(o)'appartamento	apartment
religioso(-a)	religious

Cognates, together with context, can help you determine the meaning of many words that you may be reading for the first time. But beware of *falsi amici*—"false friends." These are Italian words that look like English words you know but have a different meaning.

l(a)'estate	summer	(estate = *la proprietà*)
il/la parente	relative	(parent = *il genitore*)
la libreria	bookstore	(library = *la biblioteca*)
bravo(-a)	good, clever	(brave = *coraggioso(-a)*)
la fame	hunger	(fame = *la celebrità*)
attualmente	currently	(actually = *in realtà, realmente*)

THE VOCABULARY OF WAR

B Give the English equivalent of the following Italian words and expressions. True cognates appear in bold type; beware of *falsi amici* like *campagna*.

la guerra	*la* **vittoria**	*lo scoppio*
la battaglia	*la sconfitta*	*sfilare*
combattere	*l(a)'avanzata*	*il reduce*
il profugo	*la ritirata*	*la campagna*
il rifugiato	*la disfatta*	*l(o)'eccesso*
l(o)'esercito	**vittorioso**	*l(o)'eccidio*
la marina	*sconfitto*	**fascista**
l(a)'aviazione	*allo sbando*	**nazista**
le **forze armate**	*la tradotta*	*la foiba*
il soldato	*il fante*	*il* **cannone**
nemico	*la grande guerra*	*il confine*
il **servizio militare**	*la guerra mondiale*	*l(o)'esodo*
il **servizio civile**	*la* **bomba**	*l(o/a)'***innocente**

in fuga	la perdita	il **genocidio**
la mattanza	versare il sangue	l(o)'**olocausto**
il morto	il trattato di pace	il **civile**
la **violenza**	la dichiarazione di guerra	

C Using words and phrases from Exercise B, complete the following sentences.

1 *Tra il 1914 e il 1918 si svolse la _____, cui l'Italia partecipò tra il 1915 e il 1918.*

2 *La battaglia di Caporetto, più che una _____ fu una _____ per l'esercito italiano.*

3 *I _____ della campagna di Russia rientrarono in Italia dal confine nordorientale.*

4 *I nazisti costruirono un esteso sistema di campi di concentramento, chiamati _____ in Italia, dedicati soprattutto allo sterminio degli ebrei.*

5 *La medium dice che dove si è sparso molto sangue è più probabile che si commettano altri _____ e che si versi altro _____.*

6 *Le guerre hanno sempre causato l'_____ di migliaia e migliaia di _____ che cercano di sfuggire agli eserciti in marcia.*

7 *All'inizio della seconda _____, Mussolini intendeva restare neutrale.*

8 *Gli alleati accolsero con grande disappunto la _____ del governo italiano.*

9 *Da quasi trent'anni, gli italiani obiettori di coscienza, che non vogliono fare il _____, possono optare per il _____.*

10 *Ormai la guerra non viene più combattuta solo uccidendo i _____ nemici, ma sterminando anche i _____.*

11 *È stato il _____ perpetrato contro i bosniaci ad indurre la comunità internazionale a intervenire.*

GENDER AND NUMBER ENDINGS

This selection illustrates the importance of gender and number endings in Italian. Nothing indicates that the narrator is a woman except for the feminine ending of adjectives and past participles that refer to the narrator, as we learn from the very first line.

*È ridicolo che io alla mia età resti ancora così **colpita** da una guerra.*	It is ridiculous that at my age I am still so shocked by a war.

Adjectives agree with the gender and number of the noun they refer to.

il ragazzo italiano	the Italian boy	*i ragazzi italiani*	the Italian boys
la ragazza italiana	the Italian girl	*le ragazze italiane*	the Italian girls

In the plural, the adjective is masculine if it refers to both males and females or if the noun's gender is not specified.

D Write the correct ending of each noun, pronoun, adjective, and participle in the space provided.

1 *Le mele preferit___ dei bambini sono quell___ ross___.*

2 *Parlando di gatti moderni, la mi___ non ha mai acchiappato un topo.*

3 *Parlando di gatti, il mi___ va molto d'accordo con il cane.*

4 *Partit___ tutt___, finalmente! Ci siamo divertiti con loro, ma è stat___ anche una bella fatica!*

5 *Sposat___ tutt___ giovan___, le tre sorelle, come se avessero paura di restare zitelle.*

6 *"Hai parlato con l'avvocato?" "No, perché era già partit___ per le vacanze".*

7 *Quanti medici al suo capezzale! E per di più, tutt___ donne.*

NE AND *CI* AS PRONOUNS AND ADVERBS

The word *ne* has several important uses in Italian.

- As a personal pronoun indicating a part of a whole. This is its use in the second sentence of the selection.

*In fondo sulla terra se **ne** combattono decine e decine nello stesso giorno...*	So many wars are fought on the earth on a single day . . .
"Quante bottiglie restano?" *"**Ne** restano tre."*	"How many bottles are left?" "Three (**of them**) are left."

- As an adverb meaning "from here/there," replacing *di* + a noun or pronoun

"Sei stato in ufficio?" *"Sì, **ne** torno ora."*	"Have you been to the office?" "Yes, I'm returning **from there** now."

By contrast, the adverb *ci* means "there/to there."

*"**Ci** sono andato ieri."*	"I went **there** yesterday."

- As an adverb meaning "of this/of that"

Mi ha fatto un dispetto, poi se n'è subito pentito.	He played a nasty trick on me, then felt bad **about it** immediately.

Ci can serve the same function.

Ci *penserei su due volte prima di mettere tutti i miei soldi in quell'affare.*	I would think twice (**about it**) before putting all my money into that business.

As direct and indirect object pronouns, *ne* and *ci* are attached to the end of an infinitive.

Volete parlarne con lui?	Do you want to talk **about it** with him?
Devo pensarci su prima di dargli una risposta.	I need to think **about it** before giving him an answer.

E   Using *ci, ne,* or one of the personal pronouns (*lo, la,* and *le*), complete the following sentences.

1 *"Che film vorresti vedere?" "Non _____ voglio vedere nessuno. _____ ho visti tre uno dopo l'altro!"*

2 *Potendo scegliere tra molti giocattoli, il bambino non riuscì a decidersi e finì per uscire dal negozio senza aver___ comprato nessuno.*

3 *Il medico gli ha detto che non può mangiare né zucchero né dolci perché ha il diabete. Certo è difficile non mangiar___ un po' ogni tanto.*

4 *Le aveva raccontato molte storie e lei _____ aveva sempre prese per buone, ma alla fine glie___ raccontò una che non stava né in cielo né in terra. Persino lei _____ considerò assurda.*

5 *I bambini possono guardare la TV al massimo un'ora al giorno, eccetto il sabato, quando gli è concesso di guardar___ anche alla sera.*

6 *Ha sempre letto molto, anche da piccolo. I suoi compravano libri in continuazione, ma non _____ aveva mai abbastanza.*

7 *Se vai a comprare il pesce, non prender___ più di mezzo chilo. Se _____ avanziamo me _____ dai scaldato e lo sai che il pesce scaldato _____ detesto.*

8 *La bambina gli corse incontro e _____ abbracciò.*

9 *_____ aveva viste tante nella sua vita, ma il fatto che lui avesse abusato di sua figlia non poté mai dimenticar___.*

10 *"Te _____ vai già?" "Sì, ho ancora due ore di strada da fare".*

11 *Se _____ arrivò bel bello, con un'ora di ritardo, e non chiese nemmeno scusa!*

12 *"Ti sei finalmente deciso ad andare dal medico?" "_____ vado per farti contenta, ma non credo di aver___ bisogno".*

13 *Non aspettarli alzato. Se _____ ritorneranno con calma dalla festa, vedrai.*

14 *"Vuoi andare a vedere Titanic?" "No, ___'ho visto la settimana scorsa con mio figlio".*

L'agriturismo

Now about twenty years old, *l'agriturismo* is a commercial spin-off of the ecology movement aimed at tourists. People spend their vacation on a farm or in a country dwelling of some kind, engaging in ecologically low-impact activities meant to put them in touch with the rhythms of nature and the hardships of rural life. Most of the food consumed by guests is produced on the farm itself or in the surrounding area. We reproduce below an advertisement for a country inn in Tuscany; words crucial for understanding are italicized.

L'*Azienda agricola Casanova di Pescille* è una tipica *cascina* toscana in pietra del 1800 ed è situata a km. 2 da *San Gimignano*, città famosa in tutto il mondo per le sue torri, il borgo medioevale ed i suoi capolavori artistici.

La casa è arredata fin nei minimi particolari cercando di *ricostruire l'ambiente contadino, con la sua vita e le sue culture, i suoi sentimenti*; sentimenti che *Monica e Roberto Fanciullini* trasmettono ai loro ospiti che si sentono immediatamente come se fossero a casa loro, con in più la professionalità di chi fa questo lavoro come scelta di vita.

Casanova di Pescille è dotata di *8 camere* tutte *dotate di servizi* e docce private e di *TV color*; 1 appartamento per 2 persone con aria condizionata; ci sono ampie sale comuni, solarium e giardino panoramico, parcheggio, caratteristica sala delle colazioni, shop-room, dove si possono acquistare i *prodotti dell'azienda*: *Chianti, Vernaccia di San Gimignano, olio, miele, zafferano purissimo e marmellate*.

Casanova di Pescille è situata a *300 metri di altezza*, da dove si possono *ammirare* fino quasi a toccarle le *torri di San Gimignano* ed è immersa in una *riserva faunistica naturale* dove si possono *vedere fagiani, lepri, cinghiali, volpi, pernici*, e dove ancora si possono vedere le lucciole e sentir cantare i grilli nelle notti d'estate.

Casanova di Pescille è *nel cuore della Toscana* e da qui si può scoprire il fascino suggestivo di Firenze (km. 40), l'incanto di Siena (km. 30), Volterra l'etrusca (km. 25), Pisa (km. 90) ed il mare (km. 75).

---

www.agriturismo.com.

ESERCIZI

MAKING SENSE OF THE SELECTION

A Answer the following questions.

1 ☐ What kind of vacation is offered in this advertisement?

2 ☐ In what region of Italy is this inn located?

3 ☐ What is the name of the inn?

4 ☐ What is the closest town?

5 ☐ What are the owners' names?

6 ☐ What level of comfort can vacationers expect?

7 ☐ What appears to be the main activity or activities you can engage in if you spend some time there?

8 ☐ What can you purchase, and where?

9 ☐ What animals can you see in the surrounding area?

10 ☐ What nearby cities can you visit?

11 ☐ How far away is the sea?

THE VOCABULARY OF A VACATION IN THE COUNTRYSIDE

B Give the English equivalent of the following words and phrases. True cognates appear in bold type. Beware of *falsi amici*.

la vacanza **ecologica**	*medioevale*	*panoramico*
l(o)'*agriturismo*	**artistico**	il **prodotto**
la campagna	**minimo**	l(o)'**olio**
la cascina	**particolare**	lo zafferano
il verde	ricostruire	la **marmellata**
il bosco	la **cultura locale**	il **metro**
il campo **coltivato**	l(o)'**appartamento**	**ammirare**
tipico	l(a)'**aria condizionata**	**immerso**
toscano	la vigna	la **riserva** faunistica
situato	il vigneto	**naturale**
la **città**	l(o)'albero	il fascino
famoso	l(o)'oliveto	l(a)'equitazione
la torre	il giardino	il colle
il borgo	il **comune**	

C Using words and phrases from the selection and Exercise B, complete the following sentences.

1 *Le vacanze in _____ sono rilassanti, anche se un po' noiose.*

2 *La campagna è l'ambiente ideale per una _____, rispettosa della natura.*

3 *Abbiamo deciso di passare le vacanze in un _____, per dar modo ai bambini di imparare che cosa significa vivere a contatto con gli animali e con la campagna.*

4 *Dalla finestra della nostra camera si può ammirare la campagna, con i suoi*

_____, *gli* _____ *centenari, i*

_____ *da cui viene l'ottimo Chianti che beviamo a cena.*

5 *I prodotti _____ della cascina sono l'_____ di oliva,*

la _____ di San Gimignano, e le _____.

6 *Hanno aperto una riserva _____ vicino all'agriturismo dove noi*

andiamo da anni: non c'era più una sola _____ libera!

7 *A me piace passare le vacanze nel _____, con tanti alberi intorno*

e il _____ pieno di fiori.

8 *Nella _____ dove abbiamo fatto dell'agriturismo c'erano dei*

bellissimi cavalli, così ci siamo dedicati all'_____.

9 *Uno degli scopi dell'agriturismo è di fornire agli ospiti una vacanza piacevole,*

ma anche di renderli consapevoli della _____ locale.

10 *Abbiamo fatto molte escursioni nei _____ medioevali vicino alla*

cascina, quasi tutti sulla cima di un _____, con una magnifica

vista fino al _____.

D There are four foreign words in the selection. Write them below.

_____

_____

_____

_____

Slow food

The promise of good food is one of the attractions of Italy as a tourist destination. Known for the remarkable variety of its products and regional cuisines—someone has counted six hundred types of cheese, give or take!—Italy is a pioneer in rediscovering local culinary traditions and pre-industrial techniques of production. These two initiatives have merged in the worldwide association *Slow Food Arcigola*. The term "slow food" was coined in the late 1980s by the Italian founders of the movement in opposition to American "fast food," which by then had launched its attempt to conquer Italy through McDonald's and Burger King. The name and the movement have taken hold and become a truly international countercultural movement, as the introductory selection illustrates.

L'Arcigola

Slow Food Arcigola was launched by a group of leftists from Piedmont who loved good food and wine and became interested in the politics of food production and distribution. They approach their "culinary" movement as a social and political movement requiring organization and shared goals. This attitude is reflected in the *Manifesto* reproduced below.

Slow Food Arcigola
Gli scopi dell'associazione

Slow Food Arcigola è un progetto culturale che propone una filosofia del piacere e un programma di educazione del gusto, di salvaguardia del patrimonio enogastronomico, di informazione del consumatore. Slow Food Arcigola aiuta le giovani generazioni a instaurare un rapporto corretto con il cibo; favorisce un turismo attento e rispettoso dell'ambiente; promuove iniziative di solidarietà.

Slow Food Arcigola è un'associazione nata nel 1986 che oggi, con il Movimento Internazionale Slow Food costituito a Parigi nel 1989, opera in 40 paesi del mondo. Le Condotte e i Convivium (oltre 400) organizzano iniziative per i 40.000 associati.

Slow Food Arcigola è una casa editrice.

Nel suo catalogo:

Osterie d'Italia, sussidiario del mangiarbere all'italiana

Guide che consigliano vini, prodotti e luoghi di ospitalità

Itinerari Slow, viaggi di piacere in Italia e nel mondo

Ricettari, per riscoprire il patrimonio gastronomico di tradizione

AsSaggi, una collana di storia e cultura del cibo

Manuali, per imparare la grammatica del gusto

Slow Food, notiziario dell'associazione

Slowine, newsletter del vino

Slow, messaggero di gusto e cultura, rivista internazionale di Slow Food

---

www.comune.prato.it.

Il Manifesto Slow Food

Documento approvato dal Congresso di fondazione del Movimento Slow Food.

Parigi, 9 dicembre 1989.

Questo nostro secolo, nato e cresciuto sotto il segno della civiltà industriale, ha prima inventato la macchina e poi ne ha fatto il proprio modello di vita.

La velocità è diventata la nostra catena, tutti siamo in preda allo stesso virus: la *Fast Life,* che sconvolge le nostre abitudini, ci assale fin nelle nostre case, ci rinchiude a nutrirci nei *Fast Food.*

Ma l'uomo *sapiens* deve recuperare la sua saggezza e liberarsi dalla velocità che può ridurlo ad una specie in via di estinzione.

Perciò, contro la follia universale della *Fast Life,* bisogna scegliere la difesa del tranquillo piacere materiale.

Contro coloro, e sono i più, che confondono l'efficienza con la frenesia, proponiamo il vaccino di un'adeguata porzione di piaceri sensuali assicurati, da praticarsi in lento e prolungato godimento.

Iniziamo proprio a tavola con lo *Slow Food,* contro l'appiattimento del *Fast Food* riscopriamo la ricchezza e gli aromi delle cucine locali.

Se la *Fast Life* in nome della produttività ha modificato la nostra vita e minaccia l'ambiente ed il paesaggio, lo *Slow Food* è oggi la risposta d'avanguardia.

È qui, nello sviluppo del gusto e non nel suo immiserimento, la vera cultura, di qui può iniziare il progresso, con lo scambio internazionale di storie, conoscenze, progetti.

Lo *Slow Food* assicura un avvenire migliore.

Lo *Slow Food* è un'idea che ha bisogno di molti sostenitori qualificati, per fare diventare questo moto (lento) un movimento internazionale, di cui la *Chiocciolina* è il simbolo.

ESERCIZI

MAKING SENSE OF THE SELECTION

A Answer the following questions. You can mark your progress in understanding the selection by using the check boxes provided.

1 ☐ What is Slow Food Arcigola—a political party, an association, an informal movement? When was it founded?

2 ☐ *Gola* means "throat," but it can also mean "gluttony." What does *Arcigola* mean?

3 ☐ Slow Food has four main goals. What are they?

4 ☐ When did Slow Food become an international movement? Where?

5 ☐ In how many countries does it have affiliates?

6 ☐ How many members does it have?

7 ☐ Does it target children, young people, adults, or the elderly?

8 ☐ What does the title *Osterie d'Italia* suggest to you?

9 ☐ *Mangiarbere* is a pun. On what word? (Hint: See the title of the next selection.)

10 ☐ Does Slow Food provide advice about travel? What kind of travel?

11 ☐ Does it publish recipes?

12 ☐ Slow Food publishes *AsSaggi*. What do *assaggi* and *AsSaggi* mean, respectively? Is there a pun in the word as it is written? Can you invent an English equivalent?

13 ☐ What kind of "grammar" does Slow Food recommend?

14 ☐ If you want information about wines, which publication would you consult?

15 ☐ According to the Slow Food association, what is wrong with industrial society?

16 ☐ What virus is threatening us? What do we need a vaccine for?

17 ☐ What can ultimately happen to humankind if we don't slow down?

18 ☐ What is the antidote to the "Fast Life"?

19 ☐ What does Slow Food teach us to appreciate?

20 ☐ In what sense is Slow Food a cultural project?

21 ☐ Why is the *Chiocciolina* the symbol of the movement?

THE VOCABULARY OF CULINARY ACTIVISM

B Give the English equivalent of the following expressions. True cognates appear in bold type; beware of *falsi amici* like *aromi*. Remember that adjectives normally follow nouns in Italian.

progetto culturale	cultural project
Movimento Slow Food	Slow Food Movement

filosofia *del piacere*

programma *di* **educazione** *del gusto*

salvaguardia del patrimonio enogastronomico

informazione *del* **consumatore**

le giovani **generazioni**

associazione *nata nel 1986*

Movimento Internazionale *Slow Food costituito a Parigi nel 1989*

*40.000 **associati***
viaggi di piacere in Italia e nel mondo
ricettari
*patrimonio **gastronomico** di **tradizione***
*storia e **cultura** del cibo*
grammatica del gusto
***Manifesto** Slow Food*
Congresso** di **fondazione
*civiltà **industriale***
velocità
virus
uomo sapiens [Latin: homo sapiens]
specie** in via di **estinzione
tranquillo** piacere **materiale
vaccino
*piaceri **sensuali** assicurati*
*aromi delle cucine **locali***
*lo scambio **internazionale** di storie, conoscenze, progetti*
simbolo

C Using words and phrases from Exercise B, complete the following sentences.

1 *Il Movimento* _____ *è stato costituito a Parigi nel 1989 e conta*

adesso 40.000 _____ *in tutto il mondo.*

2 *Vuole fornire ai* _____ *informazioni accurate sul cibo, la buona cucina e i prodotti tradizionali.*

3 *In particolare, Slow Food si rivolge alle nuove* _____, *che sono cresciute lontano dalla campagna e dai prodotti naturali.*

4 *Slow Food è sia un progetto* _____ *sia una filosofia del*

_____, *che vuole educare il* _____ *offrendo*

ai consumatori prodotti eccellenti.

5 *La civiltà* _____ *ha cambiato radicalmente la produzione e il consumo dei cibi.*

6 *Slow Food propone anche viaggi di piacere in Italia e nel* _____

e organizza lo _____ *internazionale di* _____,

_____ *e* _____.

COMMON PREPOSITIONS

Three prepositions are found in Exercise B: *a*, *di*, and *in*. While prepositions may be crucial to understanding the meaning of a phrase, they are much easier to learn in the context of specific phrases.

A is used to indicate an indirect object, as well as location and direction, time, and the manner of doing something.

L'ha regalato a te.	She gave it **to** you.
Sono a scuola.	They are **at** school.
A gennaio fa freddo.	It's cold **in** January.
fatto a mano	made **by** hand/handmade

Di is used to attribute characteristics to persons and things and to indicate ownership (like the possessive in English).

I colori della bandiera americana sono il rosso, il bianco e il blu.	The colors **of** the American flag are red, white, and blue.
Il cane di Mario si è perso nel bosco.	Mario**'s** dog got lost in the woods.

In is used to indicate location and direction, time, number, and manner.

Va in Russia con sua sorella.	She's going **to** Russia with her sister.
Il muro di Berlino è caduto nel 1989.	The Berlin Wall fell **in** 1989.
Hanno finito la partita di calcio in 10.	They finished the soccer match **with** ten players.
In parole povere, si e stufata e l'ha mollato.	To put it bluntly, she got fed up and dumped him.

Some prepositions combine with the definite article to form one word.

a + il > al   *di + il > del*   *in + il > nel*

A complete list of these compound forms follows. (All "simple" prepositions are listed in the order in which children learn them, rather than in alphabetical order. The combined forms in roman type are rarely used today.)

	il	*lo/l(o)'*	*la/l(a)'*	*gli*	*le*
di	*del*	*dello/dell(o)'*	*della/dell(a)'*	*degli*	*delle*
a	*al*	*allo/all(o)'*	*alla/all(a)'*	*agli*	*alle*
da	*dal*	*dallo/dall(o)'*	*dalla/dall(a)'*	*dagli*	*dalle*
in	*nel*	*nello/nell(o)'*	*nella/nell(a)'*	*negli*	*nelle*
con	*col*	*collo/coll(o)'*	*colla/coll(a)'*	*cogli*	*colle*
su	*sul*	*sullo/sull(o)'*	*sulla/sull(a)'*	*sugli*	*sulle*
per	—	—	—	—	—
fra	—	—	—	—	—
tra	—	—	—	—	—

D Complete the following sentences with the correct preposition: *a*, *di*, or *in*. Remember to use the compound form where appropriate.

1 *Ha letto le prime trecento pagine _____ libro _____ due ore.*

2 *Di solito mangiamo l'oca _____ pranzo di Natale.*

3 *Sono dovuta restare _____ospedale più _____ lungo*

   _____ previsto.

4 *I gioielli sono _____ cassetta _____ sicurezza.*

5 *Ha fatto gli agnolotti _____ mano.*

6 *Non ne posso proprio più _____ lui! Ma chi si crede di essere?*

7 *Hai saputo più niente _____affare con gli americani?*

8 *Sono nata _____ 1975.*

9 *A Milano fa ancora freddo _____ febbraio, ma _____ marzo spuntano le prime violette.*

10 *_____ peggiore delle ipotesi rimandiamo la partenza.*

11 *Hanno raccontato tutti i loro problemi _____ nonna.*

12 *_____ peggio dovreste riuscire a ottenere subito un parziale risarcimento.*

13 *Ho trovato la cartella _____ bambina sotto il sedile _____ macchina.*

BUILDING VOCABULARY WITH OPPOSITES

E Based on the example below, write the English equivalent of the Italian words in column 2, then write the opposite of the English word in column 3. Finally, write the Italian equivalent of the word in column 3; it will be the opposite of the Italian word in column 1. Only the Italian opposites are given in the Answer key.

ITALIAN WORD	ENGLISH WORD	ENGLISH OPPOSITE	ITALIAN OPPOSITE
il piacere	pleasure	pain	il dolore
1 *giovane*			
2 *corretto*			
3 *attento*			
4 *consigliare*			
5 *nato*			
6 *la velocità*			
7 *la difesa*			
8 *materiale*			

9 l(a)'efficienza _____ _____ _____

10 *vero* _____ _____ _____

11 *progredire* _____ _____ _____

12 *migliore* _____ _____ _____

F Using words from column 4 of Exercise E, complete the following sentences.

1 *La loro _____ farà loro perdere l'azienda.*

2 *È così _____! Si è dimenticato di nuovo che doveva venire a cena da noi.*

3 *Dopo l'operazione ha avuto dei _____ terribili.*

4 *La loro situazione finanziaria è _____ di quanto non pensassimo.*

5 *Ti _____ di andare in vacanza con lui.*

6 *_____ venne di sorpresa, nel cuore della notte.*

7 *Sei stato molto _____ con lei, approfittando della sua innocenza.*

8 *A lei piace fare lo cose con molta calma, per non dire con*

_____.

9 *Circolano notizie _____ sul tuo conto.*

10 *Com'è possibile che sia _____? L'ho visto appena ieri e stava benissimo!*

11 *Il suo esaurimento nervoso è così grave che l'ha fatto _____ emotivamente ed intellettualmente.*

12 *Si è dedicato a fare quattrini fino all'età di sessant'anni, quando*

improvvisamente ha scoperto la vita _____.

13 *Quella _____ storia è ancora in circolazione?*

IDIOMATIC EXPRESSIONS WITH *BOCCA*, *GOLA*, AND *GUSTO*

avere l'acqua alla gola	to be drowning in trouble
avere l'acquolina in bocca	to have one's mouth water
fare gola (a qualcuno)	to be tempting to someone
la gola	throat; fig., gluttony
La risposta mi è rimasta in gola.	The answer stuck in my throat.
Non tutti i gusti sono alla menta.	Not all flavors taste the same./ We don't all like the same things.
prenderci gusto	to take a liking to something
prendere qualcuno per la gola	to have someone by the throat/ to have someone where one wants him

Il mangiarbene

It all started with the Baedeker in 1827. Travel guides to foreign countries, monuments, archaeological sites, museums, and hotels followed. Then came culinary guides—the most famous being the Michelin guide. They are not always reliable, *especially* when it comes to prices, but we all use them and they are excellent learning tools.

l'Italia *di Veronelli*

ristoranti

home   scrivi   exVinis   hotWine

editoriali
soste
vini

indice

Piemonte   ricerca semplice   ricerca estesa

Cuneo e provincia

San Cassiano
voto: 72/100
località San Cassiano 6;, 12051 ALBA (Cuneo)
casello: Asti est oppure Marene (A21)
tel: 0173/281630; - **fax:** 281630.

Dalla guida di Veronelli

Commenti: patron con attenzione ai valori originari, cucina molto buona, particolare attenzione al vino/ai vini dei luoghi
Ti segnalo in particolare: l'ottima scelta di formaggi
Tipo di locale: moderno, nei pressi dell'antica Abbazia di San Cassiano e Frontiniano, oggi azienda agricola
costo: L. 55.000
carte di Credito: Amex, Carta Sì, Visa, Bankamericard.
posti a sedere: 80 - **Prenotazione gradita:** consigliata
chiusura settimanale: la domenica sera e tutto mercoledì - **ferie:** dal 20 luglio al 20 agosto
Parcheggio: SI
In cucina: lo chef-patron Enrico Bertolini con Bruno Messoriano;
In sala: Giorgio Ambrosano e Palmira Boggione.
Piatti: battuta di vitello all'albese; insalata di faraona al tartufo (""Il diamante della cucina"", nella definizione di Brillat-Savarin); fettuccine verdi con funghi spugnole e fiori di zucchine; tajarin al ragù di coniglio; risotto al Barolo; straccetti di farina saracena con salsiccia; costolette di agnello alle erbe; trota della Valle Stura alla salsa di funghi e nocciole.
Dolci: parfait al Barolo Chinato; tortino di pere e cioccolato fondente; zabaione al Moscato; semifreddo al torrone d'Alba.
Piatti per due: bartelline di farina di riso con gamberi d'acqua dolce.
Formaggi: castelmagno, bra tenero, raschera, toma di Murazzano e caprini di Don Verri.
Salumi: lardo aromatizzato e salsiccia della Salumeria De Stefanis.
Vini: langaroli e roeriani d'ampia offerta, più meditate bottiglie italiche.
Acqueviti: le grappe di Levi, Rovero, Montanaro, Nonino, Bepi Tosolini.
Pernottamento: Hotel Savona, via Roma 1, tel. 0173/440440.

editoriale - cucina - vino - sagre enologiche - sagre gastronomiche - info

www.veronelli.com.

ESERCIZI

MAKING SENSE OF THE WEB SITE

A You are surfing the web and come across this site. Can you tell at a glance what kind of web site it is? Give the English equivalents of the words and phrases below, relying on the cognates in bold type to make sense of the site.

il **ristorante**   ricerca estesa   **località** San Cassiano
il vino   Cuneo e **provincia**
ricerca **semplice**   **indice**

B Answer the following questions.

1 ☐ What part of Italy are we in?

2 What button would you click on to do the following?

 a ☐ Go to the web site's home page

 b ☐ Send a message

 c ☐ Look for a good wine

3 ☐ *hotWine* sounds like English, but what does it mean in this context? Is it *vino caldo*—"heated wine"? Or does *hot* here mean "popular, in demand"? Perhaps the only way to find out is by clicking on the button.

4 ☐ What button would you click on to do a simple search?

5 ☐ What button would you click on to do an advanced search?

6 ☐ What button would you click on to go to the site index?

7 ☐ What do you think *voto* means, given that this is a restaurant guide? Judging from the score, would you say the restaurant is excellent, very good, good, or fair?

8 ☐ The site gives the restaurant's address, telephone number, and fax number. What does *casello* mean? What highway will you have to take to get to the restaurant?

C Give the English equivalent of the following words and phrases from the web site. True cognates appear in bold type.

Dalla **guida** di Veronelli
Commenti
particolare attenzione al vino dei luoghi
in particolare
nei pressi dell'antica **Abbazia** di San Cassiano e Frontiniano
costo
carte di **credito**
ferie: dal 20 luglio al 20 **agosto**
in cucina

D Answer the following questions.

1 ☐ Who wrote this guide?

2 ☐ What are the three most distinctive features of this establishment?

3 ☐ What historic site is nearby? Is it still a religious site?

4 ☐ Would you rate this restaurant as inexpensive, moderately priced, expensive, or very expensive?

5 ☐ Can you pay by credit card?

6 ☐ What day(s) of the week and/or time of year would you find the restaurant closed?

7 ☐ What is the chef's name?

E Give the English equivalent of the following words and phrases from the web site. True cognates appear in bold type.

piatti

insalata di faraona al tartufo

*fiori di **zucchine***

*costolette di agnello alle **erbe***

trota

piatti per due

salumi

F Answer the following questions.

1 ☐ Considering the restaurant's location and the dishes listed in the guide, would you say that the restaurant serves meat and fish? Would the fish be freshwater or saltwater?

2 ☐ Is there any special dish that can be ordered for a party of two?

3 ☐ *Acqueviti* are listed after *vini*. What kinds of beverages are these?

4 ☐ Who provides the *salumi* served at the restaurant?

G Referring to the web site, complete the following paragraph by writing the appropriate Italian word(s) in the space provided.

Cerco un _____ (1) in Piemonte, nella provincia di

_____ (2), con una _____ (3) molto buona,

ottimi _____ (4) e vini _____ (5).

Mi piacciono i locali _____ (6), dove si può pagare con

la _____ (7). Preferisco un ristorante dove il

_____ (8) sia anche il _____ (9). Mi piacciono

molto le _____ (10) verdi, il _____ (11) al

Barolo, le _____ (12) *di agnello alle* _____ (13).

Per dessert prenderò il _____ (14) *di pere al*

_____ (15) *fondente. Forse mangerò troppo, ma avrò*

anche un po' di _____ (16) *Murazzano, uno dei*

_____ (17) *locali. Alla fine di un pasto così, accompagnato*

da buoni _____ (18) *e da una bella* _____ (19),

*sarà meglio che passi la notte sul posto, all'*_____ (20) *Savona.*

H The style of the selection is telegraphic: a series of short phrases with no verbs. Complete the following paragraph by writing the appropriate Italian verb in the space provided. More than one verb may be appropriate.

Lo chef del ristorante San Cassiano _____ (1)

ai valori locali; _____ (2) *un ottimo cuoco eccellente che*

_____ (3) *gli eccellenti vini locali e* _____ (4)

degli ottimi formaggi. Il ristorante _____ (5) *tutte le maggiori*

carte di credito. Vi _____ (6) *di prenotare. Il locale*

_____ (7) *chiuso dal 20 luglio al 20 agosto.*

THE VOCABULARY OF EATING OUT

il ristorante	restaurant
il ristoro	eatery
la locanda	simple, cheap restaurant (usually run by a family)
il caffè/la paninoteca	cafe/cafeteria
la taverna	tavern/joint
il bar	bar
la prenotazione	reservation
fare una prenotazione	to make a reservation
annullare/cancellare/disdire una prenotazione	to cancel a reservation
essere in 4/6/8, ecc.	to be a party of 4/6/8, etc.
un tavolo per 5/7/9, ecc.	a table for 5/7/9, etc.
vietato fumare	no smoking, please
sala fumatori	room for smokers
i cani non sono ammessi	dogs not permitted
lo chef/il cuoco/la cuoca	chef/cook
il maître	maître d'
il sommelier	wine waiter
il cameriere/la cameriera	waiter/waitress/server
il guardaroba	cloakroom/coatroom
la toeletta/il bagno	restroom
il conto	check

la mancia	tip/gratuity
il coperto	cover charge
la fattura	invoice (chargeable as a business expense)
la ricevuta	receipt (not chargeable as a business expense)
pagare in contanti	to pay cash
pagare con il Bancomat	to pay with a debit card
pagare con un traveler's check/cheque	to pay with a traveler's check
pagare con la carta di credito	to pay with a credit card
accettare le carte di credito	to accept credit cards

IDIOMATIC EXPRESSIONS RELATING TO FOOD

andare in brodo di giuggiole	to be on cloud nine
avere troppa carne al fuoco	to bite off more than one can chew
buttarsi a pesce su qualcuno/qualcosa	to make a beeline for someone/something, to dive for someone/something
Chi dorme non pecca, ma non piglia pesci.	The early bird catches the worm.
come il cacio sui maccheroni	just what the doctor ordered
È diventato un burro.	His resistance melted away.
È un pesce lesso.	He's a bore.
essere bene in carne	to be plump
essere fatto di carne ed ossa	to be only human
essere un pesce fuor d'acqua	to be like a fish out of water
il brodo di coltura	breeding ground
in carne ed ossa	in the flesh
lasciar cuocere qualcuno nel suo brodo	to let someone stew in his own juice
masticare amaro	to be embittered
né carne né pesce	neither fish nor fowl
non sapere che pesci prendere	to be at a loss
trattare qualcuno a pesci in faccia	to treat someone like dirt
Tutto fa brodo.	It's all useful./It's all grist for the mill.

Il buon vino fa buon sangue

"Good wine makes good blood," the old saying goes, and modern medicine agrees. Wine is one of Italy's most important agricultural products and one of the features commonly associated with *la dolce vita*. As we saw in the selection *L'agriturismo* (page 24), two of the products you can buy at Casanova di Pescille are Chianti and Vernaccia di San Gimignano, both well-known Tuscan *D.O.C.* and *D.O.C.G.* wines. Celebrated by writers and poets through the ages, wine has its own culture and vocabulary. The descriptions of three wines below introduce the terminology of *la degustazione e il consumo del vino*, wine tasting and drinking.

Chianti (D.O.C. e D.O.C.G.)

Regione: Toscana.

Zona di produzione: Le colline chiantigiane, comprese nelle provincie di Firenze, Arezzo, Siena, Pisa, Pistoia.

Tipi: Tranquillo da pasto.

Vitigni di origine: Sangiovese, Canaiolo nero, Trebbiano toscano, Malvasia del Chianti.

Gradazione alcolica: 11,5°–12,5°.

Colore: Rosso rubino più o meno intenso tendente al granato con l'invecchiamento.

Profumo: Vi sono sensibili variazioni da zona a zona; comunque complessivamente si avverte una buona vinosità, un profumo di viola mammola tendente al goudron con l'invecchiamento.

Sapore: Asciutto di acidità equilibrata più o meno corposo e più o meno con evidenze tanniche, sempre in armonia con il corpo, caldo e vellutato.

Bicchiere: Per vino rosso tranquillo.

Età ottimale: Da 1 a 4 anni a seconda della corposità.

Temperatura di servizio: 18° C.

Accostamenti: I più giovani su piatti consueti; gli invecchiati su carni rosse alla griglia, su spiedi, su selvaggina da penna o da pelo, particolarmente sul cinghiale per i Chianti più austeri.

Versione rivista del sito web www.vinit.net.

Albana di Romagna (D.O.C. e D.O.C.G.)

Regione: Romagna.

Zona di produzione: molti comuni della provincia di Bologna (Imola, Castel San Pietro, Dozza, Bazzano), Ravenna (Castel Bolognese, Riolo Terme, Brisighella), e Forlì (Bertinoro, Cesena, Savignano, Forlimpopoli).

Tipi: Secco, amabile, spumante.

Vitigno di origine: Albana.

Gradazione alcolica: 12°–12,5°.

Colore: Giallo paglierino o dorato.

Profumo: Caratteristico.

Sapore: Asciutto con sottofondo amarognolo, piacevole nel tipo più secco, più o meno dolce nel tipo amabile.

Bicchiere: Per bianco tranquillo da pasto o flute se spumante.

Età ottimale: Da 1 a 4 anni a seconda della corposità.

Temperatura di servizio: Se spumante, 8° C; se invecchiato, sui 12°–14° C.

Accostamenti: Il "secco" accompagna bene la successione di un pasto, ma è particolarmente indicato con piatti di pesce, lumache o minestre saporite. Il tipo amabile è da fine pasto, su frutta. Il semidolce su biscotti e dolci di mandorle.

Freisa d'Asti (D.O.C.)

Regione: Piemonte.

Zona di produzione: In provincia d'Asti e Alessandria.

Tipi: Secco, amabile, frizzante, spumante.

Vitigno di origine: Freisa.

Gradazione alcolica: 11°–11,5°.

Colore: Rosso rubino.

Profumo: Delicato e caratteristico di rosa e lampone.

Sapore: Inizialmente un poco aspro e poi morbido e generoso.

Bicchiere: Per rosso tranquillo da pasto.

Età ottimale: Da 1 a 2 anni.

Temperatura di servizio: 16°–18° C per l'amabile; 10°–12° C per lo spumante.

Accostamenti: Questo vino, caratterizzato da spuma viva e briosa, è diffuso in due versioni: "secco" da pasto, "amabile" da pasto e da dessert; il tipo secco accompagna bene piatti di pollame, anche con intingoli leggeri e arrosti di vitello. L'"amabile" è adatto anche con la frutta o fuori pasto. Il tipo frizzante, simile ai precedenti, è caratterizzato da una schiuma persistente.

ESERCIZI

MAKING SENSE OF THE SELECTION

A Give the English equivalent of the following Italian expressions. True cognates appear in bold type.

colore

gradazione **alcolica**

profumo

sapore

vino D.O.C.

vitigno di **origine**

zona *di* **produzione**

B Using words and phrases from Exercise A, complete the following sentences.

1 *Compra un vino _____ per Gianni. Lo sai che è un esperto!*

2 *Il vero Grignolino non si trova facilmente, perché la _____ è molto piccola.*

3 *Il _____ di origine del Nebbiolo si adatta facilmente a molti*

   terreni, ma solo il Nebbiolo di certe _____

   è un vino _____.

4 *Il _____, il _____ e il _____ definiscono le caratteristiche organolettiche del vino.*

5 *Solo i vini ad alta _____ invecchiano bene.*

C Give the English equivalent of the following Italian words. True cognates appear in bold type.

amabile

frizzante

secco/asciutto

spumante

D Using words from Exercise C, complete the following sentences.

1 *Al suo matrimonio ha preferito offrire lo _____ che produce suo nonno, invece dello champagne.*

2 *Il vino bianco _____ va meglio con il pesce.*

3 *A me piacciono molto sia la Freisa sia il Barbera, perché sono vini rossi*

   _____.

4 *L'Albana di Romagna non è proprio un vino dolce, è un vino*

   _____.

E Give the English equivalent of the following Italian words and phrases. True cognates appear in bold type; beware of *falsi amici* like *morbido*.

caratteristico

giallo paglierino o dorato

inizialmente un poco aspro e poi morbido e generoso

profumo delicato *e* **caratteristico** *di* **rosa** *e lampone*

rosso **rubino**

F Using words from Exercise E, complete the following sentences.

1 *Si dice che un vino è giallo _____ quando il suo colore assomiglia a quello della paglia.*

2 *Ha un profumo talmente _____ che ho indovinato che vino era solo dall'odore!*

3 *Per descrivere il sapore del vino si usano spesso nomi di fiori e di frutta, come*

   la _____ e il _____.

4 *Più che di _____, direi che la Freisa sa di fragola. Dopo tutto, il nome viene dal francese « fraise ».*

5 *Appena lo bevi, quel vino sembra _____, ma il sottofondo è molto morbido.*

THE VOCABULARY OF WINE AND FOOD

Certain wines compliment certain foods and dishes, and some wines are best suited for particular eating and drinking occasions.

da aperitivo	as an aperitif
da pasto	with the meal
fuori pasto	*lit.*, outside of meals; without food or with only finger food
da antipasto	with an appetizer
da antipasto di verdure	with a vegetable appetizer
da antipasto di pesce	with a fish appetizer
da antipasto di carne	with a meat appetizer
da primi	with the first course
da secondi	with the main course
da carne	with meat
da pesce	with fish
da fine pasto/da dessert/da dolce	with dessert

THE PREPOSITIONS *DA, DI,* AND *A*

The preposition *da*, as used in the list above, indicates purpose: "fit for, to be used with."

The preposition *di*, used often in the selection, attributes characteristics to persons and things.

la zona di produzione	the region of production
il profumo di rosa	the scent of roses/rose scent

It is easy to confuse the Italian prepositions *da, di,* and *a. Da* typically indicates function, while *di* qualifies or describes.

un bicchiere da vino	a wineglass
un bicchiere di vino	a glass of wine

A often indicates method or chief characteristic.

fatto a mano	handmade
una barca a vela	a sailboat

G Complete the following sentences with the correct form of *da, di,* or *a.*

1 *L'Italia è il più grande esportatore _____ vino _____ mondo.*

2 *La zona originale _____ produzione _____ Nebbiolo si trova in Piemonte.*

3 *I bicchieri _____ champagne che ci siamo fatti mandare dalla Francia sono arrivati tutti rotti.*

4 *La raccolta delle uve viene fatta _____ macchina.*

5 *Il vino _____ invecchiamento è molto caro.*

6 *La maggior parte delle uve _____ vino non sono l'ideale come uva _____ tavola.*

7 *Nella provincia _____ Asti si producono dei vini non comuni.*

8 *I vini _____ dessert in genere sono dolci.*

9 *Quel vino è un semplice vino _____ tavola, ma è proprio buono.*

10 *Le tecniche _____ produzione _____ vino sono molto antiche.*

11 *I bicchieri _____ cognac sono sullo scaffale in alto.*

12 *Non vorrai regalarle un altro servizio _____ bicchieri _____ cristallo?! Ne ha già tre e non li usa mai.*

13 *La torchiatura _____ mano non si fa più da molti anni.*

14 *Le botti _____ rovere sono ideali per l'invecchiamento del cognac.*

15 *Non offrirei la Malvasia come vino _____ antipasto, anche se a qualcuno può piacere.*

I vini di origine controllata

The Freisa d'Asti wine described in the previous selection is a D.O.C. (*Denominazione di Origine Controllata*) wine. D.O.C. wines are recognized and regulated by the Italian government in a classification system like the French *Vins d'appellation contrôlée (VAC)*. The other two wines described there carry an even stricter classification, *D.O.C.G. (Denominazione di Origine Controllata e Garantita)*.

Easy transportation of raw materials and products, the introduction of industrial techniques in agriculture, and the availability of chemical substitutes and additives have all favored big business in agriculture, thus reducing local markets that cling to traditional and more expensive production methods. Legislation in several countries has aimed to protect the identity of products made in specific regions by traditional methods from local raw materials: olive oil, parmesan cheese, wines, Italian prosciutto, chocolate . . . and the list is growing. The following selection explains how the D.O.C. system works for Italian wines; it is also a good example of legal jargon.

La disciplina dei vini di origine

La legge che tutela il vino italiano entra in vigore il 12 luglio 1963. Sono 42 gli articoli che compongono la legge il cui primo gruppo stabilisce la denominazione di origine da intendersi ripartita in tre punti:

1. denominazione di origine semplice (D.O.S.);
2. denominazione di origine controllata (D.O.C.);
3. denominazione di origine controllata e garantita (D.O.C.G.).

La denominazione di origine semplice indica il vino comune, ottenuto da uve provenienti da una determinata zona di produzione, vinificato secondo gli usi locali, leali e costanti delle zone stesse.

La denominazione di origine controllata è riservata ai vini che rispondono alle condizioni e ai requisiti stabiliti per ciascuno di essi dai disciplinari di produzione. Il disciplinare, emesso sotto forma di decreto, e pubblicato sulla Gazzetta Ufficiale [della Repubblica Italiana, *where laws and decrees are published*], fissa:

- la denominazione di origine del vino;
- la delimitazione della zona di produzione delle uve;
- le condizioni di produzione (caratteristiche naturali dell'ambiente, vitigni, pratiche di impianto e di coltivazione dei vigneti, produzione massima di uva per ettaro consentita, ecc.);
- la resa massima dell'uva in mosto o in vino;

Versione rivista del sito web www.contizecca.it.

• le caratteristiche fisicochimiche e organolettiche del vino, la gradazione alcolica minima naturale.

La denominazione di origine controllata e garantita viene rilasciata ai vini di particolare pregio e con la stessa procedura della origine controllata, cioè con il disciplinare di produzione. È più restrittiva della D.O.C. perché localizza ancora di più una produzione di qualità.

ESERCIZI

MAKING SENSE OF THE SELECTION

A Answer the following questions.

1 ☐ What is the purpose of the legislation regarding D.O.C. wines?

2 ☐ When was it adopted?

3 ☐ How many different labels does the law establish?

4 ☐ Does the D.O.C. system ever allow the use of wine produced outside the region in question, even as a small percentage of the final product?

5 ☐ What does the *disciplinare di produzione* establish?

6 ☐ Where is it published?

7 ☐ What is the criterion that distinguishes the *denominazione di origine controllata* from the *denominazione di origine controllata e garantita*?

8 ☐ If the *denominazione di origine controllata e garantita* is stricter than the *denominazione di origine controllata*, what does *ancora di più* mean?

THE VOCABULARY OF D.O.C. WINES

B Give the English equivalent of the following phrases. True cognates appear in bold type; beware of *falsi amici*.

*la disciplina dei vini di **origine***

*il vino **italiano***

*stabilisce la denominazione di **origine***

*denominazione di **origine** semplice*

*denominazione di **origine controllata***

*denominazione di **origine controllata** e **garantita***

*il vino **comune***

*uve provenienti da una determinata **zona** di **produzione***

***usi locali**, leali e costanti*

*vini che rispondono alle **condizioni** e ai requisiti stabiliti per ciascuno di essi dai disciplinari di **produzione***

*le **condizioni** di **produzione***

*le **caratteristiche** fisicochimiche e organolettiche del vino*
*la gradazione **alcolica minima naturale***
localizza** ancora di più una **produzione** di **qualità

C Complete the following sentences.

Il vino _____ *(1) è tutelato da una legge entrata*

_____ *(2) il 12 luglio 1963. La legge stabilisce* _____ *(3)*

livelli di _____ *(4) per il vino: la denominazione di origine*

_____ *(5); la denominazione di origine* _____ *(6)*

e la denominazione di origine _____ *(7) e*

_____ *(8). Il criterio più importante per distinguere tra i vini*

è la _____ *(9) delle uve, che diventa sempre*

più _____ *(10).*

RELATIVE CLAUSES

Relative clauses are introduced in English by the relative pronouns "who, whose, whom, that, which," often in conjunction with prepositions, "to whom, for whom," etc. Two relative pronouns are used throughout the selection: *che* and *cui*.

Che may be the subject or direct object of its clause; it cannot be the object of a preposition. Instead, *cui* is used with a preposition. If *cui* means "to whom, of whom, whose," the preposition may be omitted.

*Sono 42 gli articoli **che** compongono la legge il **cui** primo gruppo stabilisce...*	There are 42 articles **that** comprise the statute, the first group **of which** establishes . . .

When you encounter *cui* meaning "of which," it might be helpful to split the sentence into two: "There are 42 articles. . . . The first group of articles. . . ."

Other forms of the relative pronoun are *il quale/la quale/i quali/le quali*. These forms may be used as a subject but not as a direct object. They are often the object of a preposition, where there would otherwise be confusion about number and gender—and thus about the noun that the relative pronoun refers to.

The following table summarizes the forms of *che, cui,* and *il quale* and their uses.

ENGLISH	**che, cui**	**il quale**, ECC.
who	*che*	*il quale, la quale, i quali, le quali*
whom	*che*	—
whose	*cui*	*del quale, della quale, dei quali, delle quali*
of whom/of which	*cui/di cui*	*del quale, della quale, dei quali, delle quali*
to whom/to which	*cui/a cui*	*al quale, alla quale, ai quali, alle quali*
for whom/for which	*per cui*	*per il quale, per la quale, per i quali, per le quali*
from whom/from which	*da cui*	*dal quale, dalla quale, dai quali, dalle quali*
by whom/by which	*da cui*	*dal quale, dalla quale, dai quali, dalle quali*
with whom/with which	*con cui*	*con il quale, con la quale, con i quali, con le quali*

D   Complete the following sentences with the appropriate relative pronoun.

1   *La legge _____ tutela il vino italiano entra in vigore il 12 luglio 1963.*

2   *Sono 42 gli articoli _____ compongono la legge il _____ primo gruppo stabilisce la denominazione di origine.*

3   *Si riferisce all'intera circoscrizione dei comuni ricadenti nel territorio _____ porta il nome assunto da quel vino.*

4   *La denominazione di origine controllata è riservata ai vini _____ rispondono alle condizioni e ai requisiti stabiliti dai disciplinari di produzione.*

5   *I vini di _____ ho parlato in questa conferenza sono tutti disponibili presso i migliori vinai.*

6   *Il produttore _____ lei si è rivolta per il Barolo le è stato raccomandato da un esperto di vini americano!*

7   *La cantina il _____ proprietario hai incontrato alla degustazione del vino nuovo ha trecento anni.*

8   *Per adesso non voglio parlare della ragione per _____ mi sono rivolta all'avvocato, ma ha a che fare con la vigna _____ mi ha lasciato in eredità mia nonna.*

IDIOMATIC EXPRESSIONS RELATING TO DRINK

alzare il gomito	to drink too much
In vino veritas. (Latin)	The truth comes out when one gets drunk. (*lit.*, In wine there is truth.)

La scienza in cocina e l'arte di mangiar bene

Italian cuisine, like Italian wine and cheese, is extremely varied for both geographical and cultural reasons. Pellegrino Artusi was born in Forlimpopoli (Emilia Romagna) into a well-to-do family of vegetable and fruit retailers. Because of political turmoil in their hometown, his family moved to Florence in 1851. Forty years later, Artusi published *La scienza in cocina e l'arte di mangiar bene,* the first systematized collection of Italian dishes from all over the peninsula. As the title of the book suggests, Artusi wished to preserve the traditional approach to cooking as an "art," while bowing to the strong positivist current of the day, which attempted to apply "scientific" principles to all aspects of life. After a slow start, the book had enormous success and is still used today.

Of the 800 or so recipes that Artusi collected, we reproduce two here. The first is for *risotto,* the second for *tiramisù,* which Artusi calls *Dolce Torino,* its likely place of origin. The recipes, which are as useful today as in the nineteenth century, show how little the Italian language has changed since 1891. Or perhaps it is more accurate to say that the recipes show how modern Artusi's style is. Words that reflect current Italian usage and English explanations are included in square brackets. *Buon appetito!*

75. Risotto coi piselli

Il riso! Ecco giusto un alimento ingrassante che i Turchi somministrano alle loro donne onde facciano, come direbbe un illustre professore a tutti noto, i cuscinetti adiposi.

Riso, grammi 500.
Burro, grammi 100.
Parmigiano, quanto basta.
Una cipolla di mediocre [media] grossezza.

Il riso, come già vi ho detto [un'] altra volta, non conviene lavarlo; basta nettarlo [pulirlo] e strofinarlo entro a [con] un canovaccio.

Trinciate [tritate] la cipolla ben fine [fine fine] colla lunetta [con la mezzaluna] e mettetela al fuoco colla metà del burro.

Quando avrà preso il colore rosso versate il riso e rimuovetelo [giratelo] continuamente col mestolo finché abbia succhiato [assorbito] tutto il soffritto.

Allora cominciate a versar acqua calda a un ramaiuolo [mestolo] per volta, ma badate che se bolle troppo ristretto, resta duro nel centro e si

---

Pellegrino Artusi, *La scienza in cocina e l'arte di mangiar bene,* 1891.

sfarina alla superficie; salatelo e tiratelo a cottura asciutta [*let the rice absorb the liquid entirely*], aggiungendo il resto del burro.

Prima di levarlo dal fuoco unitevi i piselli del n. 427 in giusta proporzione e dategli sapore con un buon pugno di parmigiano.

Questa dose basterà per cinque persone.

ESERCIZI

MAKING SENSE OF THE RECIPE

A Answer the following questions.

1 ☐ Can you list the six ingredients for this recipe?

2 ☐ Are all ingredients listed at the top of the recipe?

3 ☐ Who uses rice to make women fatter, at least according to Artusi?

4 ☐ What unit of measurement is used for quantities?

5 ☐ What should you do to the rice before cooking it?

6 ☐ What utensil should you use to chop the onion?

7 ☐ Should you put the chopped onion in with the butter or add it later?

8 ☐ What color should the onion have turned before you add the rice?

9 ☐ When do you start adding water?

10 ☐ Do you have to keep the mixture boiling? How strongly?

11 ☐ What happens to the rice if the liquid is boiled too fast?

12 ☐ When you add the rest of the butter, should the rice be wet or fairly dry?

13 ☐ What do you have to add just before serving?

14 ☐ How many people can you serve with this recipe?

15 ☐ What important instruction does Artusi leave out?

RECIPE DIRECTIONS

🔍 Directions and instructions can be given in three ways in Italian.

- in the second-person plural, as in Artusi's text

  Tritate la cipolla fine fine... Mince the onion . . .

- in the infinitive

  Tritare la cipolla fine fine... Mince the onion . . .

- in the subjunctive with the impersonal-*si* construction (note that the verb is in the third-person singular and that the indicative can also be used)

  Si triti l'aglio fine fine... ⎱
  Si trita l'aglio fine fine... ⎰ One should mince the garlic well . . .

B The sixth "ingredient" is another recipe: *n. 427. Piselli colla carnesecca*, reproduced below. Replace the directions that appear in bold italic type with the corresponding infinitive form and then with the subjunctive using the impersonal-*si* construction.

427. Piselli colla carnesecca

I piselli vengono bene anche nella seguente maniera, ma gli antecedenti

[le ricette precedenti] appartengono di più alla cucina fine [sono più raffinate].

Mettete _____/_____ (1) *al fuoco un battutino*

di carnesecca [now more likely *pancetta*], *aglio, prezzemolo, e olio;*

conditelo _____/_____ (2) *con poco sale*

e pepe, e quando l'aglio avrà preso colore, **buttate** _____/

_____ (3) *giù i piselli. Tirato che abbiano l'unto* [once they

have absorbed the fat], **finite** _____/_____ (4)

di cuocerli con brodo o, in mancanza di questo, con acqua. I gusci dei piselli,

se sono teneri e freschi, si possono utilizzare cotti nell'acqua e passati allo

staccio [al setaccio]. Si ottiene così una purée, cioè un passato che, sciolto

nel brodo, aggiunge delicatezza a una zuppa di erbaggi, o ad una minestra

di riso e cavolo. Si può anche mescolarlo all'acqua del risotto coi piselli n. 75.

C Answer the following questions.

1 ☐ When do you start adding peas to the *soffritto*?

2 ☐ When do you start adding water or broth?

3 ☐ How can you use the pea pods if they are fresh? What utensil would you need?

4 ☐ What is the effect of adding this mixture to the broth?

5 ☐ Artusi leaves out two important instructions. What are they?

THE VOCABULARY OF COOKING

la cucina	kitchen; cuisine
la ricetta	recipe
l(o)'ingrediente	ingredient
la dose	amount
la porzione	portion/serving
una ricetta per sei/per sei persone	a recipe for six
10 grammi	0.35 ounce
100 grammi/1 etto	3.5 ounces
200 grammi/2 etti	7 ounces
500 grammi/½ chilo	1.1 pounds
100 grammi/1 chilo	2.2 pounds

1 pizzico di sale/pepe/zucchero	a pinch of salt/pepper/sugar
una noce di burro	one tablespoon butter
un cucchiaio d'olio	one tablespoon oil
mezzo cucchiaio d'olio	a teaspoon of oil
un cucchiaino di sale/zucchero	a teaspoon/half a teaspoon of salt/sugar
mezzo bicchiere di aceto	a quarter cup of vinegar
un bicchiere/1 decilitro di vino	half a cup of wine
una tazza di brodo	one cup broth
½ litro di brodo	two cups/1 pint broth
1 litro di latte (circa)	four cups/2 pints milk
4 litri d'acqua (circa)	one gallon water
quanto basta	as needed
a piacere	to your liking/to taste (adverb)
cucinare/cuocere	to cook
cuocere/bollire a fuoco lento	to simmer
cuocere al forno	to bake
cuocere ai ferri/alla griglia	to broil
grigliare/cuocere alla griglia	to grill
arrostire (of meat); *abbrustolire* (of nuts and seeds)	to roast
cuocere allo spiedo	to grill on a spit
bollire	to boil
sbollentare	to blanch
sciogliere senza far friggere (specialmente il burro)	to clarify
soffriggere	to sauté
indorare	to brown
friggere	to fry
far cuocere al vapore	to steam
evaporare	to evaporate
far consumare	to reduce
surgelare/congelare	to freeze
gelare/raffreddare	to chill/to cool
scongelare	to thaw
sciogliere	to melt (ingredients, e.g., butter)
scaldare/riscaldare/intiepidire	to warm up
tenere in caldo	to keep warm
scaldare/portare il forno a 180°	to heat the oven to about 300°
crescere/lievitare	to rise/to puff
condire	to dress
legare (chicken, turkey, etc.)	to truss
legare (ingredients)	to bind; to give flavors time to blend
mescolare/girare	to stir
girare	to turn
versare	to pour
tritare	to chop
tritare fine fine	to mince
tagliare	to cut

affettare	to slice
schiacciare	to mash
grattugiare/grattare	to grate
macinare	to grind
cuocere a bagnomaria	to cook in a double boiler
sbattere	to whip
sbattere le uova/montare i bianchi a neve	to beat eggs/to beat egg whites stiff
spruzzare/tenere umido/bagnare	to baste
cospargere	to sprinkle
imburrare	to butter
mantecare	to blend butter in
foderare	to line
ricoprire con uno strato di...	to coat with . . .
pelare	to peel
togliere i semi	to seed
scolare (la pasta)	to drain
setacciare/passare al setaccio	to strain
alzare il gas/la temperatura	to raise the flame/heat
abbassare il gas/la temperatura	to lower the flame/heat
a fuoco lento/basso	over low heat
a fuoco medio	over medium heat
a fuoco alto	over high heat
una manciata di prezzemolo	two sprigs of parsley
1 rametto di rosmarino	one sprig of rosemary
5 foglie di alloro	5 bay leaves

VERBS IN COOKING

Some of the verbs in the list above describe actions performed by the cook.

Ho grattugiato il parmigiano e l'ho mescolato al risotto.	I grated the parmesan and added it to the risotto.

Other verbs describe transformations that occur in the ingredients.

La minestra cuoce da tre ore.	The soup has been cooking for three hours.
Il latte deve bollire a fuoco lento.	The milk should simmer over low heat.

To describe such transformations as being "caused" by the cook, Italian adds the verb *fare*.

Fate soffriggere la cipolla e l'aglio per cinque minuti.	Sauté the onion and garlic for five minutes. (*lit.*, Have the onion and the garlic sauté for five minutes.)
Fate cuocere la salsa a fuoco lento per almeno due ore.	Cook the sauce over low heat for at least two hours.

D Using words and phrases from the vocabulary list above, complete the following sentences.

1 *Il soffritto viene meglio se _____ la cipolla a mano.*

2 *La mantecatura consiste nel far sciogliere il _____ nel risotto subito prima di servirlo.*

3 *Il segreto per fare una buona frittata è _____ a fuoco lento.*

4 *Se volete _____ i bianchi a neve con successo, non usate uova troppo fresche.*

5 *Portate l'acqua a bollore e fatevi _____ gli spinaci per due minuti.*

6 *Il risotto va _____ in continuazione, in modo che il brodo venga assorbito tutto gradatamente.*

7 *Che disastro, il mio soffritto è tutto bruciato! Non ti avevo detto di*

   _____ il gas?

8 *D'estate cucina mio marito, cui piace molto cucinare _____ in giardino.*

9 *Anche nei dolci va bene mettere _____ di sale.*

10 *Cosa vuol dire "aggiungete olio _____"? Io ho bisogno di istruzioni più precise.*

11 *_____ la forma per il crème caramel con uno strato di zucchero caramellato.*

12 *Il profumo che mi piace di più in cucina è quello di un _____*

   di rosmarino che _____ nell'olio.

13 *Adesso si usa il Cuisinart, ma una volta per fare il vitello tonnato si passava*

   il tonno _____ a mano.

14 *Se prepari il ripieno del tacchino un giorno prima di cucinarlo, i gusti si*

   _____ meglio.

15 *Ma dove hai imparato a _____ l'omelette facendola saltare in aria? A me finisce sempre per terra!*

649. Dolce Torino

Formate questo dolce sopra un vassoio o sopra un piatto e dategli la forma quadra.

Savoiardi, grammi 100.
Cioccolata, grammi 100.
Burro fresco, grammi 100.

Zucchero a velo, grammi 70.
Un rosso d'uovo.
Latte, cucchiaiate n. 2.
Odore di zucchero vanigliato.

Tagliate i savoiardi in due parti per il lungo e bagnateli col rosolio, oppure, il che sarebbe meglio, metà col rosolio e metà con l'alkermes, per poterli alternare onde facciano più bella mostra [figura]. Lavorate dapprima il burro con lo zucchero e il rosso d'uovo; ponete al fuoco la cioccolata, grattata o a pezzetti, col latte, e quando sarà bene sciolta [sciolta bene] versatela calda nel burro lavorato, uniteci l'odore [*a little vanilla flavor*] e formate così una poltiglia [un miscuglio] mescolando bene.

Disponete sul vassoio un primo strato dei detti savoiardi e spalmateli con la detta poltiglia; indi [quindi/poi] sovrapponete un altro strato di savoiardi, poi un terzo ancora, spalmandoli sempre leggermente. Il resto della poltiglia versatelo tutto sopra ed ai lati pareggiandolo [*leveling it*] meglio che potete.

Il giorno dopo, prima di servirlo, lisciatelo tutto alla superficie con la lama di un coltello scaldato al fuoco, e in pari tempo [contemporaneamente], piacendovi [se vi piace], ornatelo [decoratelo] con una fioritura di pistacchi oppure nocciuole [nocciole] leggermente tostate, gli uni e le altre tritate finissime. Grammi 40 di nocciuole pesate col guscio o grammi 15 di pistacchi potranno bastare. Già saprete che questi semi vanno sbucciati coll'acqua calda.

È una dose per sei o sette persone.

ESERCIZIO

E Answer the following questions.

1 ☐ Does this dish require baking?

2 ☐ Does any part of the recipe require cooking on the stove?

3 ☐ What shape will this dessert have?

4 ☐ How should you cut the cookies?

5 ☐ Why should you use two different liqueurs to moisten the cookies instead of one?

6 ☐ What do you do with the butter, sugar, and egg yolk?

7 ☐ What will be the result of mixing the egg and sugar base with the chocolate?

8 ☐ With what ingredient do you begin building the dessert?

9 ☐ What will the second layer be made of?

10 ☐ Does Artusi tell you how many layers this dessert should have?

11 ☐ What will the top layer be?

12 ☐ Do you think it is better to serve this dessert as soon as it is done or on the following day?

13 ☐ Why does Artusi suggest warming the knife with which he finishes the dish?

14 ☐ What can you top the dessert with?

15 ☐ Why should you use warm water?

16 ☐ How many servings does this recipe make?

THE IMPERSONAL-*SI* CONSTRUCTION

The impersonal form agrees in number with the object of the verb.

Si mescoli lo zucchero con le uova sbattute.	Mix the sugar with the beaten eggs.
Si taglino i savoiardi in due parti per il lungo.	Slice the biscuits in half lengthwise.

If no object is specified, the singular is used.

Si parte domattina.	I am off/We are off tomorrow morning.

IDIOMATIC EXPRESSIONS AND PROVERBS RELATING TO FOOD

Cadere dalla padella nella brace.	Out of the frying pan and into the fire.
È l'uovo di Colombo.	It's as plain as the nose on your face.
essere fritto	to be done for
fare una bella frittata	to make a nice mess
La farina del diavolo va tutta in crusca.	Nothing remains of ill-gotten gains.
l'olio di gomito	elbow grease
masticare (qualcosa)	to mumble; to have a smattering (of something)
Meglio un uovo oggi che una gallina domani.	A bird in the hand is worth two in the bush.
Non è farina del tuo sacco.	This is too good to be your own doing.
Non è pane per i suoi denti.	He's not up to it.
O mangiar questa minestra o saltar dalla finestra.	Take it or leave it.
passare al setaccio	to go over with a fine-toothed comb
Qualcosa bolle in pentola.	Something is brewing.
rompere le uova nel paniere	to upset the applecart
Se non è zuppa è pan bagnato.	It's six of one and half a dozen of the other.

La moda e il design

La moda and *il design* embody the success of the Italian economy after World War II. Drawing upon centuries of refinement in the visual arts, Italian *moda* and *design* fuse aesthetic sensibility and industrial flexibility. Italian furniture firms have perfected an industrial model that combines the tradition of *artigianato* (ultimately derived from the *bottega d'arte*) with the advantages of mass production. *La moda italiana* has gained ground vis-à-vis France by relying more on *prêt-à-porter* than on *haute couture*. Ultimately, the success of Italian designers vindicates their belief that the taste of the general public can be gently educated toward accepting products that experiment with aesthetic innovation and with the functional opportunities made available by modern technology. In Italy, there is no "for the trade" sector in fashion and design retail.

Kartell

Kartell is an Italian firm specializing in producing furniture and household objects without using wood. The company's philosophy is that we do not need to destroy our forests to make pleasant and durable items for home and office life. Other materials, plastic and metal in particular, are considered as strong and flexible as wood, and aesthetically pleasing in the hands of a good designer and with the mass-production technology now available.

Kartell

Leader mondiale nella utilizzazione delle materie plastiche, coraggiosa, intraprendente, anticonformista e sperimentatrice. Così Kartell, dopo oltre 50 anni dalla sua nascita nel 1949, si propone ad un pubblico internazionale soddisfacendone le esigenze più eterogenee, attraverso due principali divisioni in seno all'azienda che coprono diverse aree della produzione: Habitat — mobili ed accessori di design per la casa, l'ufficio ed il contract — e Labware — dedita alla realizzazione di articoli e strumentazioni tecniche per laboratori. I loro denominatori comuni: la plastica, il design e la tecnologia.

HABITAT

Un catalogo oggi unico, composto da un'ampia e diversificata gamma di complementi d'arredo realizzati su scala industriale. Sedute, tavoli, librerie, accessori per la casa, l'ufficio o gli spazi collettivi. Prodotti concepiti sotto il segno della polifunzionalità e trasversalità, di facile fruizione e dall'indubbio appeal estetico.

La distribuzione

Oltre ad esportare il 75% del suo fatturato in 60 paesi e a contare su una rete di più di 4000 punti di vendita, Kartell ha avviato una politica distributiva che punta sul concetto di Kartell Flagship Shop (monomarca) e Kartell Shop (shop in shop), caratterizzati da una forte immagine facilmente riconoscibile ed omogenea. Oggi l'azienda annovera nelle aree più strategiche del pianeta 16 Flagship Shop e 240 Kartell Shop.

---

www.kartell.com.

LABWARE

La divisione Labware è leader mondiale nella produzione di articoli in plastica, reusable e disposable per il laboratorio, la ricerca e l'industria. L'utilizzo delle materie prime più avanzate propone la plastica come valida alternativa al vetro sia per qualità che per economicità.

MUSEO
Tradizione e cultura del design

Una solida realtà costruita in 50 anni di esperienza in cui la filosofia aziendale è rimasta sempre fedele a se stessa e ai valori che accomunano i prodotti classici alla produzione odierna, come allora sintesi di design, funzione e qualità. Oggi Kartell Museo, la prima fondazione di partecipazione nel design, racconta e testimonia questa storia della ricerca, sfida tecnologica e concrete risposte ai bisogni sociali.

Kartell CONTRACT e Kartell OFFICE

Ricerca, tecnologia, capacità produttive, prodotti funzionali, design, una qualità certificata ISO 9001; questi i concetti che portano i prodotti Kartell ad entrare spontaneamente nel mondo delle forniture. Il prodotto Kartell per sua stessa natura nasce con la duplice valenza Residential e Contract.

Kartell Contract riesce a soddisfare diversi livelli di esigenze, inserendosi con facilità sia in grandi spazi collettivi (come sale conferenze, mense, stadi, sale attesa di alberghi, ospedali, aeroporti) sia in piccoli spazi come bar, caffetterie e ristoranti.

Kartell Office è la proposta di un ufficio light, trasversale, mobile, leggero, colorato e facilmente inseribile in ogni contesto. Un ufficio che va oltre l'esigenza di tecnologia, per soddisfare quella del gioco creativo dei sensi come il bisogno di libertà di movimento. Per offrire una diversa prospettiva dello spazio lavorativo. Kartell Office può essere proposto in diversi abbinamenti di colori creando più suggestioni.

MATERIALI e TECNOLOGIE

Il tratto distintivo della produzione Kartell è la continua evoluzione nell'utilizzo dei materiali, grazie ad un'assidua ricerca e sperimentazione di tecnologie volte a definire proprietà e caratteristiche innovative. Fino alla fine degli anni '80 la plastica ha dominato il mondo Kartell. Dagli anni '90 in avanti, l'azienda si è orientata anche verso l'introduzione di nuove combinazioni di materiali (la plastica abbinata al legno, l'alluminio o l'acciaio). Grazie a Kartell sono stati introdotti nuovi procedimenti che hanno permesso di ottenere, per i materiali plastici utilizzati, eccezionali qualità fra cui la satinatura, la trasparenza, la flessibilità, la resistenza ad agenti atmosferici. L'utilizzo di nuove tecniche di colorazione o la ricerca di inediti effetti di trasparenza vanno al di là delle soluzioni in uso fino ad oggi, nel proposito di incontrare le tendenze più recenti del costume e della moda. La plastica è rinata grazie alla ricerca e alla tecnologia, trasformandosi in una famiglia ricca ed aperta di materiali. Kartell vanta, in questo settore, un know how impareggiabile al mondo.

ESERCIZI

MAKING SENSE OF THE SELECTION

A Answer the following questions. You can mark your progress in understanding the selection by using the check boxes provided.

1 ☐ Why do you think the firm prefers using a ".com"—not an ".it"— domain name?

2 ☐ When was Kartell founded?

3 ☐ Does it seek a national or an international clientele?

4 ☐ What kinds of products does it offer?

5 ☐ How many divisions does the firm have? What are they called?

6 ☐ What are the common denominators of the two divisions?

7 ☐ Would you be able to buy a living room or bedroom set from Kartell?

8 ☐ Does Kartell sell unique, handmade products or mass-produced ones?

9 ☐ Are Kartell's products intended for a specific use, or can they be used in a bedroom as well as in a study or bathroom?

10 ☐ What percentage of its products does Kartell export? To how many countries?

11 ☐ How many retail outlets does Kartell have?

12 ☐ How many different types of outlets do they have? What are they called?

13 ☐ Are you likely to find a Kartell outlet in a large American city?

14 ☐ Who are the most likely clients of the Labware division?

15 ☐ Why is plastic preferred over glass as a furniture component?

16 ☐ What is "Kartell Museo"? A museum? A foundation? What are its goals?

17 ☐ What principles guide Kartell's production strategy?

18 ☐ What does ISO 9001 certification mean?

19 ☐ If you had to furnish a cafeteria capable of seating 200 people, could Kartell be your supplier?

20 ☐ Could Kartell supply the furnishings for a small cafeteria?

21 ☐ Besides being functional and flexible, what should office furniture do for its users, according to Kartell?

22 ☐ Why does Kartell devote so many resources to research and development?

23 ☐ What principal material did Kartell use until the end of the 1980s?

24 ☐ What material did the company start using in the 1990s? By itself or with other materials?

25 ☐ What exceptional characteristics do Kartell's plastic products have?

26 ☐ What effect has Kartell's research and development had on plastic?

27 ☐ What does Kartell claim as its major achievement?

FOREIGN WORDS

B There are 14 foreign words or phrases in the selection, not counting multiple occurrences of the same word. Some of them are Italian neologisms based on English words, for example, *labware* from "lab(oratory)" plus "ware." Others, like *leader, design,* and *habitat,* replace their Italian equivalents. Using foreign expressions from the selection, complete the following sentences.

1 *Gli italiani sono i* _____ *mondiali nel campo del design e della moda.*

2 *I pesticidi hanno distrutto l'*_____ *degli uccelli che nidificavano nella palude.*

3 *Il termine* _____ *è entrato nel lessico italiano attraverso*

   il _____ *scandinavo degli anni cinquanta.*

4 _____ *qui non vuol dire "contratto," ma indica tutto quello che riguarda la vita produttiva e professionale.*

5 *Bisogna riconoscere che la parola* _____ *è un neologismo divertente, sul calco di parole inglesi come "software," "hardware," ecc.*

6 *In inglese si dice* _____ *per definire i negozi monomarca,*

   ma non sono sicura che la frase _____ *abbia senso.*

7 *Perché* _____ *e* _____ *quando in italiano ci sono "riutilizzabile" e "riciclabile"?*

8 *I prodotti Kartell hanno l'ambizione di servire sia per il settore*

   _____ *sia per quello contract.*

9 *Adesso ho capito meglio. Contract riguarda la fornitura di mobili*

   e attrezzature di arredamento per varie imprese commerciali, mentre

   _____ *riguarda più specificamente l'arredamento degli uffici.*

10 *Gli uffici moderni devono essere, dice la presentazione di Kartell,*

   _____ *, cioè flessibili e possibilmente gradevoli per chi ci lavora.*

11 *L'accumulazione di* _____ *tecnologico degli ultimi cinquant'anni è impressionante.*

MAKING COMPLETE SENTENCES

C In a style typical of advertisements and other forms of writing that aim to make a quick impression on the reader, several sections of the Kartell web site are "verbless." Complete the following excerpts by adding a verb (plus a subject, if necessary).

1 _____ *leader mondiale nella utilizzazione delle materie plastiche, coraggiosa, intraprendente, anticonformista e sperimentatrice.*

2 *I loro denominatori comuni _____: la plastica, il design e la tecnologia.*

3 _____ *un catalogo oggi unico, composto da un'ampia e diversificata gamma di complementi d'arredo realizzati su scala industriale.*

4 _____ *sedute, tavoli, librerie, accessori per la casa, l'ufficio o gli spazi collettivi.*

5 *I prodotti _____ sotto il segno della polifunzionalità e trasversalità, di facile fruizione e dall'indubbio appeal estetico.*

6 *La fondazione Kartell _____ alla tradizione e cultura del design.*

7 _____ *una solida realtà costruita in 50 anni di esperienza.*

POSSESSIVE ADJECTIVES AND PRONOUNS

Italian coordinates a possessive adjective or pronoun with the possessor in number and with the thing possessed in gender.

Tu e tua moglie non parlate d'altro che del vostro cane Fido.   You and your wife talk about nothing else but your dog Fido.

Vostro is used because the speaker is addressing two people in the second-person plural, and the dog is male.

Tu e tua moglie non parlate d'altro che della vostra gatta Lady D.   You and your wife talk about nothing else but your cat Lady D.

Vostra is used because the cat is female.

Note that the third-person plural possessive form *loro* does not change gender.

The following table provides all forms of the Italian possessives.

	MASCULINE SINGULAR	MASCULINE PLURAL	FEMININE SINGULAR	FEMININE PLURAL
my	*il mio*	*i miei*	*la mia*	*le mie*
your (informal)	*il tuo*	*i tuoi*	*la tua*	*le tue*
his/her/its	*il suo*	*i suoi*	*la sua*	*le sue*
your (formal)	*il suo*	*i suoi*	*la sua*	*le sue*
our	*il nostro*	*i nostri*	*la nostra*	*le nostre*
your (informal)	*il vostro*	*i vostri*	*la vostra*	*le vostre*
their	*il loro*	*i loro*	*la loro*	*le loro*
your (formal)	*il loro*	*i loro*	*la loro*	*le loro*

D Complete the following sentences with the correct form of the possessive, including the definite article where appropriate.

1 *Così parlate (a) _____ maestra? Vergognatevi!*

2 *Non riusciva a decidere se accettare l'offerta (di) _____ più vecchio amico o quella (di) _____ sorella.*

3 *Carlo e i suoi amici sono sempre lì a paragonare _____ moto. Siamo tutti d'accordo che _____ è molto meglio (di) _____.*

4 *La macchina? Perché vuoi prendere _____; cosa c'è che non va con _____?*

5 *_____ libri? Li ho restituiti tutti alla biblioteca.*

6 *_____ vicine sostengono che lei si droga.*

7 *_____ genitori? Non li vede più da quando lo hanno diseredato.*

GENDER AND NOUN CLASS

In the very first line of the selection, Kartell is referred to as *coraggiosa, anticonformista e sperimentatrice*—all feminine adjectives. Since *Leader* is masculine (according to rules governing the gender of foreign words in Italian), the adjectives must be referring to *Kartell* itself.

Kartell is considered feminine because it belongs to a class of noun that is feminine, *l(a)'azienda* "company, firm." Similarly, names of cars are feminine because they belong to the class *la macchina* or *l(a)'automobile*. Following is a list of other classes of nouns.

la città	city	*il nome*	name
il figlio	son	*il paese*	country
il fiume	river	*lo sport*	sport
la lingua	language	*il vino*	wine
il monte	mountain		

E Complete the following sentences by adding the correct ending to the adjectives and past participles. Then write the applicable noun class in the space provided.

1 *Palermo è sempre stat___ ricc___ d'arte e di cultura, dai Greci ai giorni nostri. (_____)*

2 *Cervino e Eiger, così difficil___ da scalare, sono splendid___ da ammirare da lontano. (_____)*

3 *Brenta e Piave sono stat___ res___ purtroppo not___ dalla Prima Guerra Mondiale. (_____)*

4 *Luca, Alessandra, Francesca, Lorenzo, Mattia sono diventat____ di moda negli ultimi dieci anni. (_____)*

5 *Lancia, Alfa Romeo, Ferrari sono stat____ tutt____ assorbit____ dalla FIAT.*
   (_____)

6 *Golf, polo, equitazione erano una volta molto costos____, ma adesso sono accessibil____ ad un numero molto più grande di persone. (_____)*

7 *Gli Stati Uniti e la Russia, imbattibil____ quando alleat____, sono stati nemic____ per cinquant'anni. (_____)*

8 *Giulia ed Enrico, ambedue adottat____, hanno reagito in maniera molto diversa al cambiamento di ambiente. (_____)*

9 *Italiano, francese, spagnolo, portoghese, ladino, rumeno, tutt____ neolatin____, e inglese, tedesco, danese, olandese, e così via, tutt____ germanich____, hanno tuttavia molte strutture simili, in quanto indoeurope____. (_____)*

Tensione e compressione

Bruno Munari (1907–1998) was one of Italy's greatest designers. He lived a long and intensely productive life mostly in Milan, the city of his birth. His artistic activity included painting, collage making, graphics, design, and the creation of multimaterial machines, which he called *macchine inutili,* pure tridimensional explorations in the potentialities of materials. He also wrote children's books and produced toys. In 1977 he launched a *laboratorio per l'infanzia* at the Brera Pinacoteca in Milan. The selection that follows is an example of his taste for experimentation. Munari believed that materials "talk" to us, if we are patient enough to let them "speak." By suggesting forms and revealing forces, they enable us to create objects with interesting aesthetic and physical, if not functional, properties.

Nel bosco c'era un boscaiolo che affascinava [definizione di un bambino: faceva fascine con] la legna. Raccoglieva tutti i rami che trovava li raggruppava per dimensione in varie fascine legandoli poi ben stretti. Ben stretti. Le fascine molto piccole fatte con i rametti flessibili resistenti lunghi circa un metro vanno a costruire scope per gli spazzini. Con le fascine di rami un poco più grossi si accende molto bene il fuoco nel camino. I rami grossi come un braccio e lunghi circa tre metri, diventeranno sostegno di piccoli giovani alberi. Saranno i "tutori" della nuova pianta. Questi grossi rami morti ormai secchi aiuteranno la giovane pianta a crescere diritta e la proteggeranno dai forti venti. Di solito sono in tre diritti e impassibili ben stretti intorno all'alberello da legami solidi e resistenti.

    Vicino a Chiasso nel silenzio estivo dei boschi di Cardina sulla cima della collina di Monte Olimpino si possono trovare rami secchi di frassino di castagno di betulla di lauro di carpino di acero di ciliegio di pero di magnolia... alcuni duri e pesanti altri leggeri e fragili tutti rivestiti con le loro tipiche cortecce alcune molto decorative come nella vanitosa betulla altre incredibili come di ghisa, nel frassino. Talvolta qualche ramo è rovinato dalle intemperie altri rami invece sono ben conservati ed hanno forme molto interessanti formati secondo i codici di crescita dei vegetali per cui le ramificazioni del frassino sono fatte spesso di armoniose curve che ricordano disegni in stile liberty mentre la ramificazione degli aceri va più per linee rette rispettando però sempre (quasi) l'angolazione di attacco al ramo precedente.

    Qualche ramo secco si trova ancora in parte attaccato penzolante alla pianta madre altri sono adagiati sull'erba tra i fiori nei prati tra un bo-

---

www.tiscali.it.

schetto e l'altro assieme a felci edera festuca capelvenere anemoni campanule ortiche garofanini rosa rododendri nani violette fragole lamponi misto bosco senza gelato papenzoli genziane sassifraghe fedifraghe e un sempreverde morto secco. Piccoli sentieri si inoltrano tra le piante e un venticello porta il profumo dell'erba tagliata. È come passeggiare dentro un immenso albero di cui non si percepisce l'esterno un albero grande quanto la collina con foglie di ogni forma e di tanti verdi diversi.

Raggi di sole come laser dorati passano tra i rami con linee rette si accendono e spariscono a caso secondo i movimenti delle foglie. Oppure si fermano un secondo a segnalare un bel ramo secco di betulla sdraiato sulle felci tra l'edera o vicino a qualche pietra coperta di muschio.

E prima che la lumaca attraversi il sentiero raccoglierò qualche ramo per il mio laboratorio all'aperto dove con un seghetto giapponese sottilissimo e taglientissimo taglierò via quelle parti del ramo che non servono allo scopo.

Faccio così una prima scelta di questi rami diversi di questi segni solidi campati in aria cresciuti al canto delle cicale e tra l'indifferenza delle formiche seccati dal sole e bagnati dalla luna. Per lungo tempo li osserverò senza toccarli.

Poi proverò a fare qualche accostamento con pezzi di rami dello stesso albero o con pezzi di alberi diversi. Devono poter stare assieme senza toccarsi appoggiandosi ai fili di tensione. I fili saranno bianchi di cotone o lino grezzo niente interventi di colore. L'insieme dei fili in tensione mostrerà la natura geometrica dei rapporti di forza le parti in compressione si comporteranno con molta naturalezza quasi con indifferenza. Nasce così un corpo unico solido formato da due forze opposte dove gli elementi in compressione stanno solidamente assieme senza toccarsi tra loro.

E così, senza attrezzi speciali senza aiuti manuali senza un progetto ben definito anche nei particolari senza pensare perché lo faccio e a cosa servirà senza alcuna ragione accessibile a gente pratica comincio ad annodare un filo bianco ad una estremità di un ramo poi ancora finché due fili restano solidamente tesi quindi appoggio sul filo teso l'estremità di un altro ramo e lo tengo in modo che i rami non si tocchino e mentre ne lego uno l'altro si slega. Con molta pazienza imparando la tecnica mentre opero e senza sapere prima che cosa verrà fuori dopo mi trovo ad un certo punto ad avere davanti a me con grande sorpresa un oggetto solido che prima non c'era.

Qualcuno dentro di me mi dice che va bene così. L'oggetto è compiuto e forse ancora manca qualche filo per rendere la struttura più solida e qualche filo lo metterò per ragioni estetiche. Guardo l'oggetto finito come se lo avessi trovato già fatto non so da chi. Mi sento l'esecutore di un progetto che stava nell'aria sulla cima di Monte Olimpino tra il vento le nuvole gli alberi il sole le galline. Un'attività affascinante si sente un grillo lontano nel gran silenzio vicino a Chiasso.

ESERCIZI

MAKING SENSE OF THE SELECTION

A You may want to use Munari's description to try to build what he built. Answer the following questions.

1 ☐ What kind of object do you envision emerging from Munari's playful manipulation?

2 ☐ Do you think that the object can "do" anything?

3 ☐ What principles of physics does this *macchina* rely on?

4 ☐ What materials does Munari use?

5 ☐ What is the only tool he employs?

6 ☐ Does he need help from others?

7 ☐ Does he have a "plan" at the onset?

8 ☐ Why is Munari surprised when his work is completed?

B Answer the following questions.

1 ☐ Munari lists three possible uses for branches and sticks. What are those?

2 ☐ Why are support sticks for trees called their "tutors"?

3 ☐ In what part of Italy does Munari's exploration take place?

4 ☐ Are the trees he mentions deciduous or evergreen?

5 ☐ Why is bark interesting? Of what do the different kinds of bark remind Munari?

6 ☐ What rules govern the shape that branches assume?

7 ☐ What style do some branches evoke?

8 ☐ Some branches lay scattered about—among what plants?

9 ☐ Are there any flowers in these woods?

10 ☐ Are there any berries?

11 ☐ Strawberries and raspberries are used in an Italian dessert called *misto bosco*, a wild-berry mix. But what does *misto bosco* refer to in the selection? And why *senza gelato*?

12 ☐ Are *fedifraghe* flowers? Or is Munari making a pun with *sassifraghe*?

13 ☐ Munari feels that walking through the woods is like walking through . . . what?

14 ☐ To what does he compare sun rays?

15 ☐ To what do the sun rays draw his attention?

16 ☐ What will Munari do with his small Japanese saw?

17 ☐ What does Munari see in the small branches that he has chosen?

18 ☐ What will he do with the branches? Will he tie them together?

19 ☐ What does he *not* want the branches to do?

20 ☐ What will connect them?

21 ☐ What will keep them in balance?

22 ☐ What will the pieces of thread help us see that would not be visible without them?

23 ☐ To what does Munari tie the first piece of white thread?

24 ☐ After tying the ends of each piece of thread to two different branches, what does he do with the second branch?

25 ☐ How many branches and pieces of thread do you need to make a structure that will hold together?

26 ☐ Why does Munari add a few pieces of thread once the object is completed?

27 ☐ What sound reaches him from afar?

PUNCTUATION

Munari uses punctuation scantily in this selection, as if he wished to convey the flow of consciousness that underlies his perceptions and playful experimentation. Punctuation is of great help to readers, however, and at times it is vital to avoid misunderstandings. Compare the following sentences.

Alberi e piante giovani richiedono molta cura.	Young trees and plants require great care.
Alberi e piante, giovani, richiedono molta cura.	Trees and plants, young people, require great care.

Punctuation in Italian is only slightly different from that in American English.

- A comma is never used before the *e* ("and") in a series.

  Il pino, il cipresso e l'abete sono dei sempreverdi.   The pine, the cypress, and the fir are evergreens.

- Punctuation marks are usually placed outside quotation marks.

  "In convento ci sono quindici suore", scrisse il giornalista. "È una piccola comunità".   "There are fifteen sisters in the convent," the journalist wrote. "It's a small community."

  See, for example, the selection "Il male di vivere" on page 95.

- Guillemets are often used in place of quotation marks, especially in books and magazines.

  « In convento ci sono quindici suore », scrisse il giornalista. « È una piccola comunità ».

- A long dash is almost always used to indicate a change of speaker in conversations.

  Cosa stai facendo? — Sto leggendo un libro giallo.   "What are you doing?" "I'm reading a mystery."

C   Using words from the selection, complete the following narrative.

Il bosco è pieno di _____ (1) *di tante specie:*

_____, _____, _____,

_____, _____, _____,

_____, _____, _____ (2).

Tra tutti questi, l'unico sempreverde è il _____ (3), *quello con la*

fioritura più spettacolare è la _____ (4) *e quelli da frutta sono*

il _____, *il* _____ *e il* _____ (5).

Il frassino ha una _____ (6) *bellissima che ricorda la*

_____ (7). *Le sue* _____ (8) *ricordano invece*

le armoniose curve dei disegni in stile _____ (9), *mentre quelle*

degli _____ (10) *procedono in linea* _____ (11).

Prati coperti di _____ (12) *si estendono tra un*

_____ (13) *e l'altro. I fiori sono mescolati a piante basse*

*o rampicanti come l'*_____ *e il* _____ (14)

e a piante di cui mangiamo i frutti, come le _____

e i _____ (15). *Il bianco latte degli* _____ (16),

il bianco ed il violetto delle _____ (17), *il rosa dei*

_____ (18), *il rosa intenso dei* _____ (19),

il viola e il giallo delle _____ (20) *ed il blu delle*

_____ (21) *si alternano ai tanti verdi delle*

_____ (22).

THE VOCABULARY OF PLANTS

la flora	flora
la foresta	forest
il bosco	wood(s)
il legno (materiale)	wood
la legna (da ardere)	wood
la pianta	plant, tree (all species that can be individually identified; ivy is *una pianta*, but grass is not)
l(o)'albero	tree
l(o)'albero da frutta	fruit tree
il cespuglio	bush
la radice	root
il tronco	trunk
la chioma	canopy
la corteccia	bark
il ramo	branch
la ramificazione	branching
il rametto/il ramettino	twig
il ceppo	log
la foglia	leaf
la fogliolina	small leaf
sempreverde/il sempreverde	evergreen
deciduo/caducifoglie	deciduous
il fiore	flower
il fiorellino	small flower
il frutto (single)/*la frutta* (collective)	fruit
la bacca	berry
il rampicante	climber

FRUIT TREES AND THEIR FRUIT

Almost all names of fruits are feminine in Italian. The corresponding fruit tree is either the same as the fruit, or it is masculine and its ending changes from -a to -o.

la fragola	fruit	*la fragola*	plant
l(a)'arancia	orange	*l(o)'arancio*	orange tree

Some monocultural orchards also take their names from the fruit. Thus, *mela, melo, meleto* mean "apple, apple tree, apple orchard." Some names of monocultural orchards exist but are not used in everyday language (for example, *mandarineto* and *ciliegeto*). The Italian title of Anton Chekhov's play *The Cherry Orchard* is not *Il ciliegeto*, but *Il giardino dei ciliegi.*

D Complete the following table. True cognates appear in bold type. Fruits are feminine unless otherwise indicated. Only the Italian answers are given in the Answer key.

FRUTTO	FRUIT	ALBERO DA FRUTTA	FRUTTETO
1 albicocca			
2 l(o)'ananas			
3 arancia			
4 **banana**			
5 ciliegia			
6 (il) fico			
7 fragola			
8 fragolina di bosco			
9 il **kiwi**			
10 il lime/la limetta			
11 il lampone			
12 il mandarancio			
13 il **mandarino**			
14 mela			
15 il mirtillo			
16 mora			
17 **pera**			
18 pesca			
19 il pompelmo			
20 prugna/susina			
21 uva			

IDIOMATIC EXPRESSIONS AND PROVERBS WITH PLANT WORDS

cascarci come una pera cotta	to be taken in
mangiare la foglia	to get wise
Non me ne importa un fico secco.	I couldn't care less.
quando maturano le nespole	when the medlars are ripe (that is, never)
spremere qualcuno come un limone	to milk someone dry
Una ciliegia tira l'altra.	One thing leads to another.

Io speriamo che me la cavo

In 1990, Marcello D'Orta, an elementary school teacher, collected and published some of the *temi* (essays) that his students had written over the years. The book, entitled *Io speriamo che me la cavo* ("Let's hope I make it"), which sold two million copies, ruffled feathers. Most essays were ungrammatical and full of *dialettismi* and slang, and they offered a picture of life and education in a small Italian town near Naples that could only contribute to reinforcing the stereotype of southern Italy as "backward." Besides, should "bad" Italian be rewarded with publication?

Still, most of the essays are moving, witty, and worth reading. The excerpt that follows, "Describe your home," offers a stark contrast to the sophisticated image of design and architecture emerging from previous selections. Italy is also the country depicted with honesty and humor by these young writers. (NOTE: Misspellings appear in bold type, words from the Neapolitan dialect appear in bold italic type, and nonstandard Italian constructions are italicized.)

Descrivi la tua casa

La mia casa è tutta *sgarrupata* [*cadente*], i soffitti sono *sgarrupati*, i mobili *sgarrupati*, le sedie *sgarrupate*, il pavimento *sgarrupato*, i muri *sgarrupati*, il **bagnio** *sgarrupato*. *Però ci viviamo lo stesso, perché è casa mia*, e soldi *non cene stanno*.

Mia madre dice che il Terzo Mondo non *tiene* neanche la casa *sgarrupata*, e perciò non ci dobbiamo lagniare: il Terzo Mondo è molto più terzo di noi!

Ora che ci penso, *a casa mia non c'è male come viviamo a casa mia!* In un letto dorme tutta la famiglia, e *ci diamo i **cavici** [*calci*] sotto le lenzuola del letto*, e così ridiamo. Se viene un ospite *e vuole dormire pure lui*, noi lo cacciamo di casa, perché posto non **cene stà** più nel letto: è tutto esaurito!

Noi mangiamo una schifezza, ci sputiamo in faccia *l'uno con l'altro a chi deve mangiare*, e vestiamo con le pezze dietro. Io sono il più pulito di tutti, perché riesco a entrare nella ***bagnarola*** ["bathtub"].

Ieri **habbiamo** messo il campanello nuovo.

Quando i miei amici mi vengono a trovare, ridono sempre della casa mia tutta scassata, però poi alla fine *ci giocano* sempre con le mie galline!

Marcello D'Orta, *Io speriamo che me la cavo*, Mondadori, 1990.

Io voglio bene alla mia casa **sgarrupata**, *mi ti ci* sono affezionato, mi sento **sgarrupato** anch'io!

Se però vincerò la schedina ["the weekly game of soccer-match betting"] dei miliardi, mi comprerò una casa tutta nuova, e quella **sgarrupata** la regalerò a Pasquale.

ESERCIZI

MAKING SENSE OF THE SELECTION

A Answer the following questions.

1 ☐ What kind of house does this young writer live in? What is the only feature mentioned?

2 ☐ Why does his family live in this house anyway?

3 ☐ What's the only difference between the Third World and the world in which this family lives?

4 ☐ What makes living in this house not so bad after all?

5 ☐ How many beds does the family have?

6 ☐ What do the children do in bed before falling asleep?

7 ☐ What happens if a guest visits?

8 ☐ How do the children behave toward one another at dinner?

9 ☐ Why is the writer the cleanest member of the family?

10 ☐ Why is the doorbell worth mentioning?

11 ☐ Why do his friends come to visit even though they make fun of the house?

12 ☐ In spite of all its shortcomings, why does the writer love his home?

13 ☐ Would he continue to live there if he won the lottery?

14 ☐ What would he do with the house?

B Replace the words that appear in bold type (misspellings), in bold italic type (Neapolitan dialect), and in italic type (nonstandard), so that the selection reads like standard Italian.

1 a *sgarrupata* _____

  b *sgarrupati* _____

  c *sgarrupati* _____

  d *sgarrupate* _____

  e *sgarrupato* _____

  f *sgarrupati* _____

g bagnio   _____

h *sgarrupato*   _____

i *Però ci viviamo lo stesso, perché è casa mia*

_____

j **non cene stanno**   _____

2 a *tiene*   _____

   b *sgarrupata*   _____

3 a *a casa mia non c'è male come viviamo a casa mia*

_____

   b *cavici*   _____

   c *sotto le lenzuola del letto*   _____

   d *e vuole dormire pure lui*   _____

   e *cene stà*   _____

4 a *l'uno con l'altro a chi deve mangiare*

_____

   b **bagnarola**   _____

5 **habbiamo**   _____

6 *ci giocano*   _____

7 a *sgarrupata*   _____

   b *mi ti ci* (sono affezionato)   _____

   c *sgarrupato*   _____

8 *sgarrupata*   _____

INDIRECT PRONOUNS

Pronouns that function as indirect objects meaning "to/for someone" (but not "with/by someone," etc.) can be placed before the verb except for *loro*.

Gli hai parlato?	Did you speak to him?
Mi ha spiegato tutto.	She explained everything to me.

The presence of the adverb *ci* or the pronoun *ne* may complicate matters. Our young writer seems to have such difficulty.

*Io voglio bene alla mia casa sgarrupata, **mi ti ci** sono affezionato...*

He means to say one of the following.

Io voglio bene alla mia casa	I love my run-down home,
sgarrupata, ci sono affezionato...	I am attached to it . . .

> *Io voglio bene alla mia casa sgarrupata, mi ci sono affezionato...*
>
> Despite all its shortcomings, I got attached to my run-down home.

Not quite knowing which to choose, he uses both *mi* and *ci*—and adds *ti* for good measure.

C The following sentences have an indirect object or prepositional phrase in bold type. In the space provided, replace each indirect object with the appropriate personal pronoun (*mi, ti, le, gli, ci, vi, loro*), *ci,* or *ne* before or after the verb.

Ho parlato con lei ieri sera.   ___Le___ *ho parlato ieri sera.*

Non sono mai stata a casa sua.   *Non* ___ci___ *sono mai stata.*

1 *Ha telefonato a Gianni ogni cinque minuti, ma non ha mai risposto nessuno.*

   _____ *ha telefonato ogni cinque minuti, ma non ha mai risposto nessuno.*

2 *Siamo molto affezionati alla nostra gatta.*

   _____ *siamo molto affezionati.*

3 *Sai qualcosa di quell'affare?*

   _____ *sai qualcosa?*

4 *È poi andato dal medico?*

   _____ *è poi andato?*

5 *Hanno regalato un televisore ai nonni.*

   _____ *hanno regalato un televisore.*

   OR   *Hanno regalato* _____ *un televisore.*

6 *Quel film interesserebbe a lei.*

   Quel film _____ *interesserebbe.*

7 *Non parla a suo zio da anni.*

   Non _____ *parla da anni.*

8 *Parlerai di me al professore?*

   _____ *parlerai di me?*

9 *Hanno chiesto qualcosa a te?*

   _____ *hanno chiesto qualcosa?*

DOUBLE PRONOUNS

The indirect object pronoun precedes the direct object pronoun when they occur together. When used with the pronouns *lo, la, li, le, ne,* the indirect forms *mi, ti, ci, vi* become *me lo, te la, ve, ne,* etc.
The third-person pronouns *gli* and *le* become *glie* and combine with the direct object pronoun: *glielo, gliela, glieli, gliele,* and *gliene.* (*Gli* can also be used in place of *loro,* which cannot be placed before the verb.)

D The following sentences have a direct object or prepositional phrase in bold roman type and an indirect object in bold italic type. In the space provided, replace the direct objects with the appropriate direct object pronouns (*mi, ti, lo, la, ci, vi, li, le*) and the indirect objects with the appropriate indirect object pronouns (*mi, ti, le, gli, ci, vi, loro*), *ci,* or *ne.*

Non regalare **il libro** *a Gianni.*	Don't give the book to John.
*Non regalar***glielo.**/*Non* **glielo** *regalare.*	Don't give it to him.
Non parlare ***a lei*** **del tuo problema.**	Don't talk to her about your problem.
*Non parlar***gliene.**/*Non* **gliene** *parlare.*	Don't talk to her about it.

1 *Ho comprato* **quel vestito** *per mia sorella.*

_____'ho comprato.

2 ***Mi*** *ha raccontato* **la sua storia.**

_____'ha raccontato.

3 *Presti* **il libro** *a Giorgio?*

_____ presti?

4 ***Ti*** *porta* **il cane** *domani sera.*

_____ porta domani sera.

5 *Parliamo* ***ai nostri genitori*** **della vacanze.**

*Parliamo*_____. OR _____ *parliamo.*

6 *Vendiamo noi* **la casa** ***per loro.***

_____ vendiamo noi.

7 *Ha promesso* ***a me*** **che non andrà in Africa.**

_____'ha promesso.

8 *Affida* **i suoi figli** ***alla madre.***

_____ affida.

9 *Volete che* ***vi*** *racconti* **una barzelletta?**

Volete che _____ racconti?

10 ***Le*** *concedo* **che aveva ragione.**

_____ concedo.

11 *Spedite* **la lettera** ***agli avvocati.***

*Spedite*_____.

12 *Restituite* **la chiave** ***alla portinaia.***

*Restituite*_____.

Ville, villette, villone

Carlo Emilio Gadda (1893–1973) was one of the most important Italian writers of the twentieth century. He wrote his most famous book, published in 1957, in Romanesque Italian: *Quer pasticciaccio brutto de via Merulana* ("That Awful Mess on Via Merulana"). A surrealistic writer who pushes the Italian language to its limits, Gadda is at times difficult to read even for native speakers, but he provides an excellent example of how inventive a good writer can be. *La cognizione del dolore*, published between 1938 and 1941 in the journal *Letteratura*, is a tale of neurosis and madness in a young man who has a love-hate relationship with his mother. The story takes place in Serruchón, a province of an imaginary South American country called Madragál. The following excerpt is a sarcastic, scathing depiction of the affluent suburbs around a town called Pastrufazio—very likely modeled on the rich, overbuilt area between Milan and the lakes north of it. Gadda was fiercely critical of the bourgeoisie and its aesthetic and moral pretentiousness.

Current Italian words corresponding to those used by Gadda appear in brackets, as do translations of words whose grammatical or semantic function is unclear. To help you find the place to start reading, bold and numbered phrases mark the syntactic beginning of a sentence and its immediate object(s) or subordinate clause(s).

(A3) Di ville, di ville!; di villette otto locali doppi servissi!; [*Lombard for* servizi] di principesche ville locali quaranta ampio terrazzo sui laghi veduta panoramica del Serruchón — orto, frutteto, garage, portineria, tennis, acqua potabile, vasca pozzonero oltre settecento ettolitri: — esposte mezzogiorno, o ponente, o levante, o levante-mezzogiorno, o mezzogiorno-ponente, protette d'olmi o d'antique [*French for* antiche] ombre dei faggi avverso il tramontano e il pampero, ma non dai monsoni delle ipoteche, che spirano a tutt'andare anche sull'anfiteatro morenico del Serruchón e lungo le pioppaie del Prado; di ville! di villule [Gadda, villette]!, di villoni ripieni, di villette isolate, di ville doppie, di case villerecce, di ville rustiche, di rustici delle ville, **(A1)** gli architetti pastrufaziani avevano ingioiellato, poco a poco un po' tutti, **(A2)** i vaghissimi e placidi colli delle pendici preandine [*"at the foot of the Andes"; Serruchón is a fictional country in South America*], che, manco a dirlo, "digradano dolcemente": alle miti bacinelle dei loro laghi. Quale per commissione [*"One villa" had been built by*] d'un fabbricante di selle di motociclette arricchito, quale [*"another"*] d'un bozzoliere [*"a producer of silk worms"*] fallito, e quale [*"a third one"*] d'un qualche ridipinto conte o marchese sbiadito... **(B2)** Della gran parte di quelle ville, quando venivan fuori più "civettuole" che mai dalle robinie, o dal ridondante fogliame del

Carlo Emilio Gadda, *La cognizione del dolore*, Garzanti Libri, 1963.

banzavóis come da un bananeto delle Canarie, **(B1)** si sarebbe proprio potuto affermare, in caso di bisogno, e ad essere uno scrittore in gamba, **(B3)** che "occhieggiavano di tra il verzicare dei colli." **(C1)** Noi ci contenteremo, dato che le verze non sono il nostro forte, **(C2)** di segnalare **(C3)** come qualmente [*"in which way"*] taluno de' più in vista fra quei politecnicali prodotti [prodotti del Politecnico, *that is, built by engineers rather than architects*], col tetto tutto gronde, o le gronde tutte punte, a triangolacci settentrionali e glaciali, **(C4)** inalberasse pretese di chalet svizzero, pur seguitando a cuocere nella vastità del ferragosto americano [*"the dog days of summer"*]: ma il legno dell'Oberland [*a region in Switzerland*] era però soltanto dipinto (sulla scialbatura serruchonese) e un po' troppo stinto, anche, dalle dacquate [Gadda, rovesci di pioggia] e dai monsoni. **(D1)** Altre villule, dov'è lo spigoluccio più in fuora [*"the abutting edge"*], **(D2)** si drizzavano su, belle belle, **(D3)** in una torricella pseudosenese o pastrufazianamente normanna, con una lunga e nera stanga in coppa, per il parafulmine e la bandiera. Altre ancora si insignivano di cupolette e pinnacoli vari, di tipo russo o quasi, un po' come dei rapanelli o cipolle capovolti, a copertura embricata e bene spesso policroma, e cioè squamme [Gadda, squame] d'un carnevalesco rettile, metà gialle e metà celesti. Cosicché tenevano [*"shared of"*] della pagoda e della filanda, ed erano anche una via di mezzo fra l'Alhambra e il Kremlino.

Poiché tutto, tutto! era passato pel capo degli architetti pastrufaziani [*from the town called* Pastrufazio], salvo forse i connotati del Buon Gusto. Era passato l'umberto e il guglielmo e il neo-classico e il neo-neoclassico e l'impero e il secondo impero; il liberty, il floreale, il corinzio, il pompeiano, l'angioino, l'egizio-sommaruga e il coppedè d'alessio; ... E ora vi stava lavorando il funzionale novecento, con le sue funzionalissime scale a rompigamba [*"leg-breaking staircases"*], di marmo rosa: e occhi di bue [*"porthole windows"*] da non dire, veri oblò del cassero, per la stireria e la cucina; col tinello detto office....

ESERCIZI

MAKING SENSE OF THE SELECTION

A Answer the following questions.

1 ☐ What kind of environment is Gadda describing? Urban or suburban? Residential, commercial, or agricultural?

2 ☐ Is this place near mountains, on a lake, or close to the sea?

3 ☐ Are the buildings low- and middle-class dwellings, or are they upscale?

4 ☐ Are they uniform in aesthetics and building style?

5 ☐ To what social group do their owners belong? Manual laborers?
   Intellectuals? Old aristocracy? Nouveaux riches?

6 ☐ Are the homes examples of magnificent architecture, or do they appear
   to have been built by people whose talents lie elsewhere? If the latter,
   what is their real profession?

7 ☐ What details of these buildings offend Gadda's aesthetic sensibilities
   the most? The materials they are built with? Their colors? Their shapes?
   Their decorative elements?

8 ☐ What aesthetic impression do you form of these homes? Are they
   understated, blending with their surroundings? Are they powerful and
   imposing? Are they pretentious and ostentatious?

9 ☐ Does Gadda think that the modernist style—*the* fashion at the time of
   his writing—is any better than those that preceded it?

10 ☐ Why do you think Gadda sets his tale in a fictional South American
   country? What does that add to the description of the suburban
   landscape?

THE VOCABULARY OF HOUSING

B Give the English equivalent of the following words and phrases. True cognates
appear in bold type; beware of *falsi amici* like *soffitta*.

l(o)'**edificio**	l(o)'ingresso/l(a)'anticamera
l(a)'abitazione	il corridoio
la casa	la cucina
l(o)'**appartamento**	la dispensa
la **villa**	la stireria
la villetta	la camera da pranzo
il villino	il soggiorno
la villettina	il salotto
la villona/il villone	lo **studio**
la casa villereccia	la camera da letto
la **villa rustica**	il bagno
il **rustico** della **villa**	la lavanderia
il **locale**	la cantina
il **servizio**	la soffitta
il **terrazzo**	l(o)'**attico**
il **balcone**	la mansarda
la torretta	comprare
il camino	vendere
l(o)'orto	affittare
il **garage**	la caparra
il **giardino**	il **contratto** d'affitto

THE SHORTHAND OF ADVERTISEMENTS

The first sentence of the selection reads like a real-estate advertisement in a newspaper. An example of such an advertisement follows, along with a complete-sentence "translation."

Villetta signorile, mq. 300, zona centrale, giardino mq. 100, piante grandi, vendesi. Cinque locali, cucina, doppi servizi, garage con due posti macchina. Soffitta abitabile. Per maggiori informazioni contattare Sig.ra Pertini, 028456409, ore 9–17.

Vendiamo una villetta signorile di 300 metri quadrati, in zona centrale, con un giardino di 100 metri quadrati con piante grandi. La villa ha cinque locali, oltre la cucina, doppi servizi e il garage per due autovetture. La soffitta può essere ristrutturata e trasformata in studio. Per maggiori informazioni contattare la signora Pertini tra le 9 e le 17 al seguente recapito: 028456409.

C Using information from the selection and your knowledge of advertising shorthand, determine the English meaning of the words and phrases that appear in bold type.

1 *VILLA,* **mq. 500,** *otto locali, doppi servizi, garage, portineria, tennis,* **vasca pozzonero settecento ettolitri,** *ampio terrazzo* **con vista lago,** *esposta levante-mezzogiorno,* **vendesi. Telefonare in orario lavorativo:** *025598743.*

2 **MONOLOCALE mansardato,** *mq. 35, cucina* **attrezzata, doccia,** *terrazzino esposto mezzogiorno, garage, vendesi;* **solo contanti.** *Tel.: 0225698032.*

3 *APPARTAMENTO* **centralissimo,** *dieci locali* **su due piani,** *mq. 750, tripli servizi, cucina con dispensa, stireria, camera da letto* **padronale,** *camera* **personale di servizio,** *esposto levante-ponente,* **affittasi; due mesi anticipati;** *referenze. Telefonare* **ore serali:** *0248720986.*

4 *VILLETTA* **signorile,** *mq. 200,* **zona collinare,** *cinque locali, monoservizio, cucina* **abitabile,** *ampia soffitta, garage,* **giardino privato,** *affittasi;* **due mesi caparra; tre referenze; no animali domestici, fumatori. Inviare email:** *brera@online.com.*

VERBS WITH PREPOSITIONS

A transitive verb requires a direct object to complete its meaning.

Hai mangiato **le mele?**	Did you eat **the apples?**
Ho letto **tre libri** *in un giorno.*	I read **three books** in a day.

An intransitive verb does not have a direct object; instead, it often uses a prepositional phrase to complete its meaning.

È andata **a scuola.**	She went **to school.**
Parla spesso **con lui.**	She talks **to him** often.

A verb may be followed by more than one prepositional phrase.

Hanno parlato alla polizia del furto.	They told the police about the break-in.

It is therefore useful to learn the most common verb + preposition combinations.

abituarsi a qualcuno/qualcosa	to get used to someone/something
andare a scuola	to go to school
andare in America	to go to America
andare in ospedale	to go to the hospital
chiedere qualcosa a qualcuno	to ask someone for something
consegnare qualcosa a qualcuno	to deliver something to someone
discutere di qualcosa con qualcuno	to discuss something with someone
entrare in casa	to go inside
essere bravo a (suonare il piano, giocare a tennis, scalare le montagne, ecc.)	to be good at (playing the piano, playing tennis, climbing mountains, etc.)
essere esperto di qualcosa	to be an expert on something
giocare con qualcuno a qualcosa (palla, carte, calcio, tennis, ecc.)	to play something with someone (ball, cards, soccer, tennis, etc.)
parlare a qualcuno di qualcosa	to talk to someone about something
partire da casa	to leave the house
promettere qualcosa a qualcuno	to promise something to someone
ricordare qualcosa a qualcuno	to remind someone of something
ricordarsi di qualcuno/qualcosa	to remember someone/something
uscire da casa	to leave home
venire a casa	to come home

Knowing such verb + preposition combinations can be very helpful when you encounter long sentences like Gadda's.

ingioiellare (qualcosa/qualcuno) di qualcosa	to bejewel something/someone with something

Di *ville, di ville!; di villette otto locali doppi servissi!; di principesche ville locali quaranta... gli architetti pastrufaziani avevano* **ingioiellato**...

affermare (qualcosa) di qualcosa/ di qualcuno	to assert (something) about something/someone

Della *gran parte di quelle ville, quando venivan fuori più « civettuole » che mai dalle robinie... si sarebbe potuto* **affermare**...

D Select the most appropriate phrase to complete the following verbs.

1 _____ *andare...*
   a *il tango*
   b *a casa*
   c *del portafoglio*

2 _____ *giocare...*
   a *a polo con Giulia*
   b *a mia marito con gli inglesi*
   c *a cena delle vacanze*

3 _____ *ballare...*
   a *in America*
   b *il tango*
   c *al nuovo computer*

4 _____ *parlare...*
   a *a mio marito delle vacanze*
   b *gli auguri di sua madre*
   c *alle elezioni del tuo errore*

5 _____ *ricordarsi...*
   a *alla maestra*
   b *del compleanno della moglie*
   c *con uno spilungone*

6 _____ *dimenticarsi...*
   a *la verità*
   b *al tuo ragazzo*
   c *del portafoglio*

7 _____ *dire...*
   a *la verità alla nonna*
   b *dai nostri amici*
   c *degli investimenti*

8 _____ *pensare...*
   a *dall'Italia*
   b *alle elezioni*
   c *con l'ambasciatore*

9 _____ *occuparsi...*
   a *gli auguri*
   b *al tuo ragazzo*
   c *di cose serie*

10 _____ *interessarsi...*
   a *con uno spilungone*
   b *dei suoi problemi*
   c *al tuo errore*

11 _____ *partecipare...*
   a *in America*
   b *alle elezioni*
   c *del portafoglio*

12 _____ *abituarsi...*
   a *al nuovo computer*
   b *di sua madre*
   c *con gli inglesi*

13 _____ *fare...*
   a *all'errore*
   b *dell'errore*
   c *un errore*

14 _____ *venire...*
   a *della telefonata*
   b *in macchina*
   c *con gli inglesi*

15 _____ *partire...*
   a *da Roma*
   b *in Roma*
   c *di Roma*

16 _____ *ricordare...*
   a *una promessa a mia figlia*
   b *alla maestra del tuo errore*
   c *al tuo ragazzo con gli inglesi*

17 _____ *invitare...*
   a *in America a tuo fratello*
   b *a cena gli amici*
   c *la cena agli zii*

La moda italiana

L'alta moda, as *l'haute couture* is called in Italian, is a major export of Italian lifestyle and industry. Whether the French or the Italians dominate *l'haute couture*, there is consensus that Italians lead the ready-to-wear sector of the fashion industry. Italian fashion is to French fashion as *la cucina* is to *l'haute cuisine*: the latter is wonderful, but no one can eat it every day. While Milan is the capital of ready-to-wear clothing, Paris remains the capital of *l'haute couture*, at least for the fashion show season. Everyone wishes to be seen in Paris then—including, of course, Italian *stilisti*.

il Nuovo stilnuovo

Alta Moda: gli italiani a Parigi

stilNuovo — Alta Moda

LE SEZIONI
> Paese Italia
> Esteri
> Politica
> Economia
> Finanza
> Spettacoli
> Sport
> Culture
> Starbene
> Tecnologie
> Milano
> Roma

LE RUBRICHE
> Editoriali
> Edicola

La galleria di immagini

Maurizio Galante, Carlo Ponti, Donatella Versace, Valentino

di Barbara Villa

L'alta moda sfila a Parigi. Per cinque giorni la capitale ritorna ad essere teatro delle creazioni più raffinate ed esclusive di Maison come Dior, Chanel, Valentino, Ungaro, Givenchy.

In calendario 25 défilés che dettano legge sulle tendenze del prossimo autunno/inverno 2001/2002 per tessuti, colori, lunghezze, forme. Il tutto in un'atmosfera particolare che evoca seduzione, bellezza, persino poesia, anche se la kermesse è dedicata a una ristretta élite in grado di poter spendere per un solo abito 50,100 e più milioni.

www.ilnuovo.it/nuovo/foglia.

Ad aprire la manifestazione, organizzata da Didier Grumbach che presiede la Fédération Française de la Couture, l'unica presenza femminile tra i couturier francesi, è Rose Torrente-Mett.

La compagine italiana è rappresentata da nomi come **Valentino** e **Versace**, anzi meglio sarebbe specificare dalla biondissima Donatella Versace, e da due stilisti romani, **Maurizio Galante** e **Carlo Ponti**.

Le sfilate degli stilisti italiani sono cominciate con **Maurizio Galante**, che ha affascinato e stupito con abiti che rimandavano alle forme ed ai colori di fantasiosi uccelli del paradiso. La sua alta moda è prima di tutto sperimentazione, e seguendo questo suo imperativo ha decorato scarpe da sera con scotch colorato ed impreziosito abiti con perline e silicone.

Dopo di lui, un altro atteso nome italiano, **Carlo Ponti**. I suoi abiti evocano certe atmosfere che sono proprie dei quadri di R. Magritte. Decisamente surreali. Lavora la stoffa come se stesse "costruendo" una qualche opera artistica ed astratta. L'abito diviene, dopo la sua trasformazione, un simbolo che veicola diversi messaggi, scisso tra il suo significato ed il suo significante.

Rose tante – ben 15.000 – e tanti applausi per **Donatella Versace**. All'insegna del lusso sfrenato le sue creazioni hanno mostrato una personalità decisamente forte, a tratti persino felina. Pelliccia di Mongolia intrecciata di georgette, cristalli Swarovski per stivali a stiletto e tante tante stampe dai temi animalier al floreale, dove rose, anemoni e glicine si sposano alle pelli più pregiate e preziose.

Successo e commozione per il maestro **Valentino**, da sempre sinonimo di eleganza e raffinatezza senza tempo. Pizzo e seta, d'inspirazione Belle Epoque, per celebrare una donna, che ama la moda fatta di particolari preziosi e di abiti che richiedono ore ed ore per la loro realizzazione. Sfila anche il suo colore, quel Rosso Valentino, che col tempo è divenuto un specie di suo personalissimo marchio.

ESERCIZI

MAKING SENSE OF THE WEB SITE

A Answer the following questions.

1 ☐ What kind of web site are you browsing? Is it devoted only to fashion or to other subjects as well?

2 ☐ What does the title *il Nuovo* mean?

3 What button would you click on to find information about the following topics?

    a ☐ Technology

    b ☐ Editorials

    c ☐ Foreign affairs

    d ☐ News from Rome

    e ☐ Economics

    f ☐ Italy

    g ☐ Entertainment

    h ☐ Health and well-being

    i ☐ News from Milan

    j ☐ Politics

    k ☐ Sports

    l ☐ Finance

    m ☐ Newspapers, periodicals, and books

    n ☐ Culture

4 ☐ How long will the fashion shows last?

5 ☐ How many shows are planned?

6 ☐ For which season will clothes be shown?

7 ☐ Who can afford to buy these clothes?

8 ☐ How high can the prices go?

9 ☐ What organization does Didier Grumbach preside over?

10 ☐ Of the French designers, how many are women?

11 ☐ Who represents the Versace *griffe* (label)?

12 ☐ What birds do the clothes designed by Maurizio Galante evoke?

13 ☐ What is the main feature of his creations?

14 ☐ What unusual material does he use to decorate his clothing?

15 ☐ What painter does Carlo Ponti's clothing evoke?

16 ☐ Ponti's clothes appear to be more than just clothes. What role do they play?

17 ☐ What decorative element does Donatella Versace use in her show?

18 ☐ What type of personality do her creations reveal?

19 ☐ What decorative motifs does she combine in her fur coats?

20 ☐ What does Valentino symbolize in the world of fashion?

21 ☐ What color is especially associated with his work?

THE VOCABULARY OF FASHION

B Keeping in mind that English as well as Italian borrows many fashion terms from French, give the English equivalent of the following words and phrases. True cognates appear in bold type; beware of *falsi amici*. Other fashion terms may be found on page 101 ("La moda maschile").

l(a)'*alta moda*/l(a)'*haute couture*	*indossare*
la casa di moda/la maison	*il tessuto*
l(a)'**industria** *della moda*	*il settore tessile*
lo stilista	*il tessuto stampato*
il couturier/il sarto	*il* **colore**
il défilé/la sfilata	*la taglia*
sfilare	*la scarpa*
l(o)'*abito*	*la* **misura**
il vestito	**misurare**
vestirsi	*la* **mannequinne**/*la* **modella**
svestirsi	*il* **mannequin**/*il* **modello**

C Select the most appropriate phrase to describe the following nouns. True cognates appear in bold type.

1 _____ *l'abito...*
   a *da bagno*
   b *di collo alto*
   c *da sposa*

2 _____ *il tessuto...*
   a *di lana*
   b *di pelle*
   c *a girocollo*

3 _____ *la scarpa...*
   a *di* **tweed**
   b *sciancrata*
   c *da uomo*

4 _____ *il vestito...*
  a *da bagno*
  b *da sera*
  c *da notte*

5 _____ *la camicia...*
  a *da notte*
  b *da bagno*
  c *a barchetta*

6 _____ *la gonna...*
  a *svasata*
  b *da uomo*
  c *a barchetta*

7 _____ *il golf...*
  a *da notte*
  b *di lana*
  c *da bagno*

8 _____ *il* **costume**...
  a *da bagno*
  b *a V*
  c *a* **sigaretta**

9 _____ *i pantaloni...*
  a *a zampa di* **elefante**
  b *a barchetta*
  c *a V*

10 _____ *lo scollo/la scollatura...*
  a *scozzese*
  b *a fiori*
  c *a barchetta*

11 _____ *la giacca...*
  a *plissettata*
  b **mini**
  c *sciancrata*

12 _____ *l'* **industria**...
  a *da bagno*
  b *della seta*
  c *a girocollo*

D Complete the following sentences.

1 *Il _____ ha una storia lunga e gloriosa in Italia, che risale*

al Medio Evo. In tempi più recenti, l'_____ della

_____ (cinese in origine) e quella della _____

(una volta monopolio inglese) hanno reso famosi i tessuti italiani nel mondo.

2 *Un classico tra gli* _____ *è lo smoking, che Saint Laurent ha reso popolare anche in versione* _____.

3 *Dici che hai sempre freddo alla gola? Perché non porti le maglie* _____?

4 *Ha fatto un matrimonio in grande stile: solo per l'abito* _____ *ha speso 10.000 euro.*

5 *Le donne con le spalle e il seno grandi stanno meglio con abiti con le* _____.

6 *Doveva comprarsi una gonna. Ne avrà* _____ *venti e alla fine si è comprata un paio di* _____ *neri.*

7 *Negli anni sessanta andavano di moda le* _____ *sciancrate ed i* _____ *a zampa di elefante.*

8 *Si è sempre vestita con abiti maschili di stile inglese: pantaloni* _____ *e giacche* _____.

9 *Quel negozio di biancheria vende delle camicie* _____ *bellissime, ma per dormire io preferisco il* _____.

10 *Si sono ritrovate al party con lo stesso abito* _____.

11 *Fa la modella da quando aveva 14 anni: è arrivata a guadagnare 3.000 euro a* _____.

IDIOMATIC EXPRESSIONS AND PROVERBS WITH CLOTHING AND FASHION WORDS

alla moda	up-to-date, fashionable
correre dietro alle gonnelle	to be a womanizer
essere attaccato alle gonnelle della madre	to be tied to one's mother's apron strings
essere nato con la camicia	to be born with a silver spoon in one's mouth
essere una scarpa	to be completely incompetent
fare cappotto	to be left empty-handed/to be soundly defeated
fare le scarpe a qualcuno	to double-cross someone
fare tanto di cappello a qualcuno	to take one's hat off to someone
fuori moda	out of fashion
L'abito non fa il monaco.	It's not the cowl that makes the monk.
rimetterci anche la camicia	to lose one's shirt
sudare sette camicie	to sweat blood

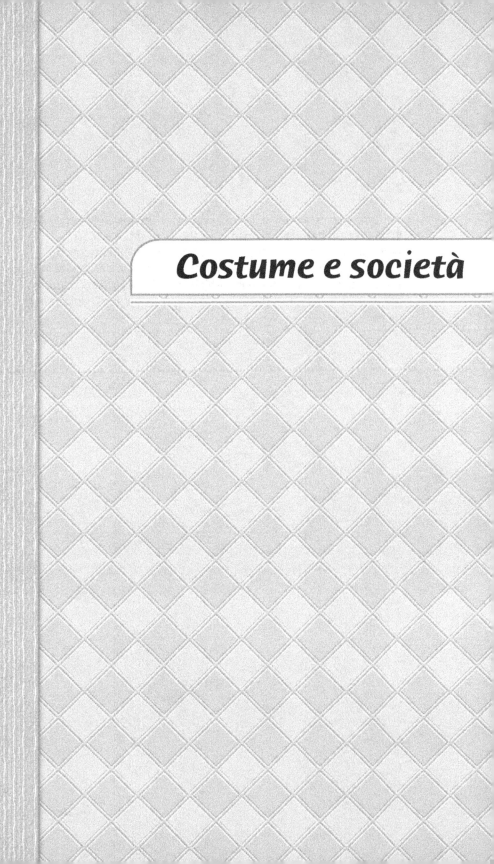

Costume e società

Costume e società is the Italian equivalent of "mores and lifestyle." In this respect Italy has changed dramatically over the last 50 years, both in the values its people assert and in their patterns of consumption. Italians share a passion for *il calcio* and participate in the collective drama of the end-of-high-school test called *la maturità*, just as Americans watch the Super Bowl and gather for Thanksgiving dinner.

Il male di vivere

laRepubblica is Italy's leading left-of-center newspaper. Its *Società* section presents aspects and trends of contemporary society narrated through personal stories. Anorexia, as charged a topic in Italy as in the United States, is the subject of the article reproduced below, which exemplifies "middle of the road" linguistic, behavioral, ideological, and cultural attitudes. laRepubblica addresses itself to well-educated young and youth-oriented readers who consider themselves enlightened, *colti*, trendy, and tolerant. They may also come across as somewhat jaded, an attitude that is reflected in the article.

In un ospedale di Marsiglia il progetto Espace Arthur si rivolge a ragazzi con gravi disturbi depressivi

Moda e trucco come terapia per adolescenti anoressiche

di Alessandra Retico

MARSIGLIA — Prima era diverso. Prima era quando Julie aveva 14 anni e sognava di fare la modella. Bella, giovane, gonfia di passioni. Ma un po' sovrappeso. Per questo, quando nel '99 si presentò col suo book di fotografie a un'agenzia di moda, le dissero "avrai un futuro", ma un futuro che dovrà essere leggero, "basta che dimagrisci un po'". Prese alla lettera Julie il consiglio. Dimagrì, divenne leggera fino alla trasparenza, spigolosa e ossuta come la volevano. Fu così che Julie si ammalò di anoressia.

Oggi Julie di anni ne ha 16, e fa corsi di trucco e indossa abiti di giovani designer. Non per lavoro, ma per terapia. Quella che a La Timone University Hospital di Marsiglia stanno sperimentando sugli adolescenti affetti da disturbi comportamentali, dall'anoressia alla depressione clinica. Un progetto, quello che qui chiamano Espace Arthur — nato due anni fa e che ha preso il nome dal poeta Arthur Rimbaud, morto nel 1891 a soli 37 anni dopo una vita, com'è noto, tumultuosa e dissipata — che punta a far recuperare alle ragazze (e ai non pochi ragazzi) il perduto rapporto con la propria immagine proprio attraverso quelle stesse esperienze che quel rapporto hanno interrotto. Può sembrare una specie di contrappasso dantesco [see footnote on page 18], una terapia choc, persino un qualcosa di sadico. E infatti le polemiche non sono mancate. Ma medici e pazienti assicurano che di altro si tratta: nel caso di Julie

---

www.repubblica.it.

"tornare a farsi fotografare", spiega Michèle Battista, che guida il progetto Espace Arthur, "significa fare un grande passo avanti: per un anoressico è difficile accettare la propria immagine riflessa in uno specchio".

L'Espace Arthur è uno spazio unico nel suo genere in Francia e forse nel mondo. Che ha suscitato, come accennato, diverse polemiche. L'industria della moda è stata da più parti condannata per il suo ruolo di incoraggiamento nella nascita e diffusione dell'anoressia. Il governo spagnolo lo scorso anno ha persino vagheggiato l'idea di abolire le pubblicità che presentassero modelle sottopeso.

Le 12 teenagers cui il progetto Espace Arthur è attualmente rivolto svolgono diverse attività, dal jogging ai corsi di ceramica e pittura. L'ora di trucco è tenuta da un'estetista una volta la settimana. I vestiti per le sfilate-terapie sono spesso presi in prestito da una specie di biblioteca della moda fondata dall'Institut Mode Méditerranée.

Ma che significa truccarsi e provare abiti per ragazze che di queste attività si sono ammalate? "Queste sono solo alcune delle cose che fanno tra le altre", spiega la professoressa Battista, "ma in un certo senso ne rappresentano il culmine: chiediamo loro in questo modo di tornare a fare i conti coi loro corpi e quindi con se stessi. C'è una ragazza, tra noi, che si vestiva come una scolara, camicia bianca e gonna alla marinara. Solo così si sentiva adeguata ai desideri dei suoi genitori. Da quando è qui è cambiata: si veste solo come lei si sente d'essere".

Dietro tutto ciò, una filosofia. Quella dello psichiatra infantile Marcel Rufo: la malattia isola ed esclude la gente. "La nostra idea è di creare uno spazio che rompa l'isolamento e le barriere", spiega la Battista. All'Espace Arthur ci sono tutti gli strumenti e l'assistenza medica di un normale ospedale, ma anche un'atmosfera che somiglia a quella del mondo esterno. "Il nostro obiettivo è di portare il fuori dentro", continua la Battista. Compresi i vestiti. "Quando per strada vedi un gruppo di ragazzi tutti vestono allo stesso modo, stessi codici segnici e stesso look. Qui invitiamo i ragazzi a uscire dall'anonimato e a sviluppare una propria identità".

Molti dei ragazzi che arrivano all'Espace Arthur hanno vissuto o vivono un profondo conflitto coi propri genitori. Alcuni hanno tentato il suicidio. Altri provengono da così profonde depressioni che lo stare a letto è stata a lungo la loro unica *posizione* vitale. Riducendosi in molti casi a spettri. "Dico loro che essere presentabili fa stare meglio", racconta la Battista. "L'apparenza è il primo contatto che si ha con gli altri: come ci si mostra, mostra quel che si sente e prova". Julie lo sta capendo, raccontano all'Espace Arthur. Non si nasconde più davanti all'obiettivo della macchina fotografica. Si espone, persino: "Ditelo che la maglietta che indosso è mia".

ESERCIZI

MAKING SENSE OF THE SELECTION

A Answer the following questions. You can mark your progress
in understanding the selection by using the check boxes provided.

1 ☐ What is the topic of this selection?

2 ☐ Where is it set? In Italy or in another country? If the latter, in what
country?

3 ☐ How old is the person who is the focus of the article?

4 ☐ What is the name of the rehabilitation program in which she is enrolled?

5 ☐ What does the subtitle tell you about the therapeutic techniques used
in this program?

6 ☐ What was Julie's ambition?

7 ☐ Why did she become anorexic?

8 ☐ What institution is experimenting with this new therapy?

9 ☐ Why is the program called *Espace Arthur*?

10 ☐ Why has Rimbaud been chosen as the symbol for this program?

11 ☐ Are only girls treated there?

12 ☐ What does the therapy have to do with self-image?

13 ☐ Why is it important for Julie to allow herself to be photographed?

14 ☐ Why has the fashion industry been subjected to attacks?

15 ☐ What did the Spanish government want to do about the fashion industry?

16 ☐ How many girls are in the program?

17 ☐ What are the main activities in which they engage?

18 ☐ Why is it so important for anorexics to use makeup and choose their
own clothes?

19 ☐ What effects of the disease does the program try to counteract?

20 ☐ What is the main difference between the hospital where *Espace Arthur*
operates and a regular hospital?

21 ☐ According to a doctor in the program, what relationship should exist
between personal identity and clothes?

22 ☐ What are the negative experiences that brought the young patients
to the hospital?

23 ☐ Why is personal appearance so important?

B Complete the following sentences.

1 *L'anoressia è una malattia che colpisce gli _____, soprattutto le _____.*

2 *Le agenzie di _____ cercano ragazze giovani e _____.*

3 *Julie si è ammalata di anoressia perché ha cercato di diventare leggera fino ad essere _____.*

4 *La Timone University Hospital di Marsiglia cura gli adolescenti _____ e _____.*

5 *Il progetto Espace Arthur prende il nome dal _____ Arthur Rimbaud che ebbe una vita _____ e _____.*

6 *Le esperienze che hanno portato i giovani all'anoressia sono usate per far loro recuperare il rapporto con la _____.*

7 *Medici e _____ affermano che per un anoressico accettare la propria immagine riflessa in uno specchio è il primo passo verso la _____.*

8 *Il governo spagnolo ha considerato la possibilità di abolire le pubblicità con modelle _____.*

9 *Le attività terapeutiche includono il _____ e i corsi di _____ e di _____.*

10 *L'Institut Mode Méditerranée impresta i _____ per le _____-terapia.*

11 *Per ragazze anoressiche truccarsi e provare abiti vuol dire tornare a _____ con il proprio _____.*

12 *Il _____ e il _____ sono i colori classici del vestire alla marinara.*

13 *Lo _____ infantile Marcel Rufo ritiene che la malattia _____ ed _____ la gente.*

14 *All'Espace Arthur l'obiettivo è portare il _____ all'interno dell'ospedale.*

15 *Quando si tratta di vestiti, spesso gli adolescenti adottano tutti lo stesso _____.*

16 *I ragazzi in preda a _____ profonde passano la maggior parte del loro tempo _____.*

BUILDING VOCABULARY WITH ROOT WORDS

The words *giocare*, *giocattolo*, and *giocoso* are all derived from *gioco*.

Gioco is a noun meaning "game" (an activity).
Giocoso is an adjective meaning "playful" (an attitude).
Giocare is a verb meaning "to play" (an activity in which one engages).
Giocattolo is a noun meaning "toy" (an object that one uses in play).

English also has the noun "playfulness," but its Italian equivalent, *giocosità*, is rarely used.

You can build your vocabulary by thinking of the qualities, attitudes, functions, and activities linked to a basic word, then deriving more words from it. Be creative, but check a dictionary to make sure the word you form actually exists in Italian!

C Using the basic Italian words in bold italic type, give the Italian equivalents of the English words that follow (nouns, adjectives, verbs, and adverbs). Remember that prefixes are often required to form a verb, for example, *addolorare* ("to grieve"), from *dolore* ("grief").

modo ("manner, style, fashion")

1 modern   _____

2 modernity   _____

3 fashion   _____

4 model (fashion, masc. and fem.)   _____

5 moldable   _____

6 to mold   _____

7 model (small-scale)   _____

8 model making   _____

leggero ("light, agile")

9 lightness   _____

10 lightly   _____

11 to lighten   _____

peso ("weight")

12 heavy   _____

13 heaviness   _____

14 to weigh   _____

15 overweight   _____

magro ("thin")

16 somewhat thin _____

17 thinness _____

18 to lose weight _____

grasso ("fat")

19 somewhat fat _____

20 very fat _____

21 fatness _____

22 to gain weight _____

23 to grease _____

IDIOMATIC EXPRESSIONS AND PROVERBS

a modo	well-mannered
andarci giù pesante con qualcuno	to come down hard on someone
C'è modo e modo.	There is a right way and a wrong way.
dare peso a	to take something into account
essere in magra	to be low on money
essere magro come un chiodo	to be thin as a rail
fare in modo da	to manage to
fare una magra	to make a blunder
in malo modo	discourteously
in ogni modo	in any case
levarsi un peso dallo stomaco	to get something off one's chest
per modo di dire	so to speak
prendere qualcosa alla leggera	to take something lightly, to underestimate something
usare due pesi e due misure	to be partial
vederla allo stesso modo	to see eye to eye

La moda maschile

From *La Stampa*, Turin's leading newspaper, comes another example of contemporary "tongue in cheek," we-are-so-à-*la-page* style. Full of references to the popular culture of the last 50 or so years, the article shows how much one depends on context to understand what is being read. The Internet is often an excellent source of background information.

L'uomo è macho e sdrucito
Dai jeans di Gucci al Messico di Valentino

Antonella Amapane, inviata a MILANO

Guerra all'ultima moda. L'esercito dei machi messicani e degli sgualciti sartoriali avanza contro i manager in divisa. In nome di un'eleganza rilassata. Se Tom Ford per Gucci azzera l'omologazione con un servizio su misura, fatto di capi disinvolti ma preziosi; Valentino rende chic l'etnico di sapore azteco. In un'atmosfera da Messico e nuvole sfilano giovanotti calienti, alla Banderas, in camicia fuxia di cotone con sparato a pieghe fitto di pietre dure, pantaloni cangianti e infradito di cuoio. Nel ricordo di certi vezzi da playboy sixties.

Tutti vestiti in modo diverso gli uomini voluti da Tom Ford — compreso un sessantenne — per sottolineare le scelte personali, a patto che rientrino nella filosofia Gucci. Blazer impeccabili — riveduti e corretti dai sarti della maison secondo gli sghiribizzi del cliente — e jeans smandrappati [*Roman dialect for* sdruciti, lisi], ma unici. Il neo-lusso è nei dettagli, nei tessuti, nelle forme. Le scarpe da gangster si abbinano a braghe larghe, gessate, modello Chaplin, calate sui fianchi. Di cravatte ce n'è una sola in tutta la collezione, sulle cinture spicca il nome di chi le porta (anche quelle su ordinazione). Il nero, il bianco, e il rosa regnano sovrani su impermeabili e t-shirt, su completi vagamente Mods e tute da jogging in nappa traforata. E lo stropicciato delle camicie, l'usurato ad arte del denim, finisce per sposarsi con giacche smoking di rara perfezione....

Cinture di galuscia (pesce manta) con fibbie gioiello a forma di teschio, spiccano sui completi bianchi in lino ricamati con motivi aztechi, mentre gli abiti dark sono sveltiti da sandali e strette fusciacche. La vita ridisegnata e sigillata da bustini toreri serra anche i pantaloni Chino di

www.lastampa.it, martedì 26 giugno 2001.

New Industrie. Sono difficili da portare i pantaloni a vita alta? « Sì, bisogna avere un fisico asciutto, ma non mancano le alternative », commenta Miuccia Prada al termine della collezione Miu Miu, dedicata a giovanissimi con la faccia pulita, magri e alti. Capaci di sfoggiare con aria sognante giubbini in nylon infilati nei calzoni ascellari, calzoncini da boxeur col blazer blu, ma anche smoking rosa o celesti.

Il bisogno di giocare col guardaroba diventa provocazione e ossessione per John Richmond che insiste su completi jeans-immaginetta, con il volto di Gesù Cristo. Esibiti da Roccabilly che amano giubbotti piercing e tuxedo con pizzi da lutto vittoriani piazzati sui revers. Lo stilista favorito dei Rolling Stones solleva commenti contrastanti in platea, ma in realtà non pare esserci nulla di offensivo nella sua pur discutibile scelta. La pulizia ritorna con una sensazione di benessere negli atletici ragazzi di Ferré, fasciati in giacche e camicie aderentissime. Un piacere tutto gourmet tinge di cacao, nocciola e crema le tenute finto-formali dei 40 ragazzi di Pal Zileri impegnati a leccare giganti gelati. Al classico con brio si è pure convertito Antonio Fusco, sostenitore di blazer rosso passione da mettere con bermuda cachi, per seratine in banchina a Portofino.

Ieri, un « grande » ha calcato per l'ultima volta la passerella. Qualche lacrima e tanta commozione dietro le quinte di Nino Cerruti. Lui, che ha vestito da Harrison Ford a Richard Gere, da Faye Dunaway a Belmondo (e decine di altri attori in tantissimi film) dopo 50 anni si ritira. Il suo è un addio polemico: « Lascio perché i litigi col proprio partner e i conflitti d'interesse rovinano le aziende », dice riferendosi a Finpart che ha comprato il 100% del marchio. Peccato, mancherà a molti. « Ma la moda non è solo abiti, farò qualche cosa con mio figlio Julian », promette con studiata vaghezza uscendo di scena.

ESERCIZI

MAKING SENSE OF THE SELECTION

A Answer the following questions.

1 ☐ Is this selection about fashion for women or for men?

2 ☐ Is the selection about formal or casual wear?

3 ☐ Can you identify the names of the designers/firms mentioned?
(There are nine altogether.)

4 ☐ Who is retiring?

5 ☐ Why are there so many references to Mexican and Spanish pop culture?

6 ☐ Who presents the most provocative clothes?

7 ☐ What does Jesus have to do with a fashion show?

8 ☐ Who is the Rolling Stones' favorite designer?

9 ☐ What characterizes Valentino's clothes?

10 ☐ What colors does Tom Ford mainly use?

11 ☐ Are ties an important feature in this fashion show?

12 ☐ Which designers dress men in trousers that ride high above the waist?

13 ☐ What is the main feature of Ferré's offerings?

14 ☐ Why do some clothes evoke gourmet flavors?

15 ☐ Why is Nino Cerruti throwing in the towel?

FOREIGN WORDS

B Of the 600-plus words in the selection, twenty-two are foreign (including the titles and excluding proper names and multiple uses of the same word). Identify their language of origin, then write their English equivalent (which may well be the word itself). The answers are not given in the Answer key.

		LANGUAGE OF ORIGIN	ENGLISH EQUIVALENT
1	*macho*	_____	_____
2	*jeans*	_____	_____
3	*manager*	_____	_____
4	*chic*	_____	_____
5	*calienti*	_____	_____
6	*playboy*	_____	_____
7	*sixties*	_____	_____
8	*blazer*	_____	_____
9	*maison*	_____	_____
10	*gangster*	_____	_____
11	*t-shirt*	_____	_____
12	*jogging*	_____	_____
13	*denim*	_____	_____
14	*smoking*	_____	_____
15	*dark*	_____	_____
16	*nylon*	_____	_____
17	*boxeur*	_____	_____
18	*piercing*	_____	_____
19	*tuxedo*	_____	_____
20	*revers*	_____	_____
21	*gourmet*	_____	_____
22	*partner*	_____	_____

VERBS USED AS NOUNS

🔍 Italian has three ways to use verbs as nouns.

- The present infinitive, often preceded by *il/lo*, serves the same function as the English gerund.

il mangiare	eating
Il mangiare sano e genuino è diventato sinonimo di una vita equilibrata.	Eating healthy, natural foods has become synonymous with a balanced life.

- The present participle, preceded by an article, denotes the performer of an action.

il cantante	the singer
il dormiente	the sleeper

- The past participle may be preceded by the masculine article.

il passato	the past
i morti	the dead
lo scritto	the written piece, writing (what is written, as opposed to what is spoken)

Such expressions have become increasingly popular in recent decades.

il vissuto	what is lived
uno spaccato della società italiana	a cross-section of Italian society

In the selection you will also find the phrase *gli sgualciti sartoriali* ("the haute-couture wrinkled (clothes)"), a neologism not yet listed in dictionaries.

C Form nouns from the following verbs, giving the present infinitive, the present participle, and the past participle forms, where possible. Then write the noun more commonly used to indicate the activity of the verb. Only the common noun is given in the Answer key.

VERB	NOUN FROM INFINITIVE	NOUN FROM PRESENT PARTICIPLE	NOUN FROM PAST PARTICIPLE	COMMON NOUN
vivere	il vivere	i viventi	il vissuto	la vita
parlare	il parlare	il/la parlante	il parlato	la parola
1 *mangiare*	_____			_____
2 *bere*	_____			_____
3 *cantare*	_____	_____		_____
4 *sgualcire*	_____			_____
5 *stropicciare*	_____			_____

6 *asciugare* _____ _____ _____

7 *passare* _____ _____ _____ _____

8 *bagnare* _____ _____ _____ _____

9 *cuocere* _____ _____ _____

10 *scrivere* _____ _____ _____ _____

11 *filmare* _____ _____ _____

12 *nascere* _____ _____ _____

13 *candidare* _____ _____ _____

14 *prendere* _____ _____ _____

15 *fare* _____ _____ _____

16 *dovere* _____ _____ _____

17 *amare* _____ _____ _____ _____

18 *dipingere* _____ _____ _____

19 *evadere* _____ _____ _____

20 *friggere* _____ _____ _____

21 *piangere* _____ _____ _____

22 *ridere* _____ _____ _____

23 *succedere* _____ _____ _____

24 *vincere* _____ _____ _____ _____

25 *dire* _____ _____ _____

D Using information from the selection as well as context, complete the following sentences, choosing the most appropriate noun or phrase from the list below.

l(o)'abito	*la cravatta*	*le scarpe da tennis*
a infradito	*i jeans*	*lo smoking*
bianco	*il lino*	*lo sparato*
bermuda	*i pantaloni*	*su misura*
le braghe	*i revers*	*la t-shirt*
la camicia	*la sarta*	

1 *Mia madre non ha mai comperato un abito fatto. Se li fa sempre fare*

_____ *dalla* _____.

2 *Con lo smoking si porta spesso una* _____ *speciale,*

con lo _____ *a pieghe.*

3 *Giacca, pantaloni e* _____ *sono stati la divisa classica dei*

colletti _____ *per quasi due secoli.*

4   Ho comprato un bellissimo _____ di _____
    bianco per la vacanza a Portofino.

5   I sandali _____ di stile indiano sono di nuovo di gran moda.

6   I pantaloni le stanno bene, ma è troppo piccola per mettersi quelle

    _____ larghe che le arrivano solo alla caviglia.

7   Anche da noi i giovani portano solo più _____,

    _____ e scarpe da _____, come gli americani.

8   Persino mio marito, che adesso si veste sempre di grigio, negli anni sessanta

    portava dei vestiti con i _____ aderenti, le giacche con grandi

    _____ e delle _____ enormi e coloratissime.

9   Dobbiamo agli inglesi i pantaloni _____ per l'estate e

    lo _____ per le serate di gala.

Il problema demografico

One of the most interesting changes in Italian society in recent decades is the decline in the birthrate. Without immigration, Italy would now have negative population growth. This phenomenon has given rise to anti-immigrant sentiment, and it concerns politicians, who must find a way to pay generous pensions when the working population will no longer be paying enough into the system to keep it solvent. There are signs, however, that the trend may be reversing. The following selection provides detailed information; it is also a good example of the jargon used by economists and sociologists.

Un'Italia povera di bambini
L'Istat: « Aumentano gli immigrati »
di Gian Carlo Fossi

ROMA — La popolazione residente italiana è aumentata nel 2000 di circa 160 mila unità (solo 137 in più nei comuni capoluogo), non per l'incremento delle nascite ma per l'apporto degli immigrati. È il dato più significativo emerso dal bilancio demografico nazionale reso noto ieri dall'Istat. Nel complesso 57 milioni 844 mila 17 persone, di cui 28 milioni 94 mila 857 maschi (48,6%) e 29 milioni 749 mila 160 donne (51,4%): rispetto al '99 esattamente 164 mila 122 unità in più, che rappresentano il risultato di un saldo negativo del movimento naturale (cioè il numero delle nascite e dei decessi) pari a −17 mila 202 unità e di un movimento migratorio pari a +181 mila 324.

Ma il bilancio demografico presenta molti altri dati interessanti, che segnalano anche favorevoli inversioni di tendenza rispetto al passato. È il caso della natalità nazionale: anche se il saldo tra nascite e decessi è ancora negativo, cioè il numero dei nati resta ancora sensibilmente inferiore a quello dei morti, per la prima volta dopo molti anni — invece che una progressiva flessione — si registra un aumento del 10,8% sul '99; il che dimostra anche il diffondersi tra le coppie di un clima di maggiore speranza e fiducia nel futuro....

Se questa tendenza sarà confermata nel 2001 e negli anni successivi, si potrà considerare risolto uno dei più preoccupanti nodi demografici del nostro Paese, che finora hanno condizionato non poche scelte di politica economica, in particolare nel settore della previdenza. Peraltro, il trend delle nascite nelle regioni appare contraddittorio in riferimento

www.lastampa.it, venerdì 22 giugno 2001.

allo stato di benessere o alle speranze per il futuro. La regione meno prolifica risulta [*turns out to be*] il Piemonte dove il saldo tra nati e morti è di −12 mila 653, seguito dalla Toscana con −12 mila 602, mentre si ha un vero « boom » delle nascite al Sud con la Campania in testa per un saldo positivo di 19 mila 695 unità e la Puglia per +9 mila 635.

Nel Mezzogiorno, in complesso, l'eccedenza di nati vivi sui morti è nel 2000 di 28 mila 412 unità e nelle isole di 6 mila 384. Meno sorprese sul fronte dell'immigrazione. Il più alto dato positivo si riscontra in Lombardia con 56 mila 111 persone, seguita dall'Emilia Romagna con 39 mila 48; di segno negativo il saldo migratorio in 6 regioni, tutte del Sud e delle isole (Campania, Sicilia, Calabria, Puglia, Sardegna, Basilicata). Nell'insieme il tasso di incremento migratorio risulta del 3,1 per mille abitanti residenti ed appare sensibilmente aumentato in confronto al '99, quando aveva toccato lo 0,8 per mille.

Spunti interessanti affiorano dal bilancio demografico per quanto riguarda la distribuzione della popolazione italiana sul territorio. Ed uno dei più rilevanti è che il fenomeno dell'urbanizzazione tra la popolazione italiana si riduce praticamente a zero, salvo ovviamente i flussi migratori dall'estero. Nei comuni capoluogo risiede circa un terzo della popolazione, 17 milioni 329 mila 94 pari al 30% del totale. E lì spicca il fievole incremento di 137 unità, determinato dalla differenza tra il saldo naturale, negativo per 28 mila 58 unità, e il saldo migratorio positivo, invece, per 28 mila 195. Inoltre, nei comuni capoluogo la popolazione residente cala dell'1 per mille nel Nord-Ovest, dell'1,3 per mille nel Sud e nel 6 per mille nelle isole, mentre sale dell'1,8 per mille nel Nord-Est e del 3,3% nel Centro.

ESERCIZI

MAKING SENSE OF THE SELECTION

A Answer the following questions.

1 ☐ Why is the selection entitled *Un'Italia povera di bambini*?

2 ☐ Does the birthrate exceed the death rate in Italy?

3 ☐ If Italy's population is increasing, is it because of a higher birthrate or for some other reason?

4 ☐ Are there more men or women in Italy?

5 ☐ How many immigrants arrived in Italy in 2000?

6 ☐ Even if there are more deaths than births, is the birthrate continuing to decline?

7 ☐ What was the increase in the birthrate between 1999 and 2000?

8 ☐ Why are people starting to have more children, according to the author?

9 ☐ The birthrate has increased. Has the death rate also increased?

10 ☐ Why was the decline in the birthrate worrisome?

11 ☐ Do trends in the birthrate appear to be linked to economic well-being and positive expectations for the future?

12 ☐ What region has the lowest number of births compared to deaths? What region has the highest?

13 ☐ What region has the highest number of immigrants? What region has the lowest?

14 ☐ Did Italy have more immigrants in 2000 than in 1999? If so, by how many?

15 ☐ Do Italians keep moving from the countryside to the city?

16 ☐ How many people reside in cities?

17 ☐ In what part of Italy did the population of cities increase most?

NUMBERS AND DATES

Like most continental European languages, Italian uses a comma for the decimal point.

48,6%
2,54 centimetri

Italian uses a period to mark off groups of three digits, counting from the decimal point.

1.358.654
4.821,4

Dates are written with the day of the month before the name of the month.

il 21 novembre 1955   November 21, 1955

Years and decades are often shortened.

nel '79 (nel settantanove)   in 1979
la musica degli anni '60 (sessanta)   the music of the 1960s

Il secolo means "century."

nel XIX (diciannovesimo) secolo   in the nineteenth century

L'ottocento (= il XIX secolo) means "the nineteenth century."

ACRONYMS

Italian, like English, makes great use of acronyms. The source for the data in the selection is *Istat, l'Istituto centrale di STATistica*. Some of the most common Italian acronyms are listed below. Note that Italian is less strict than English in capitalization; thus, *Istat* may also appear as *ISTAT*. As an aid in learning the acronyms, letters forming them are capitalized in the full names.

Government (*il governo, l'amministrazione pubblica e le società di carattere pubblico*)

AEM	*Azienda Elettrica Municipalizzata* (local utility provider)
ANPA	*Agenzia Nazionale di Protezione Ambientale*
ANSA	*Agenzia Nazionale Stampa Associata*
ASL	*Azienda Sanitaria Locale* (a branch of the national healthcare system)
BI	*Banca d'Italia*
ENI	*Ente Nazionale Idrocarburi*
FS	*Ferrovie dello Stato*
INPS	*Istituto Nazionale Previdenza Sociale*
IRPEF	*Imposta sul Reddito delle Persone Fisiche* (personal income tax)
IRPEG	*Imposta sul Reddito delle Persone Giuridiche* (corporate income tax)
IVA	*Imposta sul Valore Aggiunto* (value-added tax)
PP.TT.	*Poste e Telecomunicazioni*
PM	*Pubblico Ministero* (state prosecutor)
PR	*Procuratore della Repubblica* (state prosecutor) (see also "Social and political organizations" below)
RAI	*Radio Audizioni Italiane*
RAI-TV	*Radio TeleVisione Italiana*

Business, associations, etc. (*il mondo degli affari e delle associazioni commerciali*)

ACI	*Automobile Club d'Italia*
CAI	*Club Alpino Italiano*
FIAT	*Fabbrica Italiana Automobili Torino*
S.p.A.	*Società per Azioni*
S.r.l.	*Società a Responsabilità Limitata*
TCI	*Touring Club Italiano*

Social and political organizations (*partiti, sindacati, ecc.*)

AN	*Alleanza Nazionale*
BR	*Brigate Rosse*
CC	*Carabinieri*
C.C.	*Corte Costituzionale, Corte di Cassazione, Corte dei Conti, Codice Civile*
CCD	*Centro Cristiano Democratico*
CGIL	*Confederazione Generale Italiana del Lavoro*
CISL	*Confederazione Italiana Sociale del Lavoro*

CL	*Comunione e Liberazione* (a Catholic youth movement)
CLN	*Comitato di Liberazione Nazionale*
COBAS	*COmitati di BASe* (trade unions independent of CGIL, CISL, and UIL)
CP	*Cattolici Popolari*
C.P.	*Codice Penale*
DC	*Democrazia Cristiana*
FUORI	*Fronte Unitario Omosessuale Rivoluzionario Italiano*
PCI	*Partito Comunista Italiano*
PDS	*Partito Democratico della Sinistra*
PLI	*Partito Liberale Italiano*
PPI	*Partito Popolare Italiano*
PR	*Partito Radicale*
PRC	*Partito della Rifondazione Comunista*
PRI	*Partito Repubblicano Italiano*
PS	*Pubblica Sicurezza, Polizia di Stato*
PSI	*Partito Socialista Italiano*
SI	*Socialisti Italiani*
UIL	*Unione Italiana del Lavoro*

The European Union, international organizations, and foreign countries (*l'Unione europea, le organizzazioni internazionali ed i paesi stranieri*)

BCE	*Banca Centrale Europea*
CEE	*Comunità Economica Europea*
CH	Confédération Helvétique (Swiss confederation)
FAO	Food and Agriculture Organization
FIFA	Fédération Internationale de Football Association (International soccer federation)
GB	Great Britain
NATO	North Atlantic Treaty Organization
OCSE	*Organizzazione per la Cooperazione e lo Sviluppo Economico*
OIL	*Organizzazione Internazionale del Lavoro*
ONU	*Organizzazione delle Nazioni Unite*
OPEC	Organization of Petroleum Exporting Countries
UE	*Unione Europea*
UEFA	Union of European Football Associations
UNESCO	United Nations Educational, Scientific and Cultural Organization
UNICEF	United Nations International Children's Emergency Fund
URSS	*Unione delle Repubbliche Socialiste Sovietiche*
USA	United States of America
WTO	World Trade Organization

Miscellaneous (*varie*)

AA.VV.	Autori Vari
a.C.	*avanti Cristo*
AIDS	Acquired Immune Deficiency Syndrome
CAP	*Codice di Avviamento Postale* (ZIP code)
CEI	*Conferenza Episcopale Italiana*

d.C.	dopo Cristo
DOC	Denominazione di Origine Controllata
ISO	International Organization for Standardization
NB	Nota Bene
PS	Post Scriptum
S.S.	Sua Santità/Santa Sede
TGV	Train à grande vitesse (high-speed train)
VIP	Very Important Person

B Using information from the selection, complete the following sentences.

1 *L'apporto degli* _____ *fa sì che la popolazione italiana abbia*

  un _____ *positivo.*

2 *In Italia le* _____ *rappresentano il 51,4% della popolazione,*

  gli _____, *il 48,6%.*

3 *Al saldo* _____ *del movimento naturale va contrapposto*

  un saldo _____ *del* _____ *migratorio.*

4 *Il* _____ *demografico presenta un'inversione di*

  _____ *rispetto al passato.*

5 *Il numero dei* _____ *resta ancora inferiore a quello dei*

  _____, *ma si registra un* _____ *del 10,8%*

  rispetto al 1999.

6 *Sembra si stia diffondendo tra le* _____ *un clima di maggiore*

  _____ *e* _____ *nel futuro.*

7 *Il calo delle nascite ha causato finora seri problemi di* _____,

  in particolare nel settore delle _____.

8 *La regione meno* _____ *è il Piemonte, mentre quella con*

  il numero maggiore di _____ *è la Campania.*

9 *Non è sorprendente che ci siano molte più* _____ *in Lombardia*
  che in Sardegna.

10 *Il* _____ *di incremento migratorio è aumentato del*

  _____ *rispetto al '99.*

11 *Il processo di* _____ *tra la popolazione italiana si riduce*
  praticamente a zero.

12 *Nei comuni* _____ *risiede adesso il* _____%

  del totale della popolazione, esclusi gli _____ *dall'estero.*

Il calcio

The whole world knows about Italian soccer and Italians' all-consuming passion for this globally popular sport. The following selection is taken from one of the most important Italian weeklies, *L'Espresso*, which is the cultural/political equivalent of *Time* and *Newsweek* in the United States. Since sports requires an intimate knowledge of context, you may not understand some of the references in the selection and may therefore miss some of its meaning.

Calcio
C'era una volta il campionato più bello del mondo

Riparte la serie A. Tra isterismi, interessi economici e lo spettro della violenza. E una Juve pronta a riprendersi lo scettro.

Roma e Juve [*Juventus, Turin's team in the A league; Turin's other team, Torino, is in the B league*]. Come nei primi anni Ottanta. Con la differenza che stavolta, nel campionato 2001–2002, è la Juve a inseguire. In due anni le gerarchie del pallone si sono capovolte. Milano ha perso terreno. Torino, con i bianconeri, è stata bruciata entrambe le volte sul filo di lana. Svetta così [*"At the top there is"*] per la prima volta in maniera duratura la Capitale, con la staffetta al vertice fra Lazio e Roma spianata dai massicci investimenti di Cragnotti e Sensi.

Per sventare un ciclo [*"a series of victories"*] della Roma, la Juve dai bilanci floridi e dai costumi parsimoniosi, ha dovuto metter mano alla cassa. Addirittura cento miliardi per un portiere (Buffon, sia pur titolare della Nazionale), un record assoluto. La Juve è a digiuno di successi da tre anni. Un tempo insopportabile per la razza padrona. Ma spendere tanto non garantisce nulla. Altrimenti Moratti avrebbe già vinto un paio di Champions League. Lippi, suggestivo ritorno sulla panchina bianconera, ha problemi di assemblaggio. La rinuncia a Zidane impone un nuovo assetto al centrocampo. E il mancato arrivo di Vieri, dopo gli esperimenti estivi falliti, ha costretto la società a correre ai ripari con l'acquisto di Salas. Sulla Juve, insomma, la Roma ha il vantaggio di un modulo già collaudato. Sulla sfida al vertice influiranno poi anche gli appetiti di Coppa. La Roma, povera di allori internazionali, alla stretta finale della stagione potrebbe avere più interesse per la conquista della Champions League.

Gianni Perrelli, *L'Espresso*, 24 agosto 2001.

In seconda linea il Milan che pure non ha lesinato sulla spesa (Inzaghi e Rui Costa) e che affida la voglia di riscatto alla carismatica personalità di Terim, detto l'imperatore; l'Inter che spera di aver trovato nell'argentino Cuper un nuovo Helenio Herrera e punta forte sul pieno recupero di Ronaldo, oltre che sui gol di Vieri; e la Lazio, lievemente ridimensionata dalle sfilate il Parma, che pure ha venduto quasi tutti i suoi pezzi da novanta e la Fiorentina, messa in ginocchio dalla crisi finanziaria di Cecchi Gori.

Per le altre, si tratterà di barcamenarsi fra gli agi della zona Intertoto (con qualche sogno di gloria per gli immancabili outsider) e le angosce di quella zona retrocessione. Dalla B si riaffaccia un club glorioso, il Torino, e si propone una new entry assoluta, il Chievo, espressione di un quartiere di Verona, la prima città di provincia rappresentata da due squadre in serie A.

Sarà presumibilmente un campionato teso, denso di polemiche, come i precedenti. Il calcio parlato ha assunto ormai un'importanza quasi superiore a quello giocato. Con il rischio incombente della violenza negli stadi che potrebbe essere alimentata dalla saldatura fra ultras e Black Bloc. Le prime avvisaglie (il caso del Brescia, con Mazzone tentato di ritirarsi sull'Aventino) fa temere che neppure l'inasprimento delle sanzioni contro gli sfasciatutto deciso dal governo servirà a contenere il fenomeno.

Questa è anche la stagione dei mondiali (finali in Giappone e Corea nel giugno 2002). L'Italia è già virtualmente qualificata. Ma le quotazioni [*"the reputation and credentials"*] del nostro calcio ristagnano. La qualità di gioco viene sacrificata al risultato a tutti i costi. Campionissimi come Zidane e Veron hanno scelto di sfuggire a questa tirannia, riparando in altri paesi. Forse il nostro ha smesso di essere il campionato più bello del mondo. Resta quello con più interessi in ballo e con il maggior tasso di isteria.

ESERCIZI

MAKING SENSE OF THE SELECTION

A Answer the following questions.

1 ☐ What problems currently afflict the Italian soccer championship, once known as "the most beautiful championship in the world"?

2 ☐ Who are the two chief rivals likely to be in 2001–2002?

3 ☐ What Italian cities are these two teams from?

4 ☐ Which of the two appears stronger?

5 ☐ What other team is mentioned but is no longer a contender?

6 ☐ How many teams does Rome have in the A league?

7 ☐ What has strengthened Rome's teams recently?

8 ☐ What did Juve have to do to become competitive?

9 ☐ What player did they recently acquire at a record price?

10 ☐ When was Juve's last successful season?

11 ☐ Who is Juve's coach?

12 ☐ What player did he have to give up?

13 ☐ What player did Juve get to replace Vieri?

14 ☐ Why is *la Roma* likely to become less competitive toward the end of the season?

15 ☐ What teams make up the second tier of those with a chance to compete for the national title?

16 ☐ What player is going to play a crucial role on Milan's team?

17 ☐ What is his nickname?

18 ☐ What teams seem to have no chance at all to win the title?

19 ☐ Can you find out what *Intertoto* is?

20 ☐ To what league does *il Torino* belong?

21 ☐ What happens to A-league teams that perform poorly?

22 ☐ What team has moved from the B league to the A league?

23 ☐ For what city does this team play?

24 ☐ According to the selection, why does talking too much about soccer have a negative impact on the sport?

25 ☐ What did the government decide to do to prevent violence from breaking out at soccer matches?

26 ☐ When will the next World Soccer Cup take place?

27 ☐ Has Italy qualified for it?

28 ☐ Why are good Italian players moving to foreign teams?

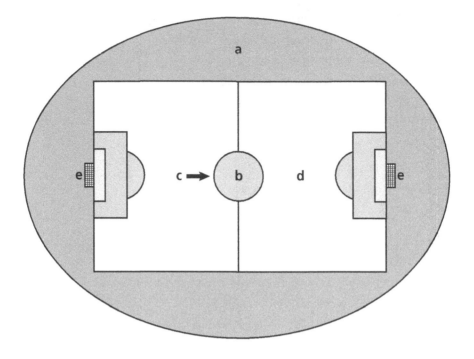

THE VOCABULARY OF SOCCER

The soccer lexicon includes many words borrowed from English, as well as anglicized Italian words and Italian translations of English words. The accompanying illustration depicts a soccer stadium. The large oval represents the stadium itself [a], and the center circle and midline [b] are in the middle of the field. The attacking team [c] on the left attempts to score a goal by moving the soccer ball across the goal line on the right. The defending team [d] attempts to prevent such a goal. The goals [e] are at opposite ends of the field.

The expressions in bold italic type are used in Exercise B below.

[a] The stadium and general soccer terms

gli azzurri	*il doping*	*lo stadio*
il calciomercato	*gli europei*	*la tifoseria*
li campionato	*il girone di andata*	*il tifoso*
la Coppa dei Campioni	*il girone di ritorno*	*il titolo mondiale*
la Coppa delle Coppe	*la lega calcio*	*il torneo di qualificazione*
la Coppa Italia	*i mondiali*	*il totocalcio*
la Coppa Uefa	*la nazionale*	*l(o)'ultrà/gli ultras*
il C.T.	*lo scudetto*	

[b] The center circle and midline

l(o)'allenatore	*giocare in dieci*	*la promozione in serie A*
l(o)'arbitro	*il giocatore*	**promuovere**
il calciatore	*il guardalinee*	*retrocedere*
il calcio	*la maglia*	*la retrocessione in serie B*
il campo di calcio	*il Mister*	*la sconfitta*
il capitano	*la neopromossa*	*il secondo tempo*
a centrocampo	*(la) palla al centro*	*la serie A*
la classifica	*il pallone*	*la serie B*
il derby	*il pareggio*	*la squadra*
fare la melina	*la partita*	*i tempi di recupero*
("to waste time	*la partita di andata*	*la vittoria*
passing the ball	*la partita di ritorno*	
aimlessly")	*il primo tempo*	

[c] The attacking team

l(a)'ala	*dribblare*	*il passaggio*
l(o/a)'attaccante	*giocare fuori casa*	**passare**
l(o)'attacco	*giocare in casa*	*la punta*
i bianconeri	*il gol/la rete*	*"la Signora del calcio*
il bomber	*la Juve*	*italiano"*
il centravanti	*la Juventus (F.C.)*	*la squadra di casa*
il centrocampista	*il libero*	*il terzino*
il cross	*il mediano*	*il Torino*
crossare	*la mezz'ala*	

[d] The defense

il contropiede	*il Milan (F.C.)*	*la squadra ospite*
il difensore	*il portiere*	*lo stopper*
la difesa	*i rossoneri*	

[e] The goal

ammonire	*il cartellino giallo*	*mandare la palla*
l(a)'ammonizione	*il cartellino rosso*	*in corner*
l(o)'angolo	*il colpo di testa*	*parare*
l(a)'area di rigore	*il corner*	*la parata*
l(o)'autogol	*espellere*	*il penalty*
l(a)'autorete	*l(a)'espulsione*	*la porta*
battere un calcio	*il fallo*	*la punizione*
di punizione	*il fallo laterale*	*la rete*
battere un calcio	*il fallo di mano*	*il rigore*
di rigore	*il fuorigioco*	*segnare*
il calcio d'angolo	*il gioco pericoloso*	*vincere ai rigori*
il calcio di rigore		

B Complete the following sentences with Italian words and expressions. The letter in square brackets indicates which of the vocabulary sections above contains the appropriate expression. Only expressions in bold italic type are used in this exercise.

1 (*Il*) _____ [b] is the most popular sport in Italy.

The _____ [b] are organized in a _____ [a], which regulates all the aspects of the sport.

2 The most important teams belong to the _____ [b].

At the end of every season, the four teams at the bottom of the _____ [b] are sent back to the _____ [b], and the four teams at the top of the B division are _____ [b] to the A division. Some cities have two _____ [b] in the A division (for example, Rome, Milan, and (since 2001) Verona, the first provincial town with two teams in the A division). Other cities (Turin, for example) have one team in the A division, (*la*) _____ [c], and one in the B division, (*il*) _____ [c]. A match in which the two teams of a city play each other is called "*il* _____ [b]."

3 Each team has eleven _____ [b], who play different positions— some purely defensive (for example, the _____ [d]), and others purely offensive (like the _____ [c], who is also called _____ [c] or _____ [c]). Midfielders are called _____ [c]; their role is to _____ [c] the ball to the attack players. A pass across the field is called, using an English term, (*il*) _____ [c]. A player who sends the ball out of bounds across the touchline (sideline) makes a _____ [e]. A player who sends the ball out of bounds across the goal line (end line) is said to send the ball _____ [e], because the other team will put the ball back in play from that _____ [e]. Each team has a coach, who is also called (*il*) _____ [b], a strange-looking mix of English and Italian.

4 Every match lasts 90 minutes and is divided into (*il*) _____ [b] and (*il*) _____ [b]. Soccer is different from football and baseball, as the two teams constantly alternate _____ [c] and _____ [d]. The object of the match is to score as many _____ [c] as possible. After one team has scored, the

_____ [b] is placed back at midfield. A team that has the lead may prefer to pass the ball aimlessly instead of going on the offensive; this tactic is known as _____ [b]. When ball control switches from one team to the other, the previously defensive team can suddenly take the initiative and go on the offensive—a tactic called _____ [d]. A match may also end in a tie. In tournament play, however, if the two finalists are tied at the end of a match, the winner is determined by (*i*) _____ [e].

5   If a player commits a foul in the penalty area, the penalty assessed is called _____ [e]. If a referee decides that the player could have avoided a foul or that a foul is serious, he may _____ [e] the player, or even _____ [e]. A warning is indicated with a _____ [e], an ejection with a _____ [e] (card). If a player is ejected, the team has to play _____ [b].

6   The national _____ [a] takes place between October and June. It is divided into a _____ [a] and a _____ [a]. The team that plays _____ [c] in the first half of the championship plays _____ [c] in the second half. The home team is obviously favored, because it can count on local _____ [a]. Part of the _____ [a] is organized in groups of so-called _____ [a], who often engage in violence in and outside the stadiums, violence that can prove fatal. The team that has scored the highest number of points during the season wins the _____ [a]. The team that has won the most championships is (*la*) _____ [c], also known as "_____ [c]," because its owners, the Agnellis, who own FIAT, have managed the team with prudence and restraint. (*I*) _____ [b] are "bought" and "sold" through the so-called _____ [a], a multimillion-dollar business.

7   The most famous soccer championship in the world is (*i*) _____ [a], which takes place every four years in a different country. Italy is usually one of the favorites to win the _____ [a]. Because of the color of its jerseys, the Italian team is known as (*gli*) _____ [a]. The coach of the Italian national

team is known as the _____ [a], that is, the *Commissario Tecnico.* When the selection was written, the Italian team had already qualified for the 2002 World Cup, which took place in Japan and Korea. It lost to Korea in the first round.

GENDER AND NOUN CLASS

Proper nouns usually take their gender from the class to which they belong: *Palermo* is feminine because it belongs to the class *la città*, which is feminine; *il Valentino* is masculine because it belongs to the class *il parco*, which is masculine. It is important to know the gender of a proper noun because the gender of articles, adjectives, and pronouns must agree with that of the noun.

Some city and regional soccer teams have masculine names, some have feminine names.

*Per sventare un ciclo della Roma, **la** Juve...*
*In seconda linea, **il** Milan...*
*Dalla [serie] B si riaffaccia un club glorioso, **il** Torino, e si propone una nuova entry assoluta, **il** Chievo,...*

This apparent inconsistency is resolved by the fact that a soccer team can belong to one of two different classes: *il football club* or *la squadra.* It is impossible to predict which class a team belongs to, and the acronym for *football club* may follow a team's name without affecting the gender of the name, for example, *la Juventus F.C.*

A national team takes the gender of the country's name, which is almost always feminine.

C   From the list below, determine the class to which each proper noun belongs. Write the letter of the class noun in the space provided, then write the correct article before each noun. You may want to use a dictionary to determine the gender of the class nouns before proceeding to the list of proper nouns. Beware of exceptions, especially in the names of regions, countries, and continents.

a *continente*	e *mare*	i *nazione*	m *strada/via*
b *fiume*	f *massiccio*	j *passo*	n *terra*
c *isola*	g *montagna*	k *regione*	o *torrente*
d *lago*	h *monte*	l *stato*	

ARTICLE	PROPER NOUN	CLASS NOUN		ARTICLE	PROPER NOUN	CLASS NOUN
lo	*Stelvio*	j				
1 _____	*Po*	_____	3	_____	*Rosa*	_____
2 _____	*Adriatico*	_____	4	_____	*Cervino*	_____

5	____ India	____	23	____ Mediterraneo	____
6	____ Alpi	____	24	____ Lombardia	____
7	____ Appennini	____	25	____ Trentino	____
8	____ Garda	____	26	____ Maggiore	____
9	____ Africa	____	27	____ Puglie	____
10	____ Trasimeno	____	28	____ Tirreno	____
11	____ Adige	____	29	____ Calabria	____
12	____ Gran Bretagna	____	30	____ Marche	____
13	____ Sicilia	____	31	____ Bianco	____
14	____ Sardegna	____	32	____ Veneto	____
15	____ Vesuvio	____	33	____ Aurelia	____
16	____ Etna	____	34	____ Flaminia	____
17	____ Bormida	____	35	____ Spagna	____
18	____ Arno	____	36	____ Nomentana	____
19	____ Piemonte	____	37	____ Iseo	____
20	____ Friuli	____	38	____ Gran Paradiso	____
21	____ Asia	____	39	____ Monginevro	____
22	____ Cina	____	40	____ Stati Uniti	____

COMPOUND NOUNS

Centrocampo and *bianconeri* are just two of the compound nouns that appear in the selection. Italian has quite a large number of compound nouns (*nomi composti*), formed by joining two separate words (nouns, adjectives, adverbs, or prepositions).

NOUN + NOUN

il arco	+ *il baleno*	>	*l'arcobaleno*
arc, bow	flash of lightning		rainbow

NOUN + ADJECTIVE

la pelle	+ *rossa*	>	*il pellerossa*
skin	red		American Indian (male)

ADJECTIVE + NOUN

basso	+ *il rilievo*	>	*il bassorilievo*
low	relief		bas-relief

VERB + NOUN

cavare	+ *il tappo*	>	*il cavatappi*
to draw out	cork		corkscrew

ADVERB + VERB

| *via* | + *vai* (from *andare*) | > *il viavai* |
| away | to go | coming and going, bustle |

PREPOSITION + NOUN

| *senza* | + *il tetto* | > *il senzatetto* |
| without | roof, home | homeless person |

Rules for forming the plural of compound nouns are complex; you may wish to consult an Italian grammar book.

D Each pair of words below may be joined to form the compound noun in the third column. Give the English equivalent for each of the compound nouns.

1	*accendi*	+ *sigari*	*l(o)'accendisigari*
2	*parare*	+ *piglia*	*il parapiglia*
3	*alto*	+ *parlante*	*l(o)'altoparlante*
4	*dormire*	+ *veglia*	*il dormiveglia*
5	*aspirare*	+ *polvere*	*l(o)'aspirapolvere*
6	*portare*	+ *cenere*	*il portacenere*
7	*caccia*	+ *vite*	*il cacciavite*
8	*portare*	+ *lettere*	*il/la portalettere*
9	*parare*	+ *fulmine*	*il parafulmine*
10	*salvare*	+ *guardia*	*la salvaguardia*
11	*guasta*	+ *feste*	*il/la guastafeste*
12	*retro*	+ *terra*	*il retroterra*
13	*portare*	+ *ombrelli*	*il portaombrelli*
14	*bianco*	+ *nero*	*il bianconero*
15	*battere*	+ *panni*	*il battipanni*
16	*portare*	+ *foglio*	*il portafoglio*
17	*passare*	+ *porto*	*il passaporto*
18	*banco*	+ *nota*	*la banconota*
19	*cassa*	+ *panca*	*la cassapanca*
20	*terra*	+ *ferma*	*la terraferma*
21	*piede*	+ *piatti*	*il piedipiatti*
22	*cassa*	+ *forte*	*la cassaforte*
23	*rosso*	+ *nero*	*il rossonero*
24	*ferro*	+ *via*	*la ferrovia*

La beatificazione

Famiglia cristiana is Italy's best-selling weekly. The magazine takes a Christian approach to life centered around the family, including, metaphorically, the family of all Christians. While its view of the Christian message is modern and ecumenical, it adheres strictly to the official teachings of the Catholic Church. The following selection is a biography of padre Pio, a Capuchin monk who was canonized on June 16, 2002.

Padre Pio
Il suo spirito oltre il mito
di Alberto Bobbio

Esercitò « in grado eroico le virtù e ciò fin dai primi anni del suo ministero sacerdotale ». Questa la conclusione cui sono giunti gli esperti della Commissione della Congregazione vaticana delle cause dei santi, che apre la via alla beatificazione del frate di Pietrelcina. Una grande figura da riscoprire.

Si chiamava Francesco Forgione, nato a Pietrelcina, paesino del Sannio a tredici chilometri da Benevento, terra aspra e rocciosa, quarto di sette fratelli. La famiglia di padre Pio era talmente povera che per due volte il padre Orazio fu costretto a emigrare in America. Entrò nel seminario dei Cappuccini a Morcone il 6 gennaio 1903. Il 10 agosto 1910, dopo aver ottenuto una dispensa di nove mesi, viene ordinato sacerdote. Il 28 luglio 1916 fu inviato al convento di San Giovanni Rotondo. È qui che riceve le stimmate, il 20 settembre 1920. Aveva 31 anni. Era nato il 25 febbraio 1887.

Centodieci anni dopo, il 13 gennaio 1997, una commissione di nove teologi, esperti della Congregazione vaticana delle cause dei santi, all'unanimità ha dichiarato che egli ha esercitato « in grado eroico le virtù e ciò fin dai primi anni del suo ministero sacerdotale ». Il cammino verso gli altari di padre Pio ha avuto uno slancio quest'anno e probabilmente a fine settembre dell'anno prossimo, nel trentesimo anniversario della morte, avverrà la beatificazione. Il Papa potrebbe così di nuovo tornare a San Giovanni Rotondo, dove era già stato il 23 maggio 1987, pregando per dieci minuti nella cripta della chiesa sulla tomba di granito nero di padre Pio.

Famiglia Cristiana, 31 dicembre 1997.

Alla Congregazione delle cause dei santi l'attenzione è ora concentrata su una guarigione inspiegabile avvenuta a Salerno. Il riconoscimento di un miracolo, infatti, è indispensabile per la beatificazione.

La fama di padre Pio si diffonde nel 1919 quando sul *Giornale d'Italia* appare un articolo intitolato « I miracoli di un cappuccino a San Giovanni Rotondo ». Il Sant'Uffizio cominciò allora ad interessarsi di padre Pio. Lo fece in seguito ad alcune lettere di fedeli che attribuivano al frate fatti miracolosi, al punto che essi lo consideravano santo. Da allora si susseguirono decine e decine di visite canoniche. Si è parlato di persecuzione nei confronti del frate. In effetti si è trattato di grande prudenza della Chiesa, che ha esaminato tutti i fatti legati alla vita del frate. I provvedimenti nei confronti di padre Pio sono quelli applicati normalmente anche in altri casi.

I primi atti ufficiali del Sant'Uffizio sono del 1923. Al dicastero vaticano « non constava » della soprannaturalità dei fenomeni attribuiti a padre Pio [*the Vatican ministry was not aware of any supernatural phenomena that could be attributed to padre Pio*], e i fedeli venivano diffidati dal propagandarli. Per anni in Vaticano si discusse se trasferire altrove il frate. Non si fece mai nulla anche per paura di sollevazioni popolari a San Giovanni Rotondo.

I primi provvedimenti sono del 1931 [incluso] l'impedimento a padre Pio di celebrare la messa in pubblico. La devozione verso il frate si attenua, anche a causa della guerra, mentre continuano le visite di inviati vaticani. Saranno una ventina fino al 1951, quando improvvisamente torna a crescere l'attenzione popolare.

Padre Pio non si oppone mai ai decreti del Vaticano. Quando gli imposero di celebrare solo nella cappella della clausura, disse al suo superiore generale « Sia fatta la volontà di Dio », e si ritirò a pregare in coro per tutta la notte. Il provvedimento rimase in vigore per due anni. Il 16 luglio 1933 una folla immensa assediò la piccola chiesa del convento dove padre Pio era tornato a celebrare messa in pubblico.

Le controversie tuttavia cominciano prima. Una delle più importanti, allora, riguarda le stimmate e coinvolge anche padre Agostino Gemelli, psicologo, frate minore francescano e fondatore dell'Università Cattolica del Sacro Cuore. Il 19 aprile 1929 inviò al Sant'Uffizio la relazione di una sua visita a San Giovanni Rotondo, visita privata che fece incuriosito da quanto si leggeva sui giornali del frate. Padre Gemelli non parlò con padre Pio, né vide le stimmate. Nel memoriale c'era qualche preoccupazione, che Gemelli ribadì sei anni dopo, proponendo l'isolamento di padre Pio e la costituzione di una commissione di medici e teologi.

Una polemica scientifica

Le critiche, durissime, riguardano uno scritto apologetico sulle stimmate del frate redatto dal dottor Giorgio Festa nel 1933. È una polemica sul piano scientifico. Gemelli venne incaricato dal Sant'Uffizio di indagare sullo scritto del medico. La questione delle stimmate è importante. È l'eroicità delle virtù che potrebbe orientare alla considerazione soprannaturale del fenomeno e non viceversa [*padre Pio's heroic virtues could justify attributing his stigmata to a supernatural cause*]. Ciò è avvenuto nel corso del processo per cui oggi sono definitivamente sfatate [*debunked*] le accuse di autolesionismo, prodotte con acido fenico, ripetute da Agostino Gemelli.

La maggior parte dei problemi a padre Pio li hanno provocati persone che stavano intorno a lui. Nel 1920 monsignor Gagliardi, vescovo di Manfredonia, la diocesi pugliese dove si trova San Giovanni Rotondo, rimproverava ad alcuni religiosi del convento di fare di padre Pio un fenomeno pilotato [*reproached some friars for manipulating padre Pio's case*]. Sono sempre i frati, insieme ad altri, a spiare con microspie e registratori i colloqui privati, financo [*even*] nel confessionale, di padre Pio.

Lui sapeva e sopportava. Tuttavia è sempre stata attribuita alla Santa Sede l'attività di spionaggio. Il processo ha stabilito l'assoluta falsità delle accuse. È vero che la Santa Sede ebbe copia delle registrazioni e che le valutò attentamente. Oggi quei testi, per un periodo conservati nell'Archivio segretissimo del Sant'Uffizio, non esistono più. Sono stati bruciati. Anche sulle accuse di immoralità rivolte a padre Pio, vere calunnie, è stata ormai fatta piena luce. Il vescovo Maccari durante la visita canonica del 1960 aveva raccolto voci di presunte relazioni sessuali di padre Pio con devote che salivano di notte al convento. Le testimonianze processuali hanno chiarito che si è trattato di espressioni isteriche di fanatismo di alcune donne. Le due visite canoniche di monsignor Paolo Philippe (1961 e 1969) riequilibrano le valutazioni di Maccari.

Così come padre Pio viene completamente scagionato da accuse di dolo o raggiro [*fraud or trickery*] circa l'amministrazione delle offerte cospicue dei fedeli. Le carte processuali confermano che vi sono stati disguidi [*bureaucratic inefficiency*], polemiche e conflittualità, ma che esse riguardano il comportamento di alcuni altri cappuccini e non di padre Pio. Questi fatti, tuttavia, sbarrarono la via del processo di beatificazione. La Postulazione cappuccina il 23 aprile 1979 si rivolse direttamente al Papa, il quale dopo tre anni di attenta analisi sui carteggi esistenti in Vaticano rilasciò il nulla osta [*official Vatican permission*], e la causa partì nella diocesi di Manfredonia. Sono stati ascoltati 74 testimoni e redatti 104 volumi. La Congregazione delle cause dei santi fa osservare che la santità di vita di padre Pio, dovuta ad un amore intenso per la Chiesa, messo a dura prova all'interno della stessa Chiesa, costituisce un modello straordinario di identificazione con Cristo morto e risorto.

ESERCIZI

MAKING SENSE OF THE SELECTION

A Answer the following questions.

1 ☐ Whom is this selection about? A layman, a priest, and/or a member of a religious order?

2 ☐ If he is a member of a religious order, which one?

3 ☐ Is padre Pio still living?

4 ☐ If the process of beatification is completed successfully, how will padre Pio be known?

5 ☐ What agency of the Catholic Church presides over the process of beatification?

6 ☐ Where was padre Pio born?

7 ☐ In what region of Italy is Benevento located?

8 ☐ Why did padre Pio's father have to go to America?

9 ☐ When did padre Pio become a priest?

10 ☐ What happened to him on September 20, 1920?

11 ☐ What are the stigmata?

12 ☐ How many years after padre Pio's birth did the Congregation for the Causes of Saints conclude its evaluation of his life and works?

13 ☐ According to the selection, when will he likely be canonized?

14 ☐ Has the Pope ever been to the monastery where padre Pio lived?

15 ☐ What is the indispensable prerequisite for canonization?

16 ☐ In what publication did the first news of his alleged miracles appear?

17 ☐ Was the Church immediately convinced of padre Pio's exceptional gifts?

18 ☐ Why did people say that he was persecuted by the Church?

19 ☐ What decision did the Church make in 1931?

20 ☐ How many visits from the Vatican were there between 1931 and 1951?

21 ☐ With what words did padre Pio comment on the disciplinary restrictions imposed by the Church?

22 ☐ What was the only place where he was allowed to celebrate Mass?

23 ☐ When did he start to celebrate Mass in public again?

24 ☐ Who became interested in padre Pio's story, and especially in the story of the stigmata?

25 ☐ Besides being a priest, what expertise did padre Gemelli have?

26 ☐ Was his opinion favorable or unfavorable toward padre Pio?

27 ☐ What was the charge against padre Pio regarding the stigmata?

28 ☐ Did padre Gemelli agree with that charge?

29 ☐ Who were padre Pio's greatest enemies?

30 ☐ By what means did other monks keep an eye on him?

31 ☐ Did the Holy See initiate the spying?

32 ☐ What other serious charge was leveled against padre Pio?

33 ☐ What did the charges of sexual misconduct turn out to be?

34 ☐ Was padre Pio guilty of embezzlement?

35 ☐ How many witnesses were heard in the cause of beatification, and how many volumes were written?

36 ☐ According to the Congregation, what proves padre Pio's sainthood?

THE VOCABULARY OF RELIGIOUS LIFE

B Give the English equivalent of the following Italian words and expressions. True cognates appear in bold type; beware of *falsi amici*.

sacerdote	*il clero* **secolare**
sacerdozio	*il clero* **regolare**
essere ordinato sacerdote	*i* **cappuccini**
il prete	*i* **francescani**
il frate	*i* **domenicani**
la suora	*i* **gesuiti**
il monaco	*i fedeli*
la monaca	*la chiesa*
il **monastero**	*la chiesa* **cattolica**
il **monastero** *di clausura*	*la cappella*
la vita **monastica**	*la* **cripta**
il **convento**	*il* **confessionale**
celebrare *la messa*	*la parrocchia*
il **miracolo**	*il parroco*
il **fenomeno soprannaturale**	*la* **diocesi**
il **santo**	*il vescovo*
le **stigmate/stimmate**	*il* **cardinale**
la **beatificazione**	*il* **papa**
la **causa** *di* **beatificazione**	*la fede*
il **processo** *di* **beatificazione**	*la speranza*
la **canonizzazione**	*la* **carità**
il nulla osta/nihil obstat	*l(o)'amore per la chiesa*

C Using words and expressions from Exercise B, complete the following sentences.

1 *Il clero nella* _____ *si divide in clero* _____

e clero _____.

2 *I* _____ *che operano nelle* _____ *sono*

in genere membri del clero secolare, mentre i _____ *e*

le _____ *che appartengono ad un ordine monastico e seguono*

una "regola", compongono il clero regolare, come i _____,

i _____ *ed i* _____.

3 *Di solito, i frati e le monache vivono nei* _____ *o*

_____.

4 *Alcuni ordini religiosi praticano la* _____, *che riduce quasi*

a zero i contatti tra i _____ *ed il mondo esterno.*

5 *La chiesa cattolica è divisa amministrativamente in* _____

e parrocchie. Ad ogni diocesi è assegnato un _____, *mentre*

la parrocchia viene amministrata da un _____.

6 *Il* _____ *è anche il vescovo di Roma.*

7 *Il procedimento attraverso il quale la chiesa cattolica decide se elevare*

una persona alla santità viene chiamato _____ *di*

_____, *perché la procedura adottata è identica a quella*

di un _____ *legale.*

8 *Se il processo di beatificazione giunge a conclusioni positive, il risultato*

è la _____.

9 *L'accertamento di un* _____, *vale a dire un*

_____, *compiuto dal presunto santo, è il requisito*

minimo indispensabile per la canonizzazione.

10 *La santità di vita di padre Pio è dovuta ad un* _____ *intenso*

per la _____.

11 *Le* _____, *che corrispondono alle ferite inflitte a Gesù sulla Croce, sono per la chiesa una manifestazione dell'identificazione tra un essere umano e Cristo.*

DOUBLE MEANINGS

Sometimes a phrase can have two different meanings: a literal meaning and a metaphorical, or figurative, meaning. *Famiglia cristiana*, for example, can mean either a Christian family (with emphasis on "family") or the family of all Christians (with emphasis on "Christians"); in fact, the magazine's publisher intends to convey both meanings at the same time. Context is almost always necessary to determine the metaphorical meaning of a phrase.

D The following phrases have both literal and metaphorical meanings, as shown in the sample sentences. Based on its use in the sentence, write the meaning of each phrase in Italian.

1 a *Non ho chiuso occhio tutta la notte per finire il libro giallo.*

  il libro giallo _____

 b *Ha organizzato la sua biblioteca secondo il colore dei libri: gialli, rossi, verdi, ecc.*

  il libro giallo _____

2 a *Per la sua tesi in antropologia ha scelto di studiare i Tuareg, gli uomini blu.*

  gli uomini blu _____

 b *Gli uomini che lavorano in quel cantiere sembrano blu perché usano delle lampade particolari.*

  gli uomini blu _____

3 a *Ha raccolto tutti i suoi saggi sull'America e li ha intitolati* Nuove lezioni americane.

  lezioni americane _____

 b *Ha imparato molte cose dall'America: le chiama le sue "lezioni americane".*

  lezioni americane _____

4 a *Prima di ogni operazione, il chirurgo si concentra sul paziente dedicandogli mezzo minuto di raccoglimento.*

  mezzo minuto di raccoglimento _____

 b *Un "mezzo minuto di raccoglimento" è un cucchiaino?! Non ci avrei mai pensato.*

  mezzo minuto di raccoglimento _____

5 a *Era un uomo grande e grosso, ma non era così forte come uno si sarebbe aspettato.*

  un uomo grande _____

 b *Nel corso della storia non ci sono poi stati molti grandi uomini.*

  un uomo grande _____

NOUNS FORMED FROM VERBS

Italian nouns that end in *-azione* often correspond to English nouns that end in "-ation." The Italian nouns are typically formed from verbs whose infinitive ends in *-are*.

formare > formazione
to form   formation

E Fill in the missing noun or verb for each of the words below.

	NOUN	VERB
1	congregazione	_____
2	beatificazione	_____
3	_____	emigrare
4	_____	ordinare
5	amministrazione	_____
6	_____	considerare
7	identificazione	_____
8	sollevazione	_____
9	_____	celebrare
10	_____	fondare
11	preoccupazione	_____
12	_____	redarre
13	considerazione	_____
14	_____	provocare
15	registrazione	_____
16	_____	valutare
17	_____	conservare
18	_____	osservare

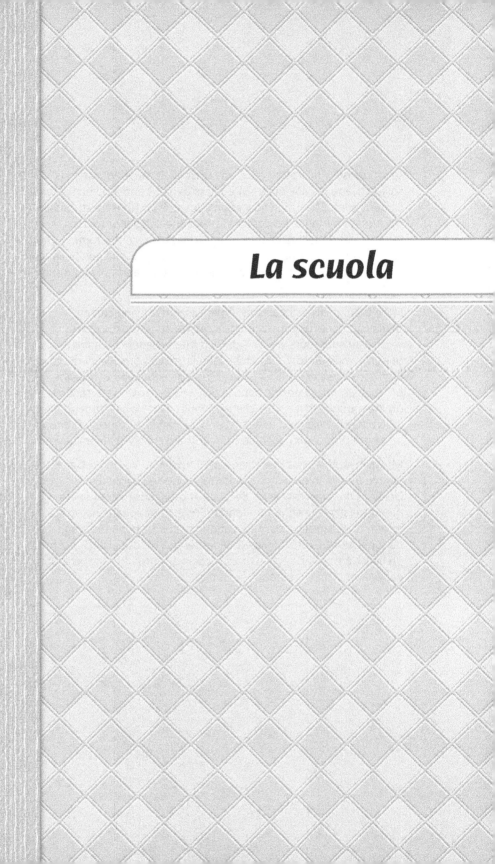

La scuola

La scuola is a vital institution in any society. Because education is so important, it is the object of endless debates and a perennial target for reformers. The Italian educational system, which is mostly public from kindergarten to postgraduate, was the subject of two major reform bills in the twentieth century. The more recent reform, in the early 1960s, established a unified curriculum for all children between the ages of six and fourteen, the age at which mandatory education ends.

Since then, heated discussions, polemics, strikes, and student demonstrations have marked unsuccessful attempts to reform secondary education, which is divided into vocational schools and university-preparatory "lyceums." The latter can provide students with the equivalent of an American college education by the age of nineteen. Many people oppose unifying secondary education on the grounds that such a change would dilute what students learn when they are exposed to a strict and demanding curriculum, broad in subject matter and oriented more toward theory than practice.

Meanwhile, there has been increased movement of students across Europe thanks to exchange programs supported by the European Union at the university level. Because of demands to coordinate pre-university education throughout Europe, it appears that the reform of Italian secondary education that never happened may be superseded by this continentwide trend. Without claiming comprehensiveness, this section gives readers a sense of the expectations with which Italians approach *la scuola.*

Cuore

Edmondo De Amicis' *Cuore*, published in Turin in 1886, was an immediate best-seller. *Cuore* and *Pinocchio* are the most influential books for children in modern Italian literature. When the book appeared, Italy had been a unified country for only 25 years. Compulsory elementary education was being introduced, and the pressing issue was how to create an institution that could unify populations that had little in common. They spoke different dialects and had different cultural backgrounds, different relationships with the elite and "the state," and different levels of economic control. While southern peasants remained locked in a sharecropping system linked to the large, semifeudal estates typical of the South, trade unions were beginning to mobilize agricultural and industrial workers in the North.

A populist and moderate socialist, De Amicis considered the school the ideal institution for introducing a shared culture and language among all social classes, as well as a tool for overcoming the obstacles to social harmony that rapid industrialization was producing. His Italian is modern and simple, his sentences short and direct. Differences from today's Italian surface in the diffused sentimentality of his style and ideology, his perfectionist use of punctuation, and his greater use of elisions: *tal qual è stampata* instead of *tale e quale è stampata*, and *in fin d'anno* instead of *alla fine dell'anno*. Thus the reader can get a sense of how much (or how little) Italian has changed in the course of a century. To aid comprehension, outdated expressions are followed by their current equivalents in square brackets.

Questo libro è particolarmente dedicato ai ragazzi delle scuole elementari, i quali sono tra i nove e i tredici anni, e si potrebbe intitolare: "Storia d'un anno scolastico, scritta da un alunno di 3ª, d'una scuola municipale [*that is, financed and managed by the city rather than the state*] d'Italia." Dicendo scritta da un alunno di 3ª, non voglio dire che l'abbia scritta propriamente [proprio] lui, tal qual [tale e quale] è stampata. Egli notava [annotava] man mano in un quaderno, come sapeva, quello che aveva visto, sentito, pensato, nella scuola e fuori; e suo padre, in fin d'anno [alla fine dell'anno], scrisse queste pagine su quelle note, studiandosi [cercando] di non alterare il pensiero, e di conservare, quanto fosse possibile, le parole del figliuolo [figlio]. Il quale poi, quattro anni dopo, essendo già nel Ginnasio, rilesse il manoscritto e v'aggiunse [vi aggiunse] qualcosa di suo, valendosi della memoria ancor [ancora] fresca delle persone e delle cose. Ora leggete questo libro, ragazzi: io spero che ne sarete contenti e che vi farà del bene.

Edmondo De Amicis, *Cuore*, 1886.

I miei compagni

25, martedì

Il ragazzo che mandò il francobollo al calabrese è quello che mi piace più di tutti, si chiama Garrone, è il più grande della classe, ha quasi quattordici anni, la testa grossa, le spalle larghe; è buono, si vede quando sorride; ma pare che pensi sempre, come un uomo. Ora ne conosco già molti dei miei compagni. Un altro mi piace, pure, che ha nome [si chiama] Coretti, e porta una maglia color cioccolata e un berretto di pelo di gatto: sempre allegro, figliuolo [figlio] di un rivenditore di legna, che è stato soldato nella guerra del '66 [1866, contro l'Austria], nel quadrato del principe Umberto, e dicono che ha tre medaglie. C'è il piccolo Nelli, un povero gobbino, gracile e col viso smunto. C'è uno molto ben vestito, che sempre si leva [toglie] i peluzzi dai panni [vestiti], e si chiama Votini. Nel banco davanti al mio c'è un ragazzo che chiamano il muratorino, perché suo padre è muratore; una faccia tonda come una mela, con un naso a pallottola; egli ha un'abilità particolare, sa fare *il muso di lepre*; e tutti gli fanno fare il muso di lepre e ridono; porta un piccolo cappello a cencio che tiene appallottolato in tasca come un fazzoletto. Accanto al muratorino c'è Garoffi, un coso lungo e magro, col naso a becco di civetta e gli occhi molto piccoli, che traffica sempre con pennini, immagini e scatole di fiammiferi, e si scrive la lezione sulle unghie per leggerla di nascosto. C'è poi un signorino [fighetto], Carlo Nobis, che sembra molto superbo, ed è in mezzo a due ragazzi che mi son simpatici: il figliuolo d'un fabbro ferraio, insaccato in una giacchetta che gli arriva al ginocchio, pallidino che par malato e non ride mai, e uno coi capelli rossi, che ha un braccio morto, e lo porta appeso al collo; — suo padre è andato in America e sua madre va attorno a vendere erbaggi [gira per la città vendendo verdura]. È anche un tipo curioso il mio vicino di sinistra, — Stardi, — piccolo e tozzo, senza collo, un grugnone [musone] che non parla con nessuno, e pare che capisca poco, ma sta attento al maestro senza batter palpebra [sbattere gli occhi], con la fronte corrugata e coi denti stretti: e se lo interrogano quando il maestro parla, la prima e la seconda volta non risponde, la terza volta tira un calcio. E ha daccanto [vicino] una faccia tosta e trista, uno che si chiama Franti, che fu già espulso da un'altra Sezione. Ci sono anche due fratelli, vestiti eguali, che si somigliano a pennello, e portano tutti e due un cappello alla calabrese, con una penna di fagiano. Ma il più bello di tutti, quello che ha più ingegno [il più intelligente], che sarà il primo di sicuro anche quest'anno, è Derossi; e il maestro, che l'ha già capito, lo interroga sempre. Io però voglio bene a Precossi, il figliuolo del fabbro ferraio, quello della giacchetta lunga, che pare un malatino; dicono che suo padre lo batte [picchia]; è molto timido, e ogni volta che interroga o tocca qualcuno dice: — Scusami, — e guarda con gli occhi buoni e tristi. Ma Garrone è il più grande e il più buono.

ESERCIZI

MAKING SENSE OF THE SELECTION

A Answer the following questions. You can mark your progress
in understanding the selection by using the check boxes provided.

1 ☐ For whom is De Amicis' novel intended?

2 ☐ Was the story really written by a third-grade boy?

3 ☐ What did he do during the school year?

4 ☐ As the father edited his son's notes, what did he try to avoid?

5 ☐ Who reedited the manuscript a few years later?

6 ☐ What is De Amicis' purpose in writing this book?

7 ☐ Whom does the young writer (whose name, by the way, is Enrico) like
best among his schoolmates?

8 ☐ What makes Garrone different from the other boys?

9 ☐ What clothes does Coretti wear?

10 ☐ What does Coretti's father do?

11 ☐ What do people say about Coretti's father?

12 ☐ What is Nelli's deformity?

13 ☐ What is Votini constantly doing with his clothes?

14 ☐ Why is one of the children called *il muratorino*?

15 ☐ What can he do that makes his schoolmates laugh?

16 ☐ Where does he keep his cap?

17 ☐ What animal does Garoffi resemble?

18 ☐ What does he fidget with constantly?

19 ☐ Why does he write lessons on his fingernails?

20 ☐ What does the blacksmith's son wear?

21 ☐ What does Enrico tell us about the red-haired boy?

22 ☐ Are the boy's parents together?

23 ☐ Is Stardi tall and slender or short and stocky?

24 ☐ Does he answer the teacher's question when called on?

25 ☐ Who sits close to Stardi?

26 ☐ What kind of face does he have?

27 ☐ What identical item of clothing do the two brothers wear?

28 ☐ Who is the most handsome and intelligent boy?

29 ☐ Whom does Enrico care for? Why?

30 ☐ What is Garrone like?

BUILDING VOCABULARY WITH OPPOSITES

B It is helpful to learn words in pairs of opposites: *buono/cattivo, alto/basso*. Following the example below, write the English equivalent of the following adjectives in column 2, then write the opposite of the English word in column 3. Finally, in column 4 write the Italian equivalent of the English word; this will be the opposite of the Italian word in column 1. True cognates appear in bold type; beware of *falsi amici*. Only the Italian opposite is given in the Answer key.

ITALIAN WORD	ENGLISH WORD	ENGLISH OPPOSITE	ITALIAN OPPOSITE
buono	nice	naughty	cattivo
1 *grande*			
2 *grosso*			
3 *largo*			
4 *allegro*			
5 *povero*			
6 *gracile*			
7 *piccolo*			
8 ***lungo***			
9 *magro*			
10 *superbo*			
11 *simpatico*			
12 *morto*			
13 ***attento***			
14 ***eguale***			
15 *bello*			
16 *primo*			
17 *malato*			

REFLEXIVE VERBS

Italian makes greater use of reflexive verbs than English does. There are three types (*forme*) of Italian reflexive verbs.

- *Riflessiva*, where the subject and direct object are the same person or thing

  Io mi lavo.   I wash (myself).
  Tu ti vesti.   You dress (yourself)./You get dressed.

- *Apparente*, where the verb takes a reflexive indirect object

  Io mi lavo le mani.   I wash my hands.
  Carlo si preparava la cena. Carlo cooked dinner for himself.

- *Reciproca*, where the verb expresses a reciprocal relationship between two or more people or things

  Mario e Paolo si odiano.   Mario and Paolo hate each other.
  I due amici si abbracciarono. The two friends embraced/hugged one another.

C Complete the following Italian sentences, based on their English translation.

1 _____ (*avvalersi di*) *il suo aiuto, è riuscito ad evitare la bancarotta.*
Relying on her help, he has been able to avoid bankruptcy.

2 _____ (*salutarsi*) *con le lacrime agli occhi.*
We said good-bye to each other with tears in our eyes.

3 *L'anno prossimo* _____ (*prendersi*) *una lunga vacanza.*
We will take a long vacation next year.

4 *Le due sorelle* _____ (*assomigliarsi*) *moltissimo.*
The two sisters look exactly alike.

5 *Dobbiamo* _____ (*lavarsi*) *tutti le mani prima di andare a tavola.*
We should all wash our hands before eating.

6 *Come* _____ (*chiamarsi*)?
What is your name?

7 _____ (*scambiarsi*) *i vostri numeri di telefono?*
Did the two of you exchange telephone numbers?

8 _____ (*farsi*) *una torta tutta per me.*
I baked a cake just for me.

9 _____ (*criticarsi da soli*).
They are hard on themselves.

10 _____ (*criticarsi*) *senza sosta. Non so proprio come facciano a non divorziare.*
They criticize one another all the time. I don't understand how on earth they manage to stay married.

D Reflexive pronouns use the same form as personal pronouns used for other functions. With this in mind, complete the following sentences in Italian, based on their English translation.

1 _____ (*partire*)!
Off we go!

2 _____ (*piacere*) *molto il gelato al cioccolato.*
I like chocolate ice cream a lot.

3 *I bambini* _____ (*divertirsi*) *a tormentare il gatto.*
The kids have a lot of fun tormenting that poor cat.

4 *Non* _____ (*ricordarsi*) *mai di interrompere la consegna a casa del giornale quando andiamo in vacanza.*
We never remember to suspend newspaper delivery when we go on vacation.

5 _____ (*giocarsi*) *l'eredità alla roulette.*
They gamble their inheritance away playing roulette.

6 _____ (*piacere*) *gli amici che mi hai presentato ieri sera.*
I like the friends you introduced me to last evening.

7 _____ (*criticarsi*) *va bene, ma* _____ (*buttarsi*) *giù troppo è controproducente.*
To be critical of oneself is a good thing, but coming down so hard on oneself is counterproductive.

8 _____ (*togliersi*) *quei vestiti bagnati, che ti prendi un raffreddore.*
Take off your clothes; they're so soaked you'll catch a cold.

La maturità

La maturità is a critical moment in the lives of nineteen-year-olds. The same test is given in all schools at the same time. Because each school's examining board must consist of instructors from outside the school, thousands of teachers move up and down the peninsula during June and July of each year. La maturità is thus a truly national ritual, one that takes over the lives of young people and their parents, monopolizing editorial space in every Italian newspaper and airtime on private and public television broadcasts.

Al classico il giorno dello stress
Quel filosofo greco ha scontentato tutti

Giorgio Ballario e Maria Teresa Martinengo

Secondo appuntamento con gli esami, seconda giornata di "stress" per migliaia di studenti torinesi, che ieri mattina hanno affrontato la prova scritta specifica per ogni tipo di scuola. Al classico "D'Azeglio" i ragazzi discutono del brano di Epitteto. "Una versione lunga e difficile — sottolinea Enrico De Santis — e poi l'autore è poco conosciuto, speriamo che la commissione ne tenga conto". "Alla matura non si possono dare versioni di carattere filosofico — aggiunge Maria Sole Cochis — interpretarle è troppo complicato".

Francesca Barchi, aspirante ragioniera al "Sommeiller", è preoccupata: "Il compito di economia aziendale era molto difficile, io sono riuscita a farne soltanto metà. Ma a quanto pare è andata male anche alla maggior parte dei miei compagni, spero che la commissione corregga i compiti con un occhio di riguardo". Il suo collega Andrea Pino, programmatore informatico, è più fiducioso: "All'inizio la prova sembrava complicata, poi mi sono ricordato delle simulazioni fatte durante l'anno e sono riuscito a concluderla senza troppi problemi. Almeno spero".

Mentre la maggior parte dei candidati sta ancora sudando su matematica, verso le 13 davanti al "Galfer" un gruppo di ragazzi sta già tirando un sospiro di sollievo. Il più veloce ha impiegato 3 ore, gli altri poco più di 4. "La commissione sembra abbastanza severa — spiega Giancarlo D'Agostino —, girava di continuo per i banchi e copiare era impossibile. Comunque sono fiducioso, mi sono tolto un bel peso".

Tra i docenti di liceo classico il giudizio sulla prova non è unanime. La professoressa Marina Girotto Bevilacqua del "Gioberti" osserva: "Alla

www.lastampa.it, venerdì, 22 giugno 2001.

tendenza invalsa [*prevailing*] negli ultimi anni — brani tecnici, di autori che difficilmente si trattano a scuola — si è aggiunta quest'anno la scelta di un brano impegnativo sia nell'interpretazione, sia nella struttura sintattica, sia nell'elaborazione espressiva". E aggiunge: "Credo che gli studenti si siano trovati in serie difficoltà".

Di parere diverso è la vice preside del "D'Azeglio", Maria Luisa Capella. "Una bella scelta. Un filosofo, d'accordo, ma scorrevole, forse con una frase finale un po' complessa. L'argomento, poi, il cosmopolitismo, è molto interessante. Consentiva un bel confronto con Seneca. Potrebbe essere un'idea, il confronto con poche righe di un altro autore, per rinnovare anche la seconda prova del classico: permetterebbe di far emergere le sensibilità, di valorizzare i migliori".

Per la professoressa Antonella Cuppari del liceo scientifico "Galileo Ferraris", "la prova di matematica era perfettamente aderente ai programmi ministeriali [*the curriculum established by the Ministry of Education*]. I quesiti, poi, sono un'interessante novità: il compito è sempre molto impegnativo, ma adesso almeno lo è con una maggiore possibilità di scelta". Della prova del liceo scientifico-tecnologico, il preside dell'"Avogadro", Giulio Cesare Rattazzi, osserva: "Era piuttosto impegnativo, ma affrontabile con sicurezza da chi ha svolto compiutamente il piano di studi previsto".

"Molto lunga e articolata la soluzione", dicono i professori Emanuela Camurati e Danilo Marchisio dell'Istg [Istituto tecnico geometri] "Alvar Aalto" delle prove di topografia per geometri. "Ma il tema era sicuramente accessibile: gli argomenti vengono svolti normalmente nel corso dell'ultimo anno". All'ex magistrale "Regina Margherita" il professor Gian Michele Cavallo ha visto gli studenti abbastanza sereni: "Più contenti al linguistico, un po' meno al liceo pedagogico".

ESERCIZI

MAKING SENSE OF THE SELECTION

A Answer the following questions.

1 ☐ What does *classico* refer to here? *Esame, liceo, scuola, istituto*?

2 ☐ What philosopher is responsible for making everyone unhappy?

3 ☐ Is the philosopher alive or dead?

4 ☐ Are they talking about a written test in philosophy or in another subject?

5 ☐ In what language did the philosopher write?

6 ☐ Can you guess what students are asked to do with the passage?

7 ☐ What is the name of the school where students are interviewed?

8 ☐ What is Enrico De Santis' hope?

9 ☐ What is *economia aziendale*? Does that help you understand what *ragioneria* means?

10 ☐ How many students, according to Francesca Barchi, managed to finish the test?

11 ☐ What is Andrea Pino's specialization?

12 ☐ What had he done during the year that helped him to answer the questions?

13 ☐ What subject matter are some students straining over while others are already done?

14 ☐ How many hours did it take students to complete the test?

15 ☐ What did the teachers overseeing the test prevent the students from doing?

16 ☐ What kind of high school is the *Gioberti*?

17 ☐ What are the three reasons why the passage from Epictetus was difficult, according to one teacher?

18 ☐ Does her colleague at another school agree?

19 ☐ What topic was covered in Epictetus' passage?

20 ☐ With what other author could a comparison be drawn?

21 ☐ What does Professor Antonella Cuppari find interesting about the mathematics exam?

22 ☐ What kind of school is the *Avogadro*?

23 ☐ What were *geometri* tested on?

24 ☐ What subjects are studied at *Regina Margherita* high school?

THE VOCABULARY OF CURRICULUM

B Give the Italian equivalent of the following academic subjects.

Accounting	Education	Latin
Ancient Greek	Engineering	Law
Anthropology	Environmental sciences	Mathematics
Architecture	Foreign languages	Mechanical engineering
Art	German	Modern Greek
Astronomy	Graphic design	Pedagogy
Botany	History	Philosophy
Business administration	History of art	Sciences
Cartography	Humanities	Social sciences
Drawing	Industrial design	Sociology
Econometrics	Informatics	Urban planning
Economics	Italian	

WORD FORMATION AND PROFESSIONS

Many of the Italian nouns in Exercise B may be used to form the noun denoting the professional in that field. In addition, adjectives and verbs may be formed from some of these nouns.

filosofia	*il filosofo/la filosofa*	*filosofico*	*filosofare/filosofeggiare*
philosophy	philosopher	philosophical	to philosophize

ingegneria	*l(o)'ingegnere*
engineering	engineer

amministrazione	*l(o)'amministratore*	*amministrativo*
administration	administrator	administrative

latino	*il/la latinista*
Latin	Latin scholar

C Form nouns and, where possible, adjectives from the academic subjects below.

		NOUN	ADJECTIVE
1	*antropologia*	_____	_____
2	*ragioneria*	_____	
3	*linguistica*	_____	_____
4	*scienze*	_____	_____
5	*architettura*	_____	_____

THE VOCABULARY OF WRITING AND TRANSLATING

D Give the English equivalent of the following words. True cognates appear in bold type; beware of *falsi amici*.

*l(o)'**argomento***	*il traduttore*	*il **problema***
il soggetto	*la traduzione*	*la **soluzione***
*l(o)'**autore***	*l(a)'**interpretazione***	***risolvere***
*il **tema***	*l(o/a)'**interprete***	*la **simulazione***
il riassunto	*il confronto*	***simulare***
il brano	*paragonare*	*la **versione***

E Complete the following sentences.

1 *Il tema di lingua e letteratura italiana alla* _____ *era intitolato*
graduation
"La rivoluzione industriale e le sue contraddizioni".

2 *Perché ti lamenti? Quando andavo io al liceo dovevamo fare la*
_____ *dal greco in latino.*
translation

3 *La profia ha scelto un* _____ *di Cicerone che sembrava scritto*
  passage
da Seneca.

4 *La professoressa è state grande all'*_____*! Mi ha chiesto di*
  oral examination
parlare di quello che volevo io.

5 *Chiedere agli studenti di paragonare due autori potrebbe essere*

*un'*_____ *interessante.*
  innovation

6 *Ha scritto il libro in inglese, poi ha deciso di farsi lui la* _____
  translate
per la versione in francese.

7 *Puoi scrivere un* _____ *della sua relazione? È troppo lunga*
  summary
così com'è.

8 *Mi sono divertito molto alla* _____ *a computer di una seduta*
  simulation
del Consiglio di Sicurezza dell'ONU.

La matematica in rima

Gianni Rodari, whose poem "Torino" is the first selection in this book, wrote poems to help children learn handwriting, arithmetic, Italian, and other skills. These poems, many of which are collected in his *Filastrocche per tutto l'anno*, appeal to children's sense of humor so that they have fun as they learn.

L'ama

C'era una volta una povera *ama*,
per essere una *lama* intera,
una vera *lama* di coltello,
le mancava la *elle*:
gliel'aveva rubata
un apostrofo pirata.

La poverina non tagliava più
né la carne cruda
né la carne cotta:
non tagliava nemmeno la ricotta.

In fondo al cassetto deperiva,
e del mal della ruggine pativa.

Per fortuna la scoprì un arrotino
che da bambino
aveva studiato bene l'ortografia:
le ridiede la *elle*, l'affilò
e per il mondo la rimandò
col suo coltello
a tagliare questo e quello.

Dunque voi state attenti, per piacere:
lasciatele la sue *elle*, o per vendetta
è capace di tagliarvi
qualche falangetta.

All poems in this selection are from Gianni Rodari, *Filastrocche per tutto l'anno,* Editori Riuniti, 1986.

ESERCIZI

MAKING SENSE OF THE POEM

A Answer the following questions.

1 ☐ Who stole the *lama's* "l"?

2 ☐ What could she no longer do?

3 ☐ Who rescued her?

4 ☐ What subject did the rescuer do well in as a child?

5 ☐ What may the *lama* do if another student tries to take away its "l"?

THE DIFFERENCE AN APOSTROPHE MAKES

B In the following sentences, the words in bold type may have one meaning as a whole word and another meaning if the first letter is an article shortened before a vowel and separated from the rest of the word by an apostrophe. Using context, rewrite the word (with an apostrophe if required), then write the English meaning of the word in the space provided.

1 *Ha imparato a usare* **lago** *quando aveva 7 anni.*

_____ , _____

2 **Labile** *capitano li portò tutti in salvo.* _____ , _____

3 *Mio figlio non si ricorda mai di mettere* **lacca** *dove va messa nel verbo avere.*

_____ , _____

4 *Laptop si scrive con* **la**. _____ , _____

5 **Lacero** *canadese è un albero bellissimo.* _____ , _____

6 **Lama** *molto, forse troppo.* _____ , _____

7 **Lambire** *a grandi cose è un'aspirazione legittima di ogni persona.*

_____ , _____

8 *Ha fatto molta fatica a imparare a usare* **lancia**.

_____ , _____

9 **Lancia**, *giavellotto, peso? Non so proprio decidermi.*

_____ , _____

10 **Ledere** *sono di tanti tipi, ma io penso che su quel muro starebbe bene quella inglese.* _____ , _____

11 **Lira** *che provava era talmente profonda che non riusciva nemmeno a parlare.*

_____ , _____

12 *Chi ha comprato **loro** ha fatto un buon affare.*

   _____ , _____

13 *Non credo che **lotto** sia il numero giusto.*

   _____ , _____

14 *Sono tutte e due di buona qualità. Non è facile scegliere tra **luna** e l'altra.*

   _____ , _____

Tragedia di un Dieci

Fuggiva un giorno un Dieci,
pieno di trepidazione,
inseguito da un nemico
mortale: la Sottrazione!

Il poverino è raggiunto,
crudelmente mutilato:
ben due unità ha perduto,
un Otto è diventato.

Dalla padella cascando
nella brace, ecco qua,
incappa nella Divisione
che lo taglia a metà.

Ora è un misero Quattro,
malvisto dagli scolari.
— Consòlati — gli dicono —
sei sempre un numero pari...

— C'è poco da consolarsi
la mia sorte è ben dura.
O incontro un'Addizione
o sarà... la bocciatura.

ESERCIZIO

MAKING SENSE OF THE POEM

C Answer the following questions.

1 ☐ Who is running after Mr. Ten?

2 ☐ What number does Ten become after Subtraction catches up with him?

3 ☐ When he falls from the pan into the fire, whom does he meet?

4 ☐ What is the only good thing about being a four?

5 ☐ What operation is performed at the end of the poem?

Avanti, march!

— Numeri, avanti march!
Si va a fare l'addizione.
Attenti a stare in colonna,
o succede una confusione.

Unità sotto unità,
decine sotto decine:
mantenere l'allineamento
dal principio alla fine.

Il caporal Scolaro
con le cifre ha spesso dei guai:
fanno presto a sbandarsi,
se appena ti distrai.

Una esce dal quadretto,
un'altra la fila sbaglia...
Il totale va a gambe all'aria:
addio dieci, addio medaglia!

— Vediamo, tutti a posto?
Laggiù, fatevi sotto.
Comincia l'operazione...
Scrivo uno e porto otto...

ESERCIZIO

MAKING SENSE OF THE POEM

D Answer the following questions.

1 ☐ What happens if the numbers do not line up in columns?

2 ☐ What mistakes does Corporal Pupil often make?

3 ☐ What happens to the sum if the numbers don't stay in their places?

4 ☐ What grade must a student get to be awarded a prize?

5 ☐ What operation can save poor number ten?

Lamento decimale

A destra della virgola,
cagion dei nostri mali,
noi siamo, ahi tristi, ahi misere,
le cifre decimali.

Numeri? Noi siam polvere,
Se in mille ci mettiamo
una sull'altra, è inutile,
l'unità non tocchiamo.

Della tribù aritmetica,
sì numerosa e varia,
siam certo i più poveri,
trattati come *paria*.

Centinaia, Decine
ci tengono a distanza:
— Quelli? Rottami, briciole,
cocci, roba che avanza....

Se uno scolar pietoso
la virgola cancella
salva noi, però in cambio
si gioca la pagella...

ESERCIZI

MAKING SENSE OF THE POEM

E Answer the following questions.

1 ☐ Where are the decimals positioned?

2 ☐ What does the comma do to them?

3 ☐ What is their status in the *tribù aritmetica*?

4 ☐ How are decimals treated?

5 ☐ What do tens and hundreds think of them?

6 ☐ If a pupil erases the comma out of compassion, what happens to him?
(Remember that Italian uses a comma for the decimal point.)

THE VOCABULARY OF MATHEMATICS

F Give the English equivalent of the following expressions. True cognates
appear in bold type; beware of *falsi amici.*

la **matematica**   la **geometria**
l(a)'**aritmetica**   l(a)'**algebra**

la **trigonometria**	i millesimi
l(a)'analisi **infinitesimale**	le quattro **operazioni**
il **numero**	l(a)'**addizione**
pari	1 + (più) 1 fa 2; 8 e 8 fa 16
dispari	addizionare 3 a 5
la cifra	il **totale**
i **numeri** interi	la sottrazione
le **unità**	5 − (meno) 3 fa 2; 88 − 25 fa 63
le decine	sottrarre 8 da 19
le centinaia	la **moltiplicazione**
le migliaia	3 × (per) 3 fa 9; 15 × 10 fa 150
i **milioni**	**moltiplicare** 4 per 4
i miliardi	la **divisione**
i **bilioni**	6 : 3 (diviso) fa 2; 24 : 3 fa 8
i **trilioni**	**dividere** 13 per 4; scrivere 3 e riportare 1
il punto	incolonnare i **numeri**/le cifre/mettere i
la virgola	**numeri** in colonna
i **decimali**	la tavola pitagorica
i decimi	la tabellina
i centesimi	

G Using words and expressions from exercise F, complete the following sentences.

1 *La matematica include tutte le discipline che studiano i numeri e le figure geometriche, come: l'_____, la _____, l'_____ e l'_____.*

2 *Ai bambini si insegnano prima di tutto le _____ dell'aritmetica: l'_____, la _____, la _____ e la _____.*

3 *Con i numeri romani non si possono mettere i _____.*

4 *Per mettere i numeri in colonna bisogna allineare le _____ sotto le _____, le _____ sotto le _____, le _____ sotto le _____, ecc.*

5 *Il _____ separa le migliaia, mentre la _____ separa i numeri _____ dalle cifre _____.*

6 *Hai imparato la _____ del 3? Dai, proviamo: 3, 6, 9, 12, 15,...*

7 *Mia sorella ha già imparato tutta la _____, fino alla tabellina del 12.*

Numeri sottozero

I numeri sottozero
sono molto importanti,
ma bisogna toccarli
solamente con i guanti:

freddi, gelati, carichi
di neve e di ghiaccio,
sono numeri frigorifero...
Però a me non dispiacciono.

Se non ci fossero loro
non si andrebbe più a sciare
la slitta sarebbe inutile,
vietato pattinare.

Lo so, è triste la neve
per chi non ha un cappotto,
quando il mercurio scende,
tocca lo zero e va sotto.

Quei numeri sarebbero
dunque cattivi e brutti?
Ma no, ma via: piuttosto,
diamo un cappotto a tutti.

ESERCIZI

MAKING SENSE OF THE POEM

H Answer the following questions.

1 ☐ What should one use to touch the numbers below zero?

2 ☐ Does zero here refer to zero Fahrenheit?

3 ☐ We would be unable to do at least three fun things without negative (*sottozero*) numbers; what are they?

4 ☐ Who is unhappy when it snows?

5 ☐ If we don't want to get rid of negative (*sottozero*) numbers, what can we do for the ones who are cold?

THE VOCABULARY OF CLIMATE

I Give the English equivalent of the following words and phrases. True cognates appear in bold type; beware of *falsi amici* like *tempo* and *estate*.

il tempo	il clima	l(a)'estate
il bel tempo	la **temperatura**	l(o)'**autunno**
il brutto tempo	la primavera	l(o)'inverno

il caldo	la **brezza**	la **tempesta**
il freddo	il vento	la burrasca
la rugiada	la foschia	il **tornado**
la brina	la nebbia	la tromba d'aria
il gelo	l(a)'afa	la tromba d'acqua
la pioggia	il tuono	il tifone
il rovescio di pioggia	il fulmine	l'arcobaleno
la grandine	il temporale	
la neve	la bufera	

J Complete the following sentences by choosing the correct item from the lettered list below. No. 1 has more than one correct answer.

1 _____ *Il tempo può essere _____.*

2 _____ *La temperatura varia da _____ a sotto zero.*

3 _____ *Quando fa freddo si sta bene _____, ma quando fa caldo si sta bene _____. Solo le foche e gli orsi polari stanno bene _____. Tutti però ci adattiamo più o meno bene a vivere _____.*

4 _____ *Se piove, ma non forte, si dice che _____, se nevica, ma non nevica forte si dice che _____; e quando c'è un vento leggero si dice che _____.*

5 _____ *Il lago è gelato, vuol dire che la temperatura è _____.*

6 _____ *Il cadere della neve si chiama _____, mentre se tira molto vento si dice che c'è una _____, e se di notte si forma la brina al mattino ci sarà una _____.*

7 _____ *Il termometro è andato sopra zero, vuol dire che tra poco comincerà il _____.*

8 _____ *Il clima della terra varia da _____ a _____.*

9 _____ *Stai attento alla strada: è ancora più scivolosa quando, invece della neve, viene giù solo un po' di _____, o invece della pioggia viene giù una _____ fine fine.*

a *il disgelo*
b *sopra zero*
c *nuvoloso, coperto, variabile, soleggiato, ventilato, ventoso, piovoso, nevoso, nebbioso*
d *il nevischio, la pioggerellina, la nebbiolina, il solicello, il venticello*
e *temperato, continentale, arido, desertico, tropicale, equatoriale, polare*
f *al caldo, al fresco, al freddo, al gelo*
g *freschino, fresco, freddo, freddissimo, gelido, polare*

h *sotto zero*
i *caldino, calduccio, caldo, caldissimo, afoso, torrido*
j *piovere, piovigginare, diluviare, nevicare, nevischiare, fare/tirare vento, tirare la brezza*
k *il piovasco, il rovescio di pioggia, la pioggia, la nevicata, la grandinata, la bufera di vento, il diluvio, la brinata, la gelata*

IDIOMATIC EXPRESSIONS AND PROVERBS
About the weather

Aprile, ogni goccia un barile.	April showers bring May flowers. (*lit.*, April, every day a barrel (of rain).)
Cielo a pecorelle, acqua a catinelle.	Fleecy clouds mean heavy rain.
Fa bello.	It's a beautiful day.
Fa brutto.	The weather is bad.
Fa sole.	It's sunny.
Fa un freddo cane.	The weather is awfully cold.
i giorni della merla	the coldest days of the year (usually in January) (*lit.*, the days of the blackbirds)
il solleone	the dog days of summer
l'estate di San Martino	Indian summer
Piove acqua a catinelle./Viene giù come Dio la manda.	It's raining cats and dogs.
Tempo da lupi!	Foul weather!
Una rondine non fa primavera.	One swallow does not make a summer.
Marzo pazzerello, vedi il sole, prendi l'ombrello. Aprile non ti scoprire.	Crazy March, the sun is out, but don't forget your umbrella. It's only April, don't take off too many clothes.
Maggio vai adagio. Giugno allarga il pugno.	May, better be prudent. June, you can let it go.

Using weather words

andare col vento in poppa	to have smooth sailing
avere la testa fra le nuvole	to have one's head in the clouds
cadere dalle nuvole	to be completely taken by surprise
camminare sulle nuvolette	to be on cloud nine
Chi semina vento raccoglie tempesta.	You reap what you sow.
come un fulmine	at breakneck speed
con questi chiari di luna	in these hard times
darsi al bel tempo	to take it easy
diventare di gelo/ghiaccio	to freeze (out of fear or embarrassment)
Fulmini e saette!	Holy cow!
Non mi fa né caldo né freddo.	I couldn't care less.
parlare al vento	to waste one's breath
perdere la tramontana	to lose one's bearings
perdersi in un bicchier d'acqua	to be unable to cope with the slightest problem
Piove, governo ladro!	It's raining; this too is the government's fault!
Piove sul bagnato.	When it rains, it pours.
rompere il ghiaccio	to break the ice
sentirsi gelare il sangue	to feel one's blood run cold
un fulmine a ciel sereno	a bolt from the blue
una tempesta in un bicchier d'acqua	a tempest in a teapot

La gatta

Mario Lodi is a well-known schoolteacher and educator. Born in 1922, he was active in the antifascist movement during the Mussolini dictatorship and later became a schoolteacher near Cremona. He worked with other progressive teachers in the *Movimento di cooperazione educativa,* emphasizing the active and personal participation of children in learning. In addition to teaching, Lodi has devoted himself to collecting artifacts of popular culture, such as puppets and songs. In the 1950s he began to publish books about his experiences and ideas. His collection of 5,000 catalogued short stories written by children from all over Italy was published in 1980. In 1989 Lodi won the "Lego" international prize, awarded to people and institutions that have made an exceptional contribution to children's quality of life. In recent years he has assembled art exhibits and other shows intended for the scientific explorations of children.

The following selection is a story written by children in an elementary school in the region of *le Marche.*

Caro Mario Lodi...

Montecarotto, 15-02-2001

Gentilissimo Mario Lodi

Siamo 10 alunni di classe seconda elementare; la maestra ci ha letto in classe la lettera nella quale invitavi i bambini ad inventare una storia per scoprire dove fosse andata a finire la tua micia scomparsa.

Siccome noi ti conosciamo bene e siamo tuoi "ammiratori" abbiamo pensato di inventare una piccola storia su MACCHIOLINA: è così che abbiamo chiamato la tua micia scomparsa.

Speriamo che la nostra storia ti piaccia e che... si avveri.

Aspettiamo una risposta alla nostra lettera.

Tanti saluti,
Le insegnanti Donatella ed Elena e tutti gli alunni

Dove sta la gatta Macchiolina?

C'è in un paese una piccola casa; lì ci vive uno scrittore molto bravo e un maestro eccezionale: MARIO LODI.

Lui ha una simpatica e affettuosa micia che sia chiama Macchiolina.

La casa di questo scrittore è molto bella e accogliente; in cucina c'è il cesto dove dorme la sua gattina e dentro il cesto c'è una coperta molto carina perché c'è disegnata una gattina bianca e nera.

---

www.cadnet.marche.it/tamtam.

Macchiolina è una gattina bianca e nera; è tanto simpatica e cicciotella perché è golosona di dolcetti. Alla sera, quando torna dalle passeggiate, si mette sopra il divano vicina a Mario Lodi e fa le fusa; è molto affettuosa!

Più tardi, quando il suo padrone va a dormire, Macchiolina lo segue e quando il padrone spegne la luce lei si infila sotto le coperte.

Un giorno Macchiolina, la gatta di Mario Lodi, uscì dal recinto come faceva certe volte; alla sera Macchiolina non era ancora tornata. Il suo padrone si ripeteva sempre: "Quando torna Macchiolina?!" e cominciò a essere preoccupato.

Allora, in camicia da notte e con la vestaglia uscì dalla sua casa per andare a cercarla.

Andò a cercarla dappertutto: nel parco, tra la spazzatura, nell'orto e sopra gli alberi.

Nessuna traccia: Macchiolina non si trovava.

Cosa le sarà successo?

Risolviamo il mistero!

Un giorno Macchiolina era andata via da sola; era mercoledì e aveva deciso di fare una passeggiata, ma c'era un problema: il cancello chiuso.

Passava di lì un gattone cicciotello, tutto grigio.

A Macchiolina piacevano i gatti come lui perché era anche lei un po' cicciotella. Il gattone con la sua forza saltò e aprì il cancello. I due mici andarono nel "club dei gatti"; si baciarono e alla fine si innamorarono. Tutti e due andarono a trovarsi una casa e la trovarono: era una cuccia, lontana da casa di Mario Lodi.

Dopo venti giorni lei si sentì male e il gattone andò a cercare aiuto; quanto tornò vide la gatta con due gattini; era nata la famiglia di Macchiolina!

Ancora oggi Mario Lodi cerca la sua micia scomparsa: finché non la troverà non si darà pace e sarà molto preoccupato.

Noi vogliamo dirgli: "Non ti preoccupare! Lei sta bene e tornerà con la sua famiglia, ti pensa sempre e forse un giorno tornerà a casa con i gattini e il fidanzato".

(Gli alunni della classe seconda)

ESERCIZI

MAKING SENSE OF THE SELECTION

A   Answer the following questions.

1   ☐ Who is writing to Mario Lodi?

2   ☐ What is the date of their letter?

3   ☐ In what grade are they?

4   ☐ What does *Macchiolina* mean?

5   ☐ Who suggested that they write to Mario Lodi?

6   ☐ What happened to his cat?

7   ☐ Is his cat male or female?

8   ☐ Does Mario Lodi live in a large or a small house?

9   ☐ What does he do for a living?

10   ☐ Where does Macchiolina sleep?

11   ☐ What is drawn on her little blanket?

12   ☐ What features do the blanket and the cat share?

13   ☐ Is she a thin or a plump cat?

14   ☐ What does she like to eat?

15   ☐ What does she do when she comes home?

16   ☐ What does she do after Mario Lodi has turned off the lights and gone to bed?

17   ☐ What happened one day?

18   ☐ What was Mario Lodi's reaction?

19   ☐ What was he wearing when he walked out of the house looking for her?

20   ☐ He looked for her in four places in particular; what were they?

21   ☐ Who will solve the mystery of Macchiolina's disappearance?

22   ☐ Who helped her open the gate?

23   ☐ What color was the cat who helped her?

24   ☐ Where did the two cats go?

25   ☐ What happened to them?

26   ☐ Did they settle in a place close to Mario Lodi?

27   ☐ What happened after twenty days?

28   ☐ If she ever returns, whom will she bring with her?

THE VOCABULARY OF CATS

B Give the English equivalent of the following words and phrases. True cognates appear in bold type; beware of *falsi amici* like *coda* and *fusa*.

i **felini**

il gatto

la gatta

i gattini

la nidiata

la **tigre**

i tigrotti

il **leone**

la **leonessa**

i leoncini

il **leopardo**

la **pantera**

il gatto di montagna

il gattopardo

il muso

le zampe

la coda

le vibrisse

tigrato/soriano

persiano

siamese

rosso

addomesticare (animals whose behavior has been modified through breeding (e.g., cats and dogs))

addomesticare (animals that can be trained but whose behavior has not been modified through breeding (e.g., lions and tigers))

acchiappare/prendere i topi

fare le fusa

accoccolarsi

castrare

leccarsi i baffi

lavarsi il muso

farsi le unghie

evirato resa **infertile**

fedele

indipendente

elegante

nobile

domestico

selvatico

divinità

C Using expressions from Exercise B, complete the following sentences.

1 I _____ sono una grande famiglia del regno animale, che comprende tanto il gatto _____ quanto la _____ siberiana.

2 Il gatto è stato _____ molti secoli fa e da allora è stato un compagno _____ dell'uomo, pur restando molto

_____.

3 In molte civiltà, per esempio quella egiziana, il gatto è stato adorato come una _____.

4 I gatti _____ sono bellissimi, ma hanno un temperamento molto imprevedibile.

5 Il gatto _____ è probabilmente il tipo più comune.

6 *In una sua poesia T.S. Eliot spiega che ogni _____ ha tre nomi: quello ufficiale, quello che viene usato nella vita di tutti i giorni, e quello che conosce solo il _____.*

7 *Il gatto è un animale domestico che, al contrario del cane, ha mantenuto un che di _____.*

8 *La mia _____ ha solo sei mesi, ma prende già i _____.*

9 *La mia gatta ha avuto sei _____.*

10 *Tra i gattini dell'ultima _____ c'era un bel miscuglio di specie: _____, _____ e _____.*

11 *Povero gatto! Viviamo in città, è per quello che abbiamo dovuto farlo _____.*

12 *La mia gatta si _____ in un angolo della cucina, e il prosciutto che avevo lasciato sul tavolo era sparito!*

13 *In effetti, i baffi dei gatti sono una specie di sonar, e si chiamano _____.*

14 *La mia gatta è un tipo del tutto particolare che _____ tutte le volte che accendo la televisione!*

15 *Ha dovuto mettere via tutti i suoi cuscini di seta indiana, perché i gatti li usavano per _____.*

16 *In italiano diciamo che il gatto di casa e il leone che lavora nel circo sono stati "_____", ma a dire il vero il secondo non è mai diventato un animale domestico.*

17 *Non è che il _____ faccia molto nella vita, il grosso del lavoro lo fa la _____.*

18 *Giuseppe Tomasi di Lampedusa ha scritto un romanzo molto bello che si intitola "Il _____".*

NARRATIVE TENSES

The short story about *Macchiolina* is a simple but effective example of narration and the use of tenses. The background for the story is in the present tense.

Macchiolina è una gattina bianca e nera.	Macchiolina is a white and black kitten.

Then, when the action begins, the writers switch to the imperfect and past definite tenses.

Il suo padrone si ripeteva sempre: "Quando torna Macchiolina?!" e cominciò a essere preoccupato.	Her owner kept repeating to himself, "When will Macchiolina return?" and he began to get worried.

Italian and English differ in how they use some tenses.

- Italian uses the simple present tense for a wide range of English tense uses.

*"Dove **vai**?" "**Vado** al mercato."*	"Where **are you going**?" "**I'm going** to the market."
*Di professione **fa** il giocatore di baseball.*	He **is** a professional baseball player.
*Mariano **aspetta** da dieci minuti.*	Mariano **has been waiting** for ten minutes.

Italian also has a present continuous tense formed from the present tense of *stare* and a gerund.

*Tua figlia **sta mangiando** un gelato.*	Your daughter **is eating** an ice cream.

- Italian distinguishes between the imperfect (*imperfetto*) and past definite (*passato remoto*) tenses. The imperfect tense indicates continuous action in the past.

*Quand'**ero** giovane, **passavo** l'estate giocando a tennis.*	When I **was** young, I **spent** my summers playing tennis.

The past definite tense indicates a definite action in the past.

***Vidi** il Vesuvio quando avevo dieci anni.*	I **saw** Vesuvius when I was ten.

Vidi is past definite because the person saw Vesuvius at one particular time; *avevo* is imperfect because the person was ten years old over a period of time.

- In addition to the past definite tense, Italian has a present perfect (*passato prossimo*) tense. Tuscan, central, and southern Italian use the past definite tense for any action that is over and done with, even if it took place in the immediate past.

Tornai dal mercato dieci minuti fa.   I **came back** from the market ten minutes ago.

Northern Italian uses the present perfect tense for most past actions. It reserves the past definite tense for historical narrative and single events in the past.

Siamo andati in vacanza in Grecia due anni fa.   **We went** on vacation to Greece two years ago.

Nelson **sconfisse** Napoleone a Trafalgar.   Nelson **defeated** Napoleon at Trafalgar.

Of course, narratives may use any tense, but the past definite is the tense most frequently used in narrative writing.

D In the following account, the verbs are all in the present tense. Set the story in the past, choosing among the imperfect, present perfect, past definite, and past perfect tenses.

(1. **Arrivo**) _____ alla casa dello scrittore e pedagogo

Mario Lodi verso le tre del pomeriggio. La casa (2. **è**) _____

piccola, ma bella ed accogliente. Accoccolata dietro al cancello chiuso

(3. **c'è**) _____ una gattina bianca e nera, che, non

(4. **c'è**) _____ dubbio, (5. **viene nutrita**) _____

bene dal suo padrone. La gatta si (6. **solleva**) _____ sulle

quattro zampe, (7. **fa**) _____ un giro intorno alle mie gambe e

poi si (8. **struscia**) _____ contro una zampa dei pantaloni.

(9. **Fa**) _____ un bel miao e mi (10. **guarda**) _____

da sotto in su. Non (11. **è**) _____ certo una gatta molto... felina!

Se (12. **rimango qui**) _____ altri dieci secondi si

(13. **metterà**) _____ a fare le fusa.

     Mi (14. **avvio**) _____ verso la porta di casa.

(15. **Sto**) _____ per bussare quando da dietro l'angolo

(16. **spunta**) _____ un gatto, un maschio di sicuro, un soriano

bene in carne che (17. **ha**) _____ l'aria un po' più feroce della

micetta.

     Mario Lodi, che mi (18. **ha visto**) _____ arrivare

dalla finestra, (19. **spalanca**) _____ la porta e mi

(20. **accoglie**) _____ sorridendo: "Vieni, vieni, non lasciarti

impressionare dai miei gatti! — mi (21. **dice**) _____ — Ormai *sono loro i padroni. Quella signorina, signora, pardon, tre mesi fa scappa.*

La cerco dappertutto, ma non riesco proprio a trovarla. E proprio quando

sto per mettermi l'animo in pace, quella ricompare con il signor Gatto

e i gattini al seguito. Eccoli lì!" E, guidandomi verso la cucina, mi

*(22. **fa**) _____ vedere una bella cesta con una copertina bianca*

e nera e cinque gattini vispi e sani. "Me la ritrovano dei bambini di seconda

*elementare, — (23. **continua**) _____ — che poi fanno finta di*

inventare una storia sulla sua scomparsa, sul suo innamoramento, la famiglia

ed il ritorno a casa. La prossima volta che scappa, non lo dico più a nessuno!"

    *Ma mentre (24. **dice**) _____ così*

*(25. **accarezza**) _____ dolcemente i cinque gattini*

semiaddormentati.

IDIOMATIC EXPRESSIONS AND PROVERBS WITH *GATTA*

avere altre gatte da pelare	to have other fish to fry
dare a qualcuno una bella gatta da pelare	to give someone a headache (*fig.*)
essere in quattro gatti	to be a lonely bunch
fare la gatta morta	to feign indifference
Quando il gatto non c'è i topi ballano.	When the cat's away, the mice will play.
Qui gatta ci cova!	There's something fishy going on!
Tanto va la gatta al lardo che ci lascia lo zampino.	The pitcher went to the well once too often.

Lessico famigliare

In 1963 Natalia Ginzburg published *Lessico famigliare,* an affectionate, unvarnished account of family life in an antifascist Jewish family in Turin before and after World War II. The book, part auto- and family biography, part novel, was an instant success and remains so to this day. This section is devoted to family dynamics, so central to Italian society and the Italian psyche. The selections are enriching and call somewhat into question the exaggerated image of Italians huddled around a powerful and overindulgent *mamma*.

Una città famigliare

Guido Gozzano lived and wrote in Turin at the beginning of the twentieth century. Suffering from depression, he felt a profound inability to live life fully and to break through the confines of the civilized but stifling bourgeois class into which he had been born and which constituted his social milieu. His poetry is deliberately antiheroic, subtle, and low-key, in contrast to some of the most popular poets of the period, especially Gabriele D'Annunzio. Gozzano played an important role in modernizing Italian and making everyday language a vehicle for poetry. He was deeply attached to his city, Turin, which is, in some ways, his extended family, as the selection reproduced here shows.

Torino

Quante volte tra i fiori, in terre gaie,
sul mare, tra il cordame dei velieri,
sognavo le tue nevi, i tigli neri,
le dritte vie corrusche° di rotaie,
l'arguta grazia delle tue crestaie,°
o città favorevole ai piaceri!

E quante volte già, nelle mie notti
d'esilio, resupino° a cielo aperto,
sognavo sere torinesi, certo
ambiente caro a me, certi salotti
beoti° assai, pettegoli, bigotti
come ai tempi del buon Re Carlo Alberto°...
[...]

Come una stampa antica bavarese
vedo al tramonto il cielo subalpino°...
Da Palazzo Madama al Valentino
ardono l'Alpi tra le nubi accese...
È questa l'ora *antica* torinese,
è questa l'ora *vera* di Torino...
[...]

Guido Gozzano, "Torino," *I colloqui,* 1911.
corrusche grooved by streetcar tracks   **crestaie** maids wearing starched caps
resupino *supino* supine   **beoti** Boeotian (dull and ignorant)
Re Carlo Alberto king of Piedmont and Sardinia from 1831 to 1849
subalpino the southern side of the Alps

Un po' vecchiotta, provinciale, fresca
tuttavia d'un tal garbo parigino,
in te ritrovo me stesso bambino,
ritrovo la mia grazia fanciullesca
e mi sei cara come la mia fantesca
che m'ha veduto nascere, o Torino!

Tu m'hai veduto nascere, indulgesti
ai sogni del fanciullo trasognato:
tutto me stesso, tutto il mio passato
i miei ricordi più teneri e mesti
dormono in te, sepolti come vesti
sepolte in un armadio canforato.°

L'infanzia remotissima... la scuola...
la pubertà... la giovinezza accesa...
i pochi amori pallidi... l'attesa
delusa... il tedio che non ha parola...
la Morte e la mia Musa con sé sola,°
sdegnosa, taciturna ed incompresa.

Ch'io perseguendo mie chimere vane
pur t'abbandoni e cerchi altro soggiorno,°
ch'io pellegrini verso il Mezzogiorno
a belle terre tiepide lontane,
la metà di me stesso in te rimane
e mi ritrovo ad ogni mio ritorno.

A te ritorno quando si rabbuia
il cuor deluso da mondani fasti.
Tu mi consoli, tu che mi foggiasti
quest'anima borghese e chiara e buia
dove ride e singhiozza il tuo Gianduia°
che teme gli orizzonti troppo vasti...

---

canforato filled with mothballs   **con sé sola** all alone with herself
Ch'io... soggiorno No matter where I find myself journeying in pursuit of
my chimeras   **Gianduia** the Turinese mask at Carnival

ESERCIZI

MAKING SENSE OF THE POEM

A Answer the following questions. You can mark your progress in understanding the poem by using the check boxes provided.

1 ☐ In the poem Gozzano compares four things that remind him of his travels abroad with four things that remind him of his city. What are they?

2 ☐ Is the city of his birth uptight or fun-loving?

3 ☐ In the second verse, Gozzano compares two similar moments, one when he is far away, the other when he is back home. What time of day is it?

4 ☐ He misses the local *salons*, but are they described as brilliant and cosmopolitan or dull and narrow-minded?

5 ☐ What is Turin's natural setting? What surrounds it—a lake, mountains, the sea?

6 ☐ What is the best time of day in Turin?

7 ☐ Turin is described as old, small, and provincial. What is its saving grace?

8 ☐ What important European city does it bring to mind?

9 ☐ One person is as dear to Gozzano as the city. Who?

10 ☐ What did the city do for the poet?

11 ☐ What phases of his life does he quickly recall?

12 ☐ What is the relationship between his Muse and the world?

13 ☐ What is Gozzano chasing after when he travels far away?

14 ☐ Where do his travels take him?

15 ☐ Does he take all of himself with him when he travels?

16 ☐ Whom does he find when he returns home?

17 ☐ When does he feel it is time to return?

18 ☐ What are the main characteristics of Gozzano's soul?

19 ☐ What is Gianduia afraid of?

THE VOCABULARY OF PLACE AND TIME

B Give the English equivalent of the following expressions. True cognates appear in bold type; beware of *falsi amici*.

Nouns

la terra	*l(a)'alba*	*la notte*	*la rotaia*
il mare	*il giorno*	*l(a)'ora*	*il tram*
il cielo	*il tramonto*	*la **città***	
il tiglio	*il crepuscolo*	*la via*	
*l'**orizzonte***	*la sera*	*il viale*	

Adjectives

diritto	**provinciale**	vecchiotto	lontano
bello	grazioso	gaio	buio
tiepido	**vasto**	aperto	chiaro

Verbs

sognare	ardere	viaggiare
vedere	**ritornare**	

C Complete the following sentences.

1 *Il poeta ha viaggiato in* _____, *ma non ha mai dimenticato
la sua* _____ *natìa.*

2 *Viaggiando per* _____, *con il* _____ *caldo
del Mezzogiorno, il pensiero va alla sua città, alle* _____ *dei
tram, alle vie* _____.

3 *L'ora di* _____ *è il* _____, *con le Alpi che*
_____ *tra le nubi.*

4 *Il tramonto è il momento tra il* _____ *e la* _____.

5 *Torino è* _____ *e* _____, *ma ha un certo garbo*
_____.

THE VOCABULARY OF AFFECTION AND NOSTALGIA

D Give the English equivalent of the following expressions. True cognates
appear in bold type; beware of *falsi amici.*

Nouns

l(o)'ambiente	il sogno	l(o)'amore	l(o)'esilio
il salotto	il passato	la morte	la **chimera**
la stampa	il ricordo	l(a)'attesa	il cuore
il bambino	l(a)'infanzia	il tedio/la noia	la **musa**
la **grazia**	la **pubertà**	il **ritorno**	la nascita
la fantesca	la giovinezza	l(a)'anima	

Qualifiers

da bambino	deluso	**antico**	**vano**
caro	sdegnoso	vero	mesto
trasognato	borghese	**fresco**	incompreso
tenero	beota	**provinciale**	**taciturno**
remoto	pettegolo	vecchiotto	
pallido	bigotto	fanciullesco	

Verbs

sognare	***indulgere***	*ridere*	*nascere*
ritrovare	*dormire*	*singhiozzare*	*crescere*
ritrovarsi	*seppellire*	*temere*	*morire*
essere caro	**consolare**	*rabbuiarsi*	

E Complete the following sentences.

1 *Il bambino _____ di viaggiare in terre lontane.*

2 *Una _____ sdegnosa, taciturna ed incompresa è l'unica compagna del poeta.*

3 *Anche se è ancora giovane, Gozzano sente che la sua _____ è già _____.*

4 *Torino ha visto la _____ del poeta, ha guardato con indulgenza alla sua natura sognante ed ha conservato i suoi ricordi più _____ e _____.*

5 *Gozzano ricorda la sua giovinezza come una fase di _____, di speranza nel grande amore che non è mai venuto e di _____ indicibile.*

6 *Torino è cara al poeta come la _____ che l'ha visto nascere.*

7 *Nelle sue notti d'_____, il poeta pensa alle _____ passate nei salotti _____, _____ e _____, ma che gli sono così _____.*

8 *È Torino che ha foggiato la sua _____ borghese, _____ e _____ allo stesso tempo.*

9 *Torino (e l'anima di Gozzano) è dove _____ e _____ Gianduia, che teme gli orizzonti troppo vasti.*

10 *Il poeta sente di aver lasciato la _____ in terra lontane e la ritrova solo quando ritorna nella sua città.*

Lessico famigliare

The following selection is taken from the book by Natalia Ginzburg that gives this section its title. It describes the author's family life from her early years, through her youth and marriage, to her adult life in Rome after World War II. Ginzburg's portrait of her parents, brothers, uncles, aunts, and friends is affectionate and funny, despite the tragic historical events taking place while she was growing up: fascism, the world war, and the persecution of Italian Jews. The lives of many people close to her were imperiled after September 1943 because of the German occupation and persecution of the antifascists, her brothers among them. Her husband, Leone Ginzburg, had already died in prison. Set in the intellectual and scientific milieu of bourgeois Turin between the two wars, the book is also a depiction of a Jewish family taking full part in the political and social life of twentieth-century Italy.

Si lamentavano a volte, i miei fratelli e mia madre, perché s'annoiavano in quelle villeggiature in montagna, e in quelle case isolate, dove non avevano svaghi, né compagnie. Io, essendo la più piccola, mi divertivo con poco: e la noia delle villeggiature non la sentivo ancora, in quegli anni.

— Voialtri, — diceva mio padre, — vi annoiate, perché non avete vita interiore.

Un anno eravamo particolarmente senza soldi, e sembrava che dovessimo restare in città l'estate. Fu poi fissata all'ultimo momento una casa, che costava poco, in una frazione d'un paese che si chiamava Saint-Jacques-d'Ajas; una casa senza luce elettrica, coi lumi a petrolio. Doveva essere molto piccola e scomoda, perché mia madre, tutta l'estate, non fece che dire: — Vacca d'una casa! malignazzo d'un Saint-Jacques-d'Ajas! — La nostra risorsa furono certi libri, otto o dieci volumi rilegati in pelle: fascicoli rilegati di non so che settimanale, con sciarade, rebus, e romanzi terrorizzanti. Li aveva prestati a mio fratello Alberto un suo amico, un certo Frinco. Ci nutrimmo dei libri di Frinco per tutta l'estate....

Il nostro ritorno in città, quell'anno, fu segnato da quest'episodio. Dopo un paio d'ore di corriera [*bus*], raggiunta la linea ferroviaria, salimmo in treno e prendemmo posto. D'un tratto ci accorgemmo che tutti i nostri bagagli erano rimasti a terra. Il capotreno, alzando la bandiera, gridò: — Partenza! — Partenza un corno! — fece allora mio padre, con un urlo che echeggiò per tutto il vagone; e il treno non si mosse, finché l'ultimo nostro baule non fu caricato....

Natalia Ginzburg, *Lessico famigliare*, Einaudi, 1963.

Mia madre vedeva le sue amiche: sempre le stesse. A parte la Frances, e alcune altre che eran mogli di amici di mio padre, mia madre le sue amiche se le sceglieva giovani, un bel po' più giovani: giovani signore sposate da poco, e povere: a lor poteva dare consigli, suggerire delle sartine. Le facevano orrore « le vecchie », come lei diceva, alludendo a gente che aveva press'a poco la sua età. Le facevano orrore i ricevimenti. Se una delle sue anziane conoscenze le mandava a dire che sarebbe venuta a farle visita, era presa dal panico. — Allora oggi non potrò andare a spasso! — diceva disperata. Quelle amiche giovani, invece, poteva tirarsele dietro a spasso, o al cinematografo; erano maneggevoli e disponibili, e pronte a mantenere con lei un rapporto senza cerimonie; e se avevano bambini piccoli, meglio, perché lei amava molto i bambini. Accadeva a volte che il pomeriggio, queste amiche venissero a trovarla tutte insieme. Le amiche di mia madre si chiamavano, nel linguaggio di mio padre, « le babe » [*old women*]. Quando s'avvicinava l'ora di cena, dal suo studio, mio padre urlava a gran voce: — Lidia! Lidia! Sono andate via tutte quelle babe? — Allora si vedeva l'ultima baba, sgomenta, scivolare nel corridoio e sgusciare via dalla porta; quelle giovani amiche di mia madre avevano tutte, di mio padre, una gran paura. A cena, mio padre diceva a mia madre: — Non ti sei stufata di babare [*hang around with old women*]? Non ti sei stufata di ciaciare [cianciare]?...

Mio padre, quando si sposò, lavorava a Firenze nella clinica d'uno zio di mia madre, che era soprannominato « il Demente » perché era medico dei matti. Il Demente era, in verità, un uomo di grande intelligenza, colto e ironico; e non so se abbia mai saputo di essere chiamato, in famiglia, così. Mia madre conobbe, in casa della mia nonna paterna, la varia corte delle Margherite e delle Regine, cugine e zie di mio padre; e anche la famosa Vandea, ancora viva in quegli anni. Quanto al nonno Parente, era morto da tempo; e così pure sua moglie, la nonna Dolcetta, e il loro servitore, che era Bepo fachin. Della nonna Dolcetta, si sapeva che era piccola e grassa, come una palla; e che faceva sempre indigestione, perché mangiava troppo. Stava male, vomitava e si metteva a letto; ma dopo un poco la trovavano che mangiava un uovo: — Il xè [È, *in the dialect of Trieste, the family's city of origin*] fresco, — diceva per giustificarsi.

Avevano, il nonno Parente e la nonna Dolcetta, una figlia, chiamata Rosina. A questa Rosina le morì il marito, lasciandola con bambini piccoli e pochi denari. Tornò, allora, nella casa paterna. E il giorno dopo ch'era tornata, mentre sedevano tutti a tavola, la nonna Dolcetta disse guardandola:

— Cossa gà [Cos'ha] oggi la nostra Rosina, che non la xè [che non è] del suo solito umor [umore]?

La storia dell'uovo della nonna Dolcetta, e la storia della nostra Rosina, fu mia madre a raccontarcele per disteso; perché mio padre, lui, raccontava male, in modo confuso, e sempre inframmezzando il racconto di quelle sue tuonanti risate, perché i ricordi della sua famiglia e della sua infanzia lo rallegravano; per cui di quei racconti spezzati da lunghe risate, noi non capivamo gran cosa.

Mia madre invece si rallegrava raccontando storie, perché amava il piacere di raccontare. Cominciava a raccontare a tavola, rivolgendosi a uno di noi: e sia che raccontasse della famiglia di mio padre, sia che raccontasse della sua, s'animava di gioia ed era sempre come se raccontasse quella storia per la prima volta, a orecchie che non ne sapevano nulla. « Avevo uno zio — cominciava — che lo chiamavano il Barbison ». E se uno allora diceva: — Questa storia la so! l'ho già sentita tante volte! — lei allora si rivolgeva a un altro e sottovoce continuava a raccontare. — Quante volte l'ho sentita questa storia! — tuonava mio padre, cogliendone al passaggio qualche parola. Mia madre, sottovoce, raccontava.

Il Demente nella sua clinica aveva un matto, che credeva d'essere Dio. Il Demente ogni mattina gli diceva: — Buon giorno, egregio signor Lipmann —. E allora il matto rispondeva: — Egregio forse sì, Lipmann probabilmente no! — perché lui credeva d'essere Dio.

E c'era poi la famosa frase d'un direttore d'orchestra, conoscente del Silvio, che trovandosi a Bergamo per una tournée, aveva detto ai cantanti distratti o indisciplinati:

— Non siamo venuti a Bergamo per fare campagna [andare in villeggiatura], bensì per dirigere la *Carmen*, capolavoro di Bizet.

Noi siamo cinque fratelli. Abitiamo in città diverse, alcuni di noi stanno all'estero: e non ci scriviamo spesso. Quando c'incontriamo, possiamo essere, l'uno con l'altro, indifferenti o distratti. Ma basta, fra noi, una parola. Basta una parola, una frase: una di quelle frasi antiche, sentite e ripetute infinite volte, nel tempo della nostra infanzia. Ci basta dire: « Non siamo venuti a Bergamo per fare campagna » o « De cosa spussa [puzza] l'acido solfidrico », per ritrovare a un tratto i nostri antichi rapporti, e la nostra infanzia e giovinezza, legata indissolubilmente a quelle frasi, a quelle parole.... Quelle frasi sono il nostro latino, il vocabolario dei nostri giorni andati, sono come i geroglifici degli egiziani e degli assiro-babilonesi, la testimonianza d'un nucleo vitale che ha cessato di esistere, ma che sopravvive nei suoi testi, salvati dalla furia delle acque, dalla corrosione del tempo. Quelle frasi sono il fondamento della nostra unità familiare, che sussisterà finché saremo al mondo, ricreandosi e risuscitando nei punti più diversi della terra, quando uno di noi dirà — Egregio Signor Lipmann, — e subito risuonerà al nostro orecchio la voce impaziente di mio padre: — Finitela con questa storia! l'ho sentita già tante di quelle volte!

ESERCIZI

MAKING SENSE OF THE SELECTION

A Answer the following questions.

1 ☐ What does *Lessico famigliare* mean?

2 ☐ Who are the most vivid characters that emerge from Ginzburg's account?

3 ☐ Is the author's father calm and moderate, or is he impulsive and strong-minded?

4 ☐ Is the author's mother patient and quiet, or is she lively and looking to have a good time?

5 ☐ Does the mother like the village where they spend one of their summer vacations?

6 ☐ How does the father explain why the other members of the family are not having fun?

7 ☐ What do the children resort to doing in order to avoid getting bored that summer?

8 ☐ What do they leave on the platform when they are about to return to Turin?

9 ☐ What does the father do?

10 ☐ What kind of women does the mother like as friends? Women who are her age, or young and dependent women?

11 ☐ What is her reaction when some old acquaintance wishes to visit her?

12 ☐ What does the father call his wife's younger friends?

13 ☐ Who is afraid of him?

14 ☐ Where did the parents get married?

15 ☐ Did the father work for one of his wife's uncles, or for one of his own?

16 ☐ What did this uncle do?

17 ☐ What was his nickname?

18 ☐ Who was Dolcetta?

19 ☐ Was she tall and slender, or short and fat?

20 ☐ Why was Rosina "not her usual self" when she went back to live with her parents?

21 ☐ Did the author learn the family stories better from her mother or from her father?

22 ☐ Why did her father laugh while telling a story?

23 ☐ What made her mother a good storyteller?

24 ☐ What would she do if someone complained that they had already heard a story?

25 ☐ What was the father's comment if he overheard his wife telling a story?

26 ☐ Who does Mr. Lipmann think he is?

27 ☐ What was the conductor's remark to the orchestra in Bergamo?

28 ☐ What work were they rehearsing?

29 ☐ How many siblings does the author have?

30 ☐ Do they live close to one another?

31 ☐ Do they have an especially close relationship as adults?

32 ☐ What brings them together and makes them feel like family?

33 ☐ What do the phrases remembered from their childhood do for them?

THE VOCABULARY OF FAMILY LIFE

B Give the English equivalent of the following expressions. True cognates appear in bold type; beware of *falsi amici* like *parente*.

*la **famiglia***	*il nonno*	*la stirpe*
i genitori	*il bisnonno*	*d'acquisto*
il padre	*il nipote*	*di primo/**secondo** grado*
paterno	*lo zio*	*il padrino*
la madre	*il prozio*	*la madrina*
materno	*il cognato*	*il figlioccio*
*il **papà**/il babbo* (the latter used mostly in Tuscany)	*il suocero*	*il **patriarcato***
	il cugino	***patriarcale***
*la **mamma***	*il patrigno*	***patrilineare***
il figlio	*la matrigna*	*il **matriarcato***
il gemello	*il figliastro*	***matriarcale***
il fratello	*il trisavolo*	***matrilineare***
la sorella	*l(o)'antenato*	*la discendenza*
il parente		

C For the following nouns, give the feminine singular, collective plural, and diminutive forms if they exist. Diminutives may use the suffixes *-ino/-ina,* *-olo/-ola, -etto/-etta,* and *-uccio/-uccia.* Note that the masculine plural is used when a group includes both males and females: *i figli* can mean "sons" or "sons and daughters."

		FEMININE	COLLECTIVE PLURAL	DIMINUTIVE
1	*figlio*	_____	_____	_____
2	*gemello*	_____	_____	_____
3	*nonno*	_____	_____	_____
4	*nipote*	_____	_____	_____
5	*zio*	_____	_____	_____
6	*prozio*	_____	_____	
7	*cugino*	_____	_____	_____
8	*cognato*	_____	_____	_____
9	*suocero*	_____	_____	
10	*trisavolo*	_____	_____	
11	*figlioccio*	_____	_____	
12	*genitore*	(_____)	_____	
13	*fratello*		_____	_____
14	*sorella*		_____	_____
15	*parente*	_____	_____	
16	*famiglia*		_____	_____
17	*papà*		_____	_____
18	*babbo*		_____	_____
19	*mamma*		_____	_____

D Complete the following sentences.

1 *Natalia Ginzburg aveva quattro tra* _____ *e*

_____ *e lei era la* _____ *.*

2 *La sua* _____ *veniva da Trieste sia da parte di*

_____ *sia da parte di* _____ *.*

3 *I* _____ *della Ginzburg si sposarono a Firenze, dove il padre*

lavorava per uno _____ *della moglie.*

4 *In casa della* _____ *della Ginzburg sua madre conobbe*

   la corte delle _____ *e* _____ *del marito.*

5 *Dolcetta e Parente erano i* _____ *di Natalia da parte di padre.*

6 *Rosina era la* _____ *dei nonni Parente e Dolcetta.*

7 *Il Professor Levi era un uomo deciso e autoritario, quasi* _____ ,
   ma a quanto pare nessuno lo prendeva molto sul serio.

8 *Non è chiaro e forse non si saprà mai se la famiglia* _____ ,
   in cui le donne avevano il potere, sia mai esistita.

9 *Sappiamo invece per certo che sono esistiti sia sistemi* _____ , *in*

   cui la discendenza passa per parte di padre, sia sistemi _____ ,

   in cui passa per parte di madre.

10 *Parla ancora dei figli di sua sorella come dei suoi* _____ ,
    anche se adesso sono grandi e vanno in giro per il mondo.

11 *Ha sposato un ingegnere divorziato con due figli, di cui lei è la*

    _____ *e che sono i suoi* _____ *. Ma questo*

    termine, che è un peggiorativo, non si usa più. Si dice: i _____

    di prime nozze di suo marito.

12 *Mia sorella mi ha chiesto di essere la* _____ *di suo figlio.*

13 *Le cure contro l'infertilità hanno avuto successo, ma adesso ha il suo daffare*

    con tre _____ .

THE DEFINITE ARTICLE AND DEGREES OF KINSHIP

Unlike English, Italian combines the definite article with possessive
adjectives.

i tuoi amici   your friends
il nostro professore   our teacher

A close degree of kinship, however, may or may not require it. In general,
the article is required if the noun is modified by an adjective.

mia sorella BUT *la mia sorella maggiore*
mio padre   BUT *il mio vecchio padre*

There are exceptions, however.

mia madre   BUT *la mia matrigna*
mio fratello BUT *i miei fratelli*

E Decide whether the definite article is required in the following sentences, and write the correct form in the space provided.

1 _____ *mio fratello è partito per la Cina due settimane fa.*

2 *Hai parlato con _____ tua cognata? Lei è l'unica che potrebbe aiutarti.*

3 *Non è mai andata d'accordo con _____ suo patrigno, anche se lui ha fatto di tutto per stabilire un buon rapporto.*

4 _____ *sua amante ha la stessa età (di) _____ sua figlia.*

5 _____ *sua amante ha la stessa età (di) _____ sue figlie.*

6 _____ *mia mamma ha un debole per la cioccolata.*

7 _____ *mia madre non è più uscita di casa da quando è morto _____ mio padre.*

8 *Hanno parlato con _____ loro cugini della divisione della casa in campagna.*

9 _____ *vostra sorella dovrebbe essere un po' più gentile con _____ vostra nonna, che è molto anziana e non più in salute.*

10 _____ *loro sorella maggiore si è presa cura di loro quando _____ loro genitori sono morti.*

11 *Non ti avevo detto che _____ nostro fratellino ha avuto la meningite?*

Famiglia cristiana

The Italian weekly *Famiglia cristiana* has a *rubrica* (column), *Colloqui col padre*, that deals with personal issues. A priest offers advice to people who are experiencing the troubles of love, family, and work that are typical of our society, but who seek a Christian response to their problems. This selection is a good example of clear, correct Italian, as may be expected from educated people who have good control of the language without being professional writers.

Il mio ragazzo mi ha lasciato dopo dieci anni

La "sindrome" di Peter Pan

Dopo aver condiviso tutto per anni, l'amore tra i due è finito con questa confessione di lui: "Non so più cosa provo per te, mi sento tornato adolescente, voglio godermi la vita".

Caro padre, sono una ragazza di 28 anni. Appartengo a una famiglia normalissima, ho studiato fino alla laurea sempre con ottimi risultati, sono impegnata in parrocchia, ho tanti amici e, da due anni, anche un lavoro. Fino a un anno fa, ho condiviso tutto ciò con il mio ragazzo, ormai ex. Il nostro amore era nato tra i banchi di scuola ed è durato dieci anni. Dopo tanto tempo, era scontato che la nostra storia sarebbe approdata al matrimonio. Era una cosa di cui parlavamo spesso, che entrambi desideravamo.

Che gioia il giorno in cui tutti e due trovammo un lavoro, che ci avrebbe finalmente permesso di avere una nostra famiglia. Invece, è cominciata da lì la fine della nostra storia. Man mano che passavano i mesi mi trovavo vicino una persona sempre diversa. Al centro della sua vita c'erano solo il lavoro, i soldi, i vestiti griffati [firmati], i colleghi da idolatrare... Io servivo come valvola di sfogo per i suoi problemi lavorativi.

Sono sempre stata io la più forte tra i due, quella che sdrammatizzava, che consolava, che aiutava. Ma questo mio ruolo fin troppo materno e protettivo, che a volte mi pesava, era compensato dal fatto di essere la persona più importante della sua vita e dalle miriadi di attenzioni che mi rivolgeva. Sempre....

Finalmente, dopo nove mesi di inferno e di litigi continui, gli ho estorto la confessione: "Non so più cosa provo per te, mi sento tornato adolescente, voglio godermi la vita". Nonostante le umiliazioni subite, gli

---

Famiglia cristiana, 4 novembre 2001.

avrei concesso tutto il tempo necessario per riflettere, ma gli è bastata appena una settimana per dirmi al telefono che, per il mio bene, era meglio che non tornassimo insieme. L'apice della sofferenza l'ho raggiunta quando, poco tempo dopo, ho saputo che stava con un'altra: classico epilogo!

A distanza di un anno, mi chiedo ancora com'è possibile essere così vigliacchi.... Quel che più mi fa star male è che questa esperienza mi ha lasciato, come segno indelebile, una profonda sfiducia negli uomini, nell'idea o ideale dell'amore "per sempre".

Se mi guardo attorno, sono circondata da coppie che si sfaldano, a tutte le età. Anche con figli. Chissà perché, quasi sempre la causa è questa eterna *sindrome di Peter Pan* che colpisce molti uomini....

Lei mi risponderà che Dio è l'unica certezza! Ma non sa quanto questa convinzione mi sia stata di conforto negli ultimi mesi. Probabilmente, però, la mia fede non è così forte da farmi credere che nulla avviene per caso, che Dio ha per noi progetti che, a volte, non riusciamo a comprendere, ma che dobbiamo accettare con serenità.

Sto sforzandomi di guardare la vita in positivo e continuare a credere nei valori di sempre: nella famiglia, in primo luogo, nell'onestà, nell'amore e nel rispetto del prossimo. Sono troppo giovane per vedere il futuro così nero.... Vorrei però che il mio cuore seguisse la mia mente. Forse, solo così potrò trovare finalmente un po' di pace.

Una ragazza delusa

Un anno non è un periodo di tempo abbastanza lungo per poter valutare i fatti con distacco e in modo equanime....

Nell'attesa che il tempo completi il suo onesto mestiere di calmante, vorrei darle un paio di suggerimenti. Il primo: se è devota di qualche santo, vada ad accendere un bel cero davanti alla sua statua, come ex voto per lo scampato pericolo. Perché il legame con il suo ex avrebbe potuto portarla a legarsi definitivamente a lui con il matrimonio.... Ma sarebbe stato un errore.

La fragilità del suo ragazzo avrebbe forse tardato qualche tempo a manifestarsi, ma sarebbe sicuramente emersa. Era stato troppo protetto, guidato, mantenuto in uno stato psicologico di dipendenza. Da tutti. E anche la fidanzata aveva dato una mano a mantenerlo in questo stato, assumendo nei suoi confronti un ruolo materno.

... Meglio che [la reazione] sia avvenuta prima del matrimonio. È stato sacrificato il legame con una fidanzata, non quello con una moglie (e magari dei figli). Forse è stato un po' ipocrita nel dirle che, "per il suo bene", era meglio separarsi. Ma senza volerlo, ha detto proprio la verità: la rottura del legame è stato un bene per la fidanzata. Oltre che per lui.

Il secondo suggerimento è di non trarre conclusioni affrettate.... non riduca tutti gli uomini alle dimensioni — psicologiche e morali — del suo ex ragazzo. È vero che la tipologia di giovani uomini immaturi, ai quali è stata affibbiata l'etichetta di "sindrome di Peter Pan", è molto diffusa. Ma sarebbe un inganno fatto a sé stessa, oltre che un'ingiustizia, ricondurre tutti gli uomini a questa categoria.

... Ci sono uomini che non sanno cercare nella donna che un surrogato della madre. Ma relazioni di questo genere richiedono sacrifici troppo grandi alle donne che non abbiano l'inclinazione — patologica — ad assecondarli. Non ci sembra il suo caso. Può mettersi, quindi, a esplorare le tante cose belle che ci sono quando si esce dal ruolo obbligato di madre di eterni bambini.

D.A.

ESERCIZI

MAKING SENSE OF THE SELECTION

A Answer the following questions.

1 ☐ What had happened to the young woman who wrote to the magazine?
2 ☐ What did her boyfriend tell her when he decided to break their engagement?
3 ☐ What does the writer tell us about her life?
4 ☐ When did her relationship with her former boyfriend begin? Where?
5 ☐ What were their plans for the future?
6 ☐ What became possible once they had both found jobs?
7 ☐ What role did she play in their ten-year relationship?
8 ☐ What was her source of gratification?
9 ☐ What did he finally tell her as a justification for breaking up?
10 ☐ How long did it take him to make his final decision?
11 ☐ What did she find out soon afterward?
12 ☐ How much time has gone by since their breakup?
13 ☐ What is the lasting negative consequence of this experience for her?
14 ☐ What seems to be the main cause of so many other couples' breaking up?
15 ☐ Is the writer a religious person?
16 ☐ Does her faith provide her with a reason for what happened?
17 ☐ What values is she trying to maintain?
18 ☐ What can't she bring herself to do?

19 ☐ Does the advisor address himself to her directly, indirectly, or both?

20 ☐ Why does he think that she cannot assess the situation fairly?

21 ☐ Why does he think that she should thank her "guardian angel-saint"?

22 ☐ What was likely to have happened without her boyfriend's crisis?

23 ☐ Why would they have broken up sooner or later?

24 ☐ Why was sooner better than later?

25 ☐ Why is it true that he broke up with her "for her own good"?

26 ☐ What conclusion should she resist drawing?

27 ☐ What is the "Peter Pan syndrome"?

28 ☐ What is the only role some men want women to play?

29 ☐ What is the advisor's final suggestion?

THE VOCABULARY OF LOVE

B Give the English equivalent of the following expressions. True cognates appear in bold type; beware of *falsi amici*.

l(o)'innamoramento	*il marito*
innamorarsi	*la moglie*
l(o)'amore	*la **famiglia***
amare	*il figlio/la figlia*
flirtare	*per il bene di qualcuno*
*il **flirt***	*l(o)'uomo*
la civetta	*la donna*
il filarino	*per sempre*
*la **storia***	*la coppia*
uscire/andare/stare insieme	*l'**onestà***
lasciare/lasciarsi	*la **fedeltà***
sentirsi	*il **rispetto***
godersi la vita	*il cuore*
adolescente**/l'**adolescente	*la mente*
il (mio) ragazzo	*il legame*
la (mia) ragazza	***sacrificare/sacrificarsi***
*il (mio) **ex***	*stare con un altro/un'altra*
*la (mia) **ex***	*il tradimento*
il fidanzamento	*traditore/traditrice*
fidanzarsi	*l(o/a)'amante*
il fidanzato	*l(a)'avventura/la storia*
*il **matrimonio***	*vigliacco*
sposarsi	*la **sofferenza***

la **delusione**	**separarsi**
l(o)'amor proprio ferito	il **separato**
la sfiducia	il **divorzio**
l(a)'**umiliazione**	**divorziare**
la rottura	il **divorziato**
rompere	rimettersi insieme
la **separazione**	risposarsi

C Complete the following sentences with words and expressions from Exercise B.

1   *È sempre stata una bambina precoce: a undici anni ha già il suo primo*

_____.

2   *Carlotta è la mia compagna di scuola che ha più successo con i*

_____.

3   *Si capisce che tutti i ragazzi le muoiono dietro, _____ sempre con tutti!*

4   *Luca e Bianca _____ da tre mesi, ma lui adesso si è proprio innamorato.*

5   *Marco e Gabriella non escono più insieme da un bel po'. Lui adesso*

_____.

6   *Non riuscirai mai a riprenderti da quella _____ se continui*

a frequentare i posti dove va sempre _____.

7   *Hanno trascinato il _____ per sette anni e poi, invece*

di _____, _____.

8   *Il nostro _____ dura da vent'anni. E pensare che quando*

ci siamo sposati tutti dicevano che _____ dopo tre mesi!

9   *Suo marito ha sempre avuto delle _____, ma lei*

_____ sempre _____ per il bene dei figli.

10 *Hanno _____ sei mesi fa, poi _____,*

poi _____ un'altra volta, si sono ripresi e finalmente

_____ definitivamente.

11 *I miei amici Lalla e Giorgio sono un classico esempio di _____ in casa, perché né l'uno né l'altra vuole lasciare l'appartamento dove vivono.*

12 *Mia moglie non vuole divorziare, ma si fa vedere in giro con*

l'_____. Sono arrivato alla conclusione che le procura

piacere infliggermi questa _____.

SEQUENCE OF TENSES

This selection illustrates the sequence of tenses (*la concordanza dei tempi*) between the main clause and subordinate clause(s) in Italian sentences.

If the verb in the main clause expresses certainty about the action of the verb in the subordinate clause, the latter verb is indicative. Examples of such main-clause verbs are *sapere* ("to know"), *essere certo* ("to be certain"), and *essere ovvio* ("to be clear").

If the verb in the main clause expresses belief or doubt, opinion, emotion, or desire, the verb in the subordinate clause is either subjunctive or conditional. Examples of such main-clause verbs are *credere* ("to believe"), *ritenere* ("to believe"), *pensare* ("to think"), and *sperare* ("to hope").

The following table illustrates these concepts with examples.

MAIN CLAUSE (PRESENT)	SUBORDINATE CLAUSE
So che I know that	*ha due figli.* (PRESENT INDICATIVE) she has two children.
So che I know that	*ha finito il compito.* (PRESENT PERFECT INDICATIVE) she (has) finished her homework.
So che I know that	*aveva finito il compito.* (PAST PERFECT INDICATIVE) she had finished her homework.
So che I know that	*finirà il compito.* (FUTURE INDICATIVE) she will finish her homework.
So che I know that	*avrà finito il compito.* (FUTURE PERFECT INDICATIVE) she will have finished her homework.
Penso che I think that	*lei finisca il compito.* (PRESENT SUBJUNCTIVE) she will finish her homework.
Penso che I think that	*lei abbia finito il compito.* (PAST SUBJUNCTIVE) she has finished her homework.

MAIN CLAUSE (PAST)	SUBORDINATE CLAUSE
Sapevo che I knew that	*avrebbe finito il compito.* (PAST CONDITIONAL) she would finish her homework.
Pensavo/Pensai/Ho pensato che I thought that	*lei finisse il compito.* (IMPERFECT SUBJUNCTIVE) she would finish her homework.
Pensavo/Pensai/Ho pensato che I thought that	*lei avesse finito il compito.* (PAST PERFECT SUBJUNCTIVE) she had finished her homework.

D Complete the following sentences.

1 *Sappiamo che il loro matrimonio* _____ *(durare) a lungo.*

2 *Speriamo che il loro matrimonio* _____ *(durare) a lungo.*

3 *Sapevamo che il loro matrimonio non* _____ *(durare) a lungo.*

4 *Speravamo che il loro matrimonio* _____ *(durare) a lungo.*

5 *Siamo sicuri che* _____ *(decidere) di fidanzarsi.*

6 *Pensiamo che* _____ *(decidere) di fidanzarsi.*

7 *Sapeva che suo marito e la sua amante* _____ *(vedersi) di nuovo.*

8 *Sapeva che lui* _____ *(tornare) perché aveva bisogno di lei.*

9 *Abbiamo sentito che* _____ *(decidere) di sposarsi perché lei è incinta.*

IDIOMATIC EXPRESSIONS AND PROVERBS RELATING TO RELATIONSHIPS

fare coppia fissa	to be an item
Lontano dagli occhi, lontano dal cuore.	Out of sight, out of mind.
per amore o per forza	by hook or by crook
Tra moglie e marito, non mettere il dito.	Don't meddle in a marriage.
una coppia... scoppiata	a couple that is no longer a couple (a couple in name only)

Va' dove ti porta il cuore

We have already encountered Susanna Tamaro's novel *Va' dove ti porta il cuore* in "Trieste (II)" (in the first section of this book). In the following excerpt the author and protagonist of the story, now eighty, recounts her love affair with a married man, a secret she has revealed over the years to very few people, at times with tragic consequences. Here she confesses the affair to her estranged granddaughter in America, not to convince her to return but to let her know that her grandmother, who has seemingly led an unadventurous life, did—at least once—go where "her heart was taking her."

Che cosa ho pensato, che cosa ho immaginato quella sera di settembre, scendendo dal treno alla stazione di Porretta? Assolutamente niente. Si sentiva l'odore dei castagni nell'aria e la mia prima preoccupazione era stata quella di trovare la pensione nella quale avevo prenotato una stanza. Allora ero ancora molto ingenua, ignoravo l'incessante lavorio del destino, se avevo una convinzione era soltanto quella che le cose accadessero unicamente grazie all'uso buono o meno buono della mia volontà. Nell'istante in cui avevo posato i piedi e la valigia sulla pensilina, la mia volontà si era azzerata, non volevo niente, o meglio volevo una sola cosa, starmene in pace.

Tuo nonno l'ho incontrato già la prima sera, mangiava nella sala da pranzo della mia pensione insieme a un'altra persona. A parte un vecchio signore, non c'erano altri ospiti. Stava discutendo in modo piuttosto infervorato di politica, il tono della sua voce mi ha dato subito fastidio. Durante la cena l'ho fissato un paio di volte con un'espressione piuttosto seccata. Che sorpresa il giorno dopo quando ho scoperto che era proprio lui il medico delle terme! Per una decina di minuti mi ha fatto domande sul mio stato di salute....

La sera stessa, dopo cena, è venuto a sedersi al mio tavolo. Il giorno seguente già passeggiavamo assieme chiacchierando per le strade del paese. Quella vivacità irruenta che all'inizio mi aveva tanto irritato, adesso cominciava a incuriosirmi. In tutto quello che diceva c'era passione, trasporto, era impossibile stargli vicino e non sentirsi contagiati dal calore che emanava da ogni sua frase, dal calore del suo corpo....

Stando vicina a Ernesto... per la prima volta nella mia vita ho avuto la sensazione che il mio corpo non avesse confini. Intorno sentivo una sorta di alone impalpabile, era come se i contorni fossero più ampi e

Susanna Tamaro, *Va' dove ti porta il cuore*, Rizzoli Editore, 1994.

quest'ampiezza vibrasse nell'aria a ogni movimento. Sai come si comportano le piante quando non le innaffi per qualche giorno? Le foglie diventano molli, invece di levarsi verso la luce cascano in basso come le orecchie a un coniglio depresso. Ecco, la mia vita negli anni precedenti era stata proprio simile a quella di una pianta senz'acqua, la rugiada della notte mi aveva dato il nutrimento minimo per sopravvivere ma a parte quello non ricevevo altro, avevo la forza per stare in piedi e basta. È sufficiente bagnare la pianta una sola volta perché questa si riprenda, perché tiri su le foglie. Così era successo a me la prima settimana. Sei giorni dopo il mio arrivo, guardandomi la mattina allo specchio mi sono accorta di essere un'altra. La pelle era più liscia, gli occhi più luminosi, mentre mi vestivo ho cominciato a cantare, non l'avevo più fatto da quando ero bambina.

Sentendo la storia dall'esterno forse ti verrà naturale pensare che sotto quell'euforia ci fossero delle domande, un'inquietudine, un tormento. In fondo ero una donna sposata, come potevo accettare a cuor leggero la compagnia di un altro uomo? Invece non c'era nessuna domanda, nessun sospetto e non perché fossi particolarmente spregiudicata. Piuttosto perché quello che vivevo riguardava il corpo, soltanto il corpo. Ero come un cucciolo che dopo aver vagato a lungo per le strade d'inverno trova una tana calda, non si domanda niente, sta lì e gode del tepore. Inoltre la stima che avevo del mio fascino femminile era molto bassa, di conseguenza non mi sfiorava neanche l'idea che un uomo potesse provare per me quel tipo di interesse....

Il giorno seguente [*after their first walk, when she realizes their friendship is evolving*] non l'ho voluto vedere. L'amicizia si stava trasformando in qualcos'altro e avevo bisogno di riflettere. Non ero più una ragazzina ma una donna sposata con tutte le sue responsabilità, anche lui era sposato e per di più aveva un figlio. Da lì alla vecchiaia avevo ormai previsto tutta la mia vita, il fatto che irrompesse qualcosa che non avevo calcolato mi metteva addosso una grande ansia. Non sapevo come comportarmi....

Al decimo giorno di permanenza mandai una cartolina ad Augusto: *Aria ottima, cibo mediocre. Speriamo* [nella guarigione], avevo scritto e l'avevo salutato con un abbraccio affettuoso. La notte prima l'avevo trascorsa con Ernesto....

Ci restava poco tempo ancora, le ultime notti non abbiamo dormito più di un'ora, ci assopivamo il tempo minimo per riprendere le forze. Ernesto era molto appassionato all'argomento della predestinazione. "Nella vita di ogni uomo," diceva, "esiste solo una donna assieme alla quale raggiungere l'unione perfetta e, nella vita di ogni donna, esiste un solo uomo assieme al quale essere completa." Trovarsi però era un destino di pochi, di pochissimi. Tutti gli altri erano costretti a vivere in uno stato di insoddisfazione, di nostalgia perpetua. "Quanti incontri ci saranno così," diceva nel buio della stanza, "uno su diecimila, uno su un milione, su dieci milioni?" Uno su dieci milioni, sì. Tutti gli altri sono aggiustamenti, simpatie epidermiche, transitorie, affinità fisiche o di carattere, convenzioni sociali. Dopo queste considerazioni non faceva altro che ripetere: "Come siamo stati fortunati, eh? Chissà cosa c'è dietro, chi lo sa?"

Il giorno della partenza, aspettando il treno nella minuscola stazione, mi ha abbracciato e mi ha bisbigliato: "In quale vita ci siamo già conosciuti?" "In tante," gli ho risposto io, e ho cominciato a piangere. Nascosto nella borsetta avevo il suo recapito di Ferrara....

L'estate [successiva] arrivò in un baleno. A fine giugno, come ogni anno, Ernesto partì per la stagione alle terme e io per il mare assieme a mio padre e a mio marito. In quel mese riuscii a convincere Augusto che non avevo smesso di desiderare un figlio. Il trentun agosto di buon'ora, con la stessa valigia e lo stesso vestito dell'anno precedente, mi accompagnò a prendere il treno per Porretta. Durante il viaggio per l'eccitazione non riuscii a stare ferma un istante, dal finestrino vedevo lo stesso paesaggio che avevo visto l'anno prima eppure tutto mi sembrava diverso.

Mi fermai alle terme tre settimane, in quelle tre settimane vissi di più e più profondamente che in tutto il resto della mia vita.... la sera tardi... quando venne e mi abbracciò, avvicinai la bocca al suo orecchio per parlargli. Volevo dirgli: "Voglio morire". Invece sai cosa dissi? "Voglio un figlio."

Quando lasciai Porretta sapevo di essere incinta.

ESERCIZI

MAKING SENSE OF THE SELECTION

A Answer the following questions.

1 ☐ What happens to the author during her first visit to the spa?

2 ☐ What happens to her during her second visit there?

3 ☐ To whom does the author address her narrative?

4 ☐ Is the woman married when she meets her lover? To whom?

5 ☐ Does she have children?

6 ☐ What is her lover's name?

7 ☐ Is he married?

8 ☐ Does he have children?

9 ☐ When does she meet her lover? Where?

10 ☐ What is his role at the spa?

11 ☐ When do they start seeing each other?

12 ☐ What character trait, at first irritating, does she begin to find appealing?

13 ☐ What effect does Ernesto have on her?

14 ☐ How does she feel before meeting him?

15 ☐ How does she feel after meeting him?

16 ☐ What happens to plants if they are not watered?

17 ☐ How much water do plants need to be revived?

18 ☐ How long is it before the author realizes she is changing?

19 ☐ Is she remorseful for the way she feels?

20 ☐ What part of her is touched initially by her feelings for Ernesto?

21 ☐ Why does she decide to stop seeing him after their first walk?

22 ☐ What does she write to her husband?

23 ☐ What had she done the previous night?

24 ☐ What does predestination mean in this context?

25 ☐ What is the percentage of men and women who find their soul mates?

26 ☐ In how many lives did they meet before, according to the author?

27 ☐ Where are they when they exchange those words?

28 ☐ What does she do the following summer with Augusto?

29 ☐ She manages to persuade him that she still wants . . . what?

30 ☐ Where does she go at the end of the summer?

31 ☐ What does she want to tell her lover?

32 ☐ What does she tell him instead?

33 ☐ What is she aware of when she leaves the spa?

THE VOCABULARY OF THINKING, BELIEVING, AND FEELING

B   Give the English equivalent of the following expressions. True cognates appear in bold type; beware of *falsi amici* like *incuriosito* and *provare*.

immaginare	*scoprire*	*sopravvivere*
sentire	*irritare*	*accorgersi di*
ignorare	*incuriosire*	*pensare*
avere una convinzione	*essere incuriosito*	*domandare*
volere	*contagiare*	*interessare*
seccare	*avere la sensazione di*	*sfiorare*
essere seccato (per)	*essere come se*	*provare*

riflettere su   *essere insoddisfatti di*   *sembrare*
prevedere   *conoscere*   *sorprendere*
sapere   *desiderare*   *infastidire*
appassionare   *eccitare*

C   Complete the following sentences with words and expressions from Exercise B.

1   *È una persona molto eccitabile.* _____ *sempre delle cose terribili che non si avverano mai.*

2   *Da quando è morto suo figlio dice che non* _____ *più nulla per nessuno.*

3   *"Perché* _____ *tanto* _____*?" "Perché il suo contabile ha sbagliato la sua dichiarazione dei redditi."*

4   *Avete* _____ *bene sulla decisione che avete preso? Potreste pentirvene.*

5   *Bisbiglia al telefono, copre le carte sulla scrivania quando qualcuno si avvicina.*

    _____ *tutti molto* _____*.*

6   *Che cosa ti* _____ *tanto, che cerchi sempre di orecchiare le loro conversazioni? Sono solo buoni amici.*

7   *Lo* _____ *gli uccelli. Si è comprato una macchina fotografica con uno zoom potentissimo e passa tutto il suo tempo libero in boschi e acquitrini a fare fotografie.*

8   *Pensavi di aver* _____ *proprio tutti i possibili contrattempi,*

    vero? Invece lei ti ha _____ *rifiutandosi all'ultimo momento*

    di partecipare alla spedizione in Amazzonia.

9   *Non c'è niente che lo* _____*. È proprio un pesce lesso!*

10   *Non ti ha mai* _____ *il dubbio che tuo marito abbia un'altra?*

11   *Ha continuato a fare esattamente quello che ha sempre fatto.*

    _____ *non le avessi mai parlato.*

12   *Loro fanno finta di non* _____ *che l'azienda è sull'orlo del crollo finanziario.*

THE SUBJUNCTIVE AND CONDITIONAL MOODS

If the verb in a main clause expresses knowledge, opinion, belief, or an emotion such as fear or desire, the verb in the subordinate clause may be indicative, subjunctive, or conditional.

- If the main verb expresses certainty, the subordinate-clause verb is indicative.

- If the main verb expresses possibility or an emotion, the subordinate-clause verb is subjunctive (or future indicative).
- If the main verb expresses impossibility or a high degree of improbability, the subordinate-clause verb is conditional.

The table that follows illustrates this concept with examples.

MAIN CLAUSE	SUBORDINATE CLAUSE
So/Sono certo che	*leggi/stai leggendo il libro.* (PRESENT INDICATIVE)
I know that/I am certain that	you are reading the book.
So/Sono certo che	*leggerai il libro.* (FUTURE INDICATIVE)
I know that/I am certain that	you will read the book.
Sapevo/Ho saputo/Seppi che	*tu leggevi il libro.* (IMPERFECT INDICATIVE)
I knew that	you were reading the book.
Sapevo/Ho saputo/Seppi che	*tu hai letto/tu leggesti il libro.* (PRESENT PERFECT INDICATIVE/PAST DEFINITE)
I knew that	you read the book.
Penso/Credo che	*tu legga il libro.* (PRESENT SUBJUNCTIVE)
I think/believe that	you are reading the book.
Penso/Credo che	*tu leggerai il libro.* (FUTURE INDICATIVE)
I think/believe that	you will read the book.
Pensavo/Credevo/Ho pensato/ Pensai che	*tu leggessi il libro.* (IMPERFECT SUBJUNCTIVE)
I thought/believed that	you were reading the book.
Pensavo/Credevo/Ho pensato/ Pensai che	*tu avessi letto il libro.* (PAST PERFECT SUBJUNCTIVE)
I thought/believed that	you read the book.
Penso/Credo che	*tu leggeresti il libro.* (PRESENT CONDITIONAL)
I think/believe that	you would read the book (if you had time, but you don't).
Pensavo/Credevo che	*tu avresti letto.* (PAST CONDITIONAL)
I thought/believed that	you would have read the book (if you had had time, but you didn't).

Italian uses the subjunctive more than English does, although the indicative is being used in its place more and more.

D Complete the following sentences with the correct form of the verb in parentheses.

1 *Non sono mai stata dell'opinione che il medico* _____ *(dovere) mentirle sul suo stato di salute.*

2 *Mia sorella è certa che l'avvocato* _____ *solo*

_____ *(creare) dei problemi per loro.*

3 *Credi che* _____ *(venire) alla sua festa?*

4 *Sono certo che* _____ *(scrivere) a sua nonna non appena sbarcato.*

5 *Aveva l'impressione che le sue parole* _____ /
_____ *(cadere) nel vuoto.*

6 *Pensai che mia sorella* _____ *(comprare) la casa, ma le notizie che ricevetti in seguito non confermarono quell'impressione.*

7 *Tu credevi davvero che tuo padre* _____ *(diseredare) tuo fratello?* (How could you ever believe such a thing?)

8 *Tu credevi davvero che tuo padre* _____ *(diseredare) tuo fratello?* (You thought he would, but you were wrong.)

9 *Sapeva che sua figlia non* _____ *(essere) contenta del suo matrimonio, ma non pensava che* _____ *(essere) sull'orlo della separazione.*

10 *Ritenevo che i miei cugini* _____ *(venire) all'appuntamento, ma mi sbagliavo.* (They never intended to come.)

11 *Ritenevo che i miei cugini* _____ *(venire) all'appuntamento, ma mi hanno detto che non si sono fatti vedere.* (They were supposed to come, but they didn't.)

12 *Aveva la convinzione che i suoi amici* _____ *(volere) partire senza di lei.*

WORD FORMATION WITH SUFFIXES

Nouns and adjectives can often be formed from verbs using common suffixes.

SUFFIX	MEANING OF SUFFIX	EXAMPLE FORM	ROOT VERB
-azione	an action	*l(a)'emigrazione* emigration	*emigrare* to emigrate
-atore/-atrice, -utore/-utrice	an agent noun	*il pescatore* fisherman *il seccatore/ la seccatrice* nuisance	*pescare* to fish *seccare* to annoy
-anza, -enza	an abstract noun	*sofferenza* suffering	*soffrire* to suffer
-ativo, -itivo	an adjective denoting a characteristic	*amministrativo* administrative	*amministrare* to administer
-ante, -ente	present participle as an adjective	*seccante* annoying	*seccare* to annoy
	present participle as a noun (agent)	*il/la cantante* singer	*cantare* to sing

SUFFIX	MEANING OF SUFFIX	EXAMPLE FORM	ROOT VERB
-ato, -ito, -uto	past participle as an adjective	*seccato* annoyed	*seccare* to annoy
	past participle as a noun (result)	*la scoperta* discovery *la vendita* sale	*scoprire* to discover *vendere* to sell

E Form nouns and adjectives from the present and past participles of the following verbs, or by adding *-azione, -i(s)sione, -tore/-trice,* or *-tura.* Some forms exist but are rarely used (for example, *il senziente,* from *sentire*).

		SINGLE ITEM	ACTION	AGENT	ABSTRACT NOUN	ADJECTIVE
1	*immaginare*				_____	_____
2	*sentire*					_____
3	*volere*					_____
4	*contagiare*					_____
5	*riflettere*	_____	_____		_____	_____
6	*prevedere*	_____		_____	_____	
7	*eccitare*		_____	_____	_____	
8	*irritare*		_____	_____	_____	
9	*sopravvivere*			_____	_____	
10	*ignorare*			_____	_____	
11	*conoscere*			_____	_____	
12	*sapere*			_____	_____	
13	*pensare*	_____		_____		
14	*scoprire*	_____		_____		_____
15	*seccare*	_____		_____		
16	*desiderare*					_____
17	*sorprendere*	_____				_____
18	*domandare*					_____
19	*incuriosire*					_____
20	*appassionare*	_____				_____
21	*infastidire*					_____

IDIOMATIC EXPRESSIONS AND PROVERBS WITH *VOLERE*

volente o nolente	willy-nilly, like it or not
Volere e non potere.	To have the will/desire but not the power (to attain something)./To overreach.
Volere è potere.	Where there's a will, there's a way.

Sebben che siamo donne...

Sebben che siamo donne... are the opening words of a peasant
women's song reproduced as our first selection here. As in the rest
of Europe as well as in the United States, the feminist movement has
surged twice in Italy: once at the beginning of the twentieth century,
championing women's political rights, better working conditions
in factories, and child care; and a second time in the late 1960s.
Since then the movement has become a permanent and powerful
feature in the social and political landscape. This section gives a sense
of the wide range of women's issues and of the attitudes expressed
about women and by women, both about themselves and about
the world.

La Lega

Women who worked in the rice paddies in the Po Valley between Turin and Milan were among the first workers to organize and join the burgeoning trade unions that had formed from "leagues" of workers. *La Lega* was written early in the twentieth century. Seventy years later it was adopted by the Italian feminist movement as one of its solidarity songs.

Sebben che siamo donne, paura non abbiamo,
per amor dei nostri figli, per amor dei nostri figli;
sebben che siamo donne, paura non abbiamo,
per amor dei nostri figli, in Lega ci mettiamo.

Coro   O lio-lio-là, e la Lega crescerà,
noialtri Socialisti, e noialtri Socialisti;
o lio-lio-là, e la Lega crescerà,
noialtri Socialisti, vogliamo la libertà.

E la libertà non viene, perché non c'è l'unione,
crumiri col padrone, crumiri col padrone;
e la libertà non viene, perché non c'è l'unione,
crumiri col padrone, son tutti d'ammazzar.

Coro

Sebben che siamo donne, paura non abbiamo,
abbiam' delle belle buone lingue, abbiam' delle belle buone lingue;
sebben che siamo donne, paura non abbiamo,
abbiam' delle belle buone lingue, e ben ci difendiamo.

Coro

E voialtri signoroni, che ci avete tanto orgoglio,
abbassate la superbia, abbassate la superbia;
e voialtri signoroni, che ci avete tanto orgoglio,
abbassate la superbia, e aprite il portafoglio.

Coro   O lio-lio-là, e la Lega crescerà,
noialtri lavoratori, e noialtri lavoratori;
o lio-lio-là, e la Lega crescerà,
noialtri lavoratori, vogliamo la libertà.

Traditional song.

Coro O lio-lio-là, e la Lega crescerà,
noialtri Socialisti, e noialtri Socialisti;
o lio-lio-là, e la Lega crescerà,
noialtri Socialisti, vogliamo la libertà.

ESERCIZI

MAKING SENSE OF THE SONG

A Answer the following questions. You can mark your progress
in understanding the song by using the check boxes provided.

1 ☐ What makes these women fearless?

2 ☐ What do they do "for love of their children"?

3 ☐ What ideology do they embrace?

4 ☐ What are they certain will happen to the league?

5 ☐ What is the aim of their struggle?

6 ☐ If freedom does not triumph, what is the reason?

7 ☐ What do some workers do instead of fighting alongside their comrades?

8 ☐ What should be their punishment?

9 ☐ Why are women confident that they need not be afraid?

10 ☐ What can they do thanks to their "tongues"?

11 ☐ What should the rich do instead of flaunting their pride?

12 ☐ What should they do instead of looking down on other people?

13 ☐ What social group desires, and is struggling for, freedom?

THE VOCABULARY OF THE WORKING-CLASS STRUGGLE

B Give the English equivalent of the following words. True cognates appear
in bold type; beware of *falsi amici* like *lavoratore* and *salario*.

la **classe**	il **partito**	la lotta
il lavoratore	la **lega**	lo sciopero
l(o)'operaio	l(o)'orario	lo scioperante
il capoccia/il capofficina	il lavoro	il crumiro
il padrone	l(a)'ora	il salario
il **capitalista**	la giornata	la paga
la borghesia	il cottimo	lo stipendio
il sindacato	il **movimento**	

BUILDING VOCABULARY WITH ROOT WORDS

C Give the feminine form of the following nouns, including the article.

1 *il lavoratore* _____

2 *l(o)'operaio* _____

3 *il capoccia* _____

4 *il capofficina* _____

5 *il padrone* _____

6 *il capitalista* _____

7 *il crumiro* _____

Give the adjectives for the following nouns. The only difference between some adjectives and nouns is that the nouns take an article.

8 *il lavoratore* _____

9 *l(o)'operaio* _____

10 *il padrone* _____

11 *Il capitalista* _____

12 *la borghesia* _____

13 *il sindacato* _____

14 *il lavoro* _____

15 *la giornata* _____

16 *il salario* _____

Give the noun that denotes the doctrine or theory for each of the following nouns.

17 *il capitalista* _____

18 *il sindacato* _____

19 *il socialista* _____

Give the noun that denotes the group or collective for each of the following nouns.

20 *il lavoratore* _____

21 *l(o)'operaio* _____

22 *il padrone* _____

D Complete the following sentences.

1 *I primi lavoratori ad organizzarsi furono i ferrovieri, i linotipisti ed i lavoratori agricoli che diedero vita al _____.*

2 *Le donne che lavoravano nei campi di riso venivano chiamate _____, perché il loro compito principale era pulire il riso dalle erbacce.*

3 *Le mondine furono tra i primi lavoratori a _____ contro i _____ delle risaie.*

4 *La parola _____ viene dal francese sabotage, la forma di lotta dei ferrovieri francesi che nel XIX secolo presero l'abitudine di tagliare i sabot che tenevano unite le traversine della strada ferrata.*

5 *Verso la fine del XIX secolo, i lavoratori incominciarono a _____ in leghe e sindacati per combattere lo _____ nelle fabbriche.*

6 *Prima di fondare il movimento fascista, Mussolini faceva capo alla corrente _____ del partito _____.*

7 *Per molto tempo i lavoratori scioperavano rischiando l'arresto, perché _____ non era riconosciuto.*

8 *Quando le _____ sindacali italiane vogliono esprimere il totale dissenso dalla politica del governo dichiarano uno sciopero _____.*

9 *Negli anni sessanta, quando il movimento sindacale italiano era al suo apogeo, i sindacati spesso dichiaravano degli scioperi _____.*

10 *Quando i sindacati avanzano delle richieste di aumento delle retribuzioni si dice che presentano delle _____ salariali.*

11 *Le retribuzioni pagate mensilmente si chiamano _____, quelle pagate settimanalmente od ogni due settimane si chiamano _____.*

12 *Si può anche essere pagati _____, che è la retribuzione pagata a seconda del numero di pezzi prodotti in una data unità di tempo.*

13 *Un tempo i padroni ricorrevano ai _____ per vanificare la _____ degli operai sindacalizzati.*

14 *La legislazione italiana riconosce i _____ come i rappresentanti legittimi delle rivendicazioni dei lavoratori e proibisce il _____.*

15 *La giornata lavorativa* _____ *è stata una delle conquiste più importanti delle* _____ *sindacali.*

16 *I sindacati hanno dichiarato lo sciopero nazionale, scatenando una reazione* _____ *molto dura.*

17 *I rappresentanti delle organizzazioni padronali hanno interrotto le* _____.

Mamma

"Mamma" was written in 1940 by C. A. Bixio and B. Cherubini and popularized by the great tenor Beniamino Gigli. It is a sugary, stereotypical portrait of the mother-son relationship. Nothing in the song tells us that the "voice" is that of a male, but all the major interpreters of the song have been men and "something" in the general tone suggests a son singing to his mother. "Mamma" appeared after World War II had broken out and Benito Mussolini was on the verge of joining Germany and Japan against the Allies. The song remained popular through the 1950s, when traditional family structure was still dominant in Italian society.

Mamma, son tanto felice
perché ritorno da te.
La mia canzone ti dice
ch'è il più bel sogno per me!
Mamma son tanto felice...
Viver lontano perché?

Mamma, solo per te la mia canzone vola,
mamma, sarai con me, tu non sarai più sola!
Quanto ti voglio bene!
Queste parole d'amore che ti sospira il mio cuore
forse non s'usano più,
mamma!,
ma la canzone mia più bella sei tu!
Sei tu la vita
e per la vita non ti lascio mai più!

Sento la mano tua stanca:
cerca i miei riccioli d'or.
Sento, e la voce ti manca,
la ninna nanna d'allor.
Oggi la testa tua bianca
io voglio stringere al cuor.

Mamma, solo per te la mia canzone vola,
mamma, sarai con me, tu non sarai più sola!
Quanto ti voglio bene!
Queste parole d'amore che ti sospira il mio cuore

C. A. Bixio and B. Cherubini, "Mamma," 1940.

forse non s'usano più,
mamma!,
ma la canzone mia più bella sei tu!
Sei tu la vita
e per la vita non ti lascio mai più!
Mamma... mai più!

ESERCIZI

MAKING SENSE OF THE SONG

A Answer the following questions.

1 ☐ Is the child singing this song close to or far away from his mother?

2 ☐ Why is he happy?

3 ☐ What does he tell his mother?

4 ☐ What will tell the mother that her son is returning?

5 ☐ How will the mother's life change when he returns?

6 ☐ What words is his heart whispering?

7 ☐ What does the mother represent in his life?

8 ☐ What does he promise never to do again?

9 ☐ What can he hear when he thinks of her hand touching his blond hair?

10 ☐ What does he want to hold tight to his chest?

11 ☐ Is he thinking of her as she is now or as she was at some time in the past?

DIRECT AND INDIRECT PRONOUNS

Pronouns can function as subjects, direct objects, and indirect objects in Italian.

Noi giochiamo a calcio.	**We** play soccer.
Mangia la mela. **La** *mangia.*	He is eating an apple. He is eating **it**.
Enrico parlava con Clara.	Enrico was talking to Clara.
*Enrico parlava con **lei**.*	Enrico was talking to **her**.

When a pronoun functions as an indirect object introduced by the preposition *a* or *per,* the pronoun may precede the verb; in this case the preposition is omitted, but the pronoun changes form.

Andrea parla ad Anna.	Andrea is talking to Anna.
*Andrea parla **a lei**.*	Andrea is talking **to her**.
*Andrea **le** parla.*	Andrea is talking **to her**.

B Replace the phrases that appear in bold type with the correct form of the pronoun.

1 *Hai mangiato **tutta la torta**? Che goloso!*

_____'hai mangiata? Che goloso!

2 *Ha lasciato **sua moglie** per la segretaria che ha dieci anni più di lui.*

_____'ha lasciata per la segretaria che ha dieci anni più di lui.

3 ***A Giulia** è mancato il coraggio di dire la verità **a suo figlio**.*

_____ è mancato il coraggio di dir_____ la verità.

4 *Ha sospirato all'orecchio **della sua bella** che era l'unica donna al mondo per lui.*

_____ ha sospirato all'orecchio che era l'unica donna al mondo per lui.

5 *I nostri cugini non vogliono saperne di fare **il Natale** con i nostri genitori.*

I nostri cugini non vogliono saperne di far_____ con i nostri genitori.

6 *Lo chiedo a tutta la classe, ma **a Elisabetta e Francesca** in particolare, potete aiutare **Pietro** a fare il compito?*

Lo chiedo a tutta la classe, ma _____ in particolare, potete

aiutar_____ a fare il compito?

7 *Hai parlato della mia amica **al tuo datore di lavoro**?*

_____ hai parlato della mia amica?

8 *Abbiamo pensato **a Renzo** come ad un ottimo collaboratore per la nostra azienda.*

Abbiamo pensato _____ come ad un ottimo collaboratore per la nostra azienda.

9 *Consiglio **a Vittorio** di abbonarsi ad Architettura se vuole tenersi al corrente degli sviluppi in quel campo.*

_____ consiglio di abbonarsi ad Architettura se vuole tenersi al corrente degli sviluppi in quel campo.

10 *Il bambino è molto attaccato **a sua zia**.*

Il bambino _____ è molto attaccato.

11 ***A Giacomo e Valeria** non piacciono le vacanze in montagna.*

_____ non piacciono le vacanze in montagna.

12 ***A Serena** è dispiaciuto molto rifiutare il suo invito.*

_____ è dispiaciuto molto rifiutare il suo invito.

13 *Giacomo? Parli di Giacomo?* **Giacomo** *non sa neanche legarsi i lacci delle scarpe!*

    Giacomo? Parli di Giacomo? _____ *non sa neanche legarsi i lacci delle scarpe!*

14 *Vuoi bene* **al tuo gattino**, *vero? Allora devi lasciare che il dottore si occupi di lui.*

    _____ *vuoi bene, vero? Allora devi lasciare che il dottore si occupi di lui.*

15 *Quando pensa* **a suo fratello** *che è così lontano non riesce a non piangere.*

    Quando pensa _____ *che è così lontano non riesce a non piangere.*

Donna in guerra

In *Donna in guerra* Dacia Maraini, a novelist ideologically close to the feminist movement, portrays a young married woman who discovers that she can have a life independent of her oppressive, traditional husband. Her awakening is tied to her becoming a sympathetic observer of the politics of the radical left. In Italy, feminism has been more closely allied to traditional leftist politics and parties than in the United States. There is also a separatist wing of the movement in Italy that calls for complete separation from the world of men, even in private life.

The following selection is syntactically quite easy. The only challenge is to follow the repartee between the characters, since it reads more like a play than a traditional novel. You may wish to skim the selection, determine who is speaking, and write the person's initial next to his or her lines.

30 agosto

Ho dormito fino a tardi. Ieri sera i vicini hanno fatto una festa. Sono rimasti alzati fino alle tre. Hanno cantato, urlato, ballato. Non ci hanno fatto riposare.

Quando mi sono alzata, Giacinto era già andato a pescare. Prima di uscire aveva raccolto e ammucchiato da una parte i rifiuti dei vicini. Gli aveva dato fuoco. Ma c'era della roba che non bruciave bene. Dal mucchio veniva fuori un fumo denso e grigio che appestava il cortile. L'ho spento buttandoci sopra della terra.

Mentre preparavo il caffè è arrivata Suna con il fratello. Lui si è subito rintanato [*He went into hiding, he went into his den*] nella camera da letto a trafficare con gli attrezzi da pesca di Giacinto.

— Allora, hai parlato con Giacinto del nostro viaggio?

— Credevo che avevi [*colloquial for* avessi] cambiato idea.

— Partiamo domani.

— Ma la casa noi ce l'abbiamo fino al primo settembre.

— Ve ne andate un giorno prima, che ci fa [*regional for* che importa]?

— Giacinto non vuole rinunciare a un giorno di pesca.

— Beh, allora tu vieni con me e lui lo lasci in casa da solo per un giorno, va bene no?

— Non possiamo partire dopodomani?

— La notte non posso dormire, sono così furiosa che me la prendo con tutti, ho litigato tre volte con Marta, ho picchiato Oliver con la stampella.

Dacia Maraini, *Donna in guerra*, Rizzoli Editore, 1975.

202

— Perché sei tanto arrabbiata?

— Per Santino, che non mi telefona, non si fa vivo, e a me viene voglia di spaccare la testa a qualcuno.

— Allora magari ti raggiungo a Napoli, non posso lasciare Giacinto a rifare da solo le valigie, e poi bisogna restituire la casa pulita e ordinata.

— Ecco la solita casalinga ossessionata che viene fuori dal buco come un topo indaffarato, lascia che pulisca lui no.

— Giacinto non sa fare niente in casa, faccio sempre tutto io.

— Impara.

— Ti dico che ti raggiungo un giorno dopo, che differenza fa?

— Non posso partire da sola, qualcuno mi deve aiutare a salire e scendere dal vaporetto, e poi mio padre mi farebbe una scenata.

— Lo dirò a Giacinto.

— Non puoi decidere di testa tua?

— È mio marito.

— Lo dici come se fosse il tuo padrone.

In quel momento è arrivato Vittorio. I pantaloni bianchi attillati, una maglietta rossa fresca di bucato.

— Sapevo che eri qui.

— Come lo sapevi?

— Lo so, voi due avete un'aria di complicità che mi indispone; dovresti essere complice con me, non con lei.

— Sei una donna tu?

— Perché, si può essere complici solo tra donne?

— Abbiamo dei guai in comune.

— E nessun guaio in comune con l'uomo?

— L'amore con te non lo farò mai, lo vuoi capire, non mi piaci, punto e basta.

— Si può cambiare idea, oggi non ti piaccio, domani magari ti piacerò, lo sento.

— Domani sarò a Napoli e non ti vedrò più.

— Ci vedremo, invece, so dove abiti, verrò a trovarti.

— Non ce l'hai la ragazza a Napoli?

— Sì, e con questo? non sono mica un borghesuccio.

— E lei ti tradisce?

— Non ne ha voglia.

— O glielo impedisci tu?

— No, semplicemente non ne ha voglia, è fedele di natura.

— E che dice di questo tuo modo antiborghese di buttarti addosso alle donne?

— Mi approva.

— E tu approvi la sua approvazione naturalmente, la tua voce paterna si fa dolce e dice: grazie tesoro è proprio quello che mi aspettavo da te, non è così?

— È inutile che sfotti e poi basta parlare di lei, sono qui per te, non per lei; Vannina, mi fai un caffè? muoio di sonno.

Sono andata in cucina. Ho messo l'acqua nella caffettiera. Ho aperto il barattolo dove tengo la polvere. Ho acceso il fornello. Suna e Vittorio battibeccavano. Lei lo rimproverava di comportarsi come un sultano. Lui le parlava della sua bellezza. Mi sono affacciata per vedere che faceva Oliver nell'altra stanza....

Ore 23

Giacinto si è molto seccato quando gli ho detto che parto domani con Suna.

— Che cazzo vai a fare? [*Why the f*** are you going there?*]

— Non può viaggiare sola.

— E chi se ne frega!

— Se non l'accompagno io come fa?

— Tu devi restare con me, dobbiamo restituire la casa in ordine, così è un cesso.

— La metto in ordine oggi, tu domani mangi in trattoria, se non vuoi sporcare in cucina e poi parti.

— Lo sai che odio mangiare fuori casa.

— Ti lascio la roba cucinata se preferisci.

— Ma perché vuoi dare retta a quella sciancata e non a me?

— Io la scuola non la comincio fino a ottobre, tu invece riprendi il lavoro appena rientri a Roma, così a me tocca stare a casa giorni interi ad aspettarti, al caldo, mica mi va.

— L'hai sempre fatto.

— Sì, ma...

Mi ha interrotto con un abbraccio. Gli occhi gialli ansiosi mi fissavano da vicino.

— Mi vuoi bene Vannina?

Ho detto di sì con la testa. E lui mi ha ringraziata con un dolcissimo bacio amoroso.

31 agosto

Ho pulito la casa da cima a fondo. Ho lavato, strigliato, sgrassato ogni cosa: pavimenti, cessi, pareti, lavello, finestre. Ho staccato la grossa tenda nera che separa la stanza da letto dalla cucina. L'ho insaponata e sciacquata.

Ho ordinato tutta la roba che ci siamo portati da casa dentro due grosse valigie di plastica. Fuori sono rimasti soltanto gli arnesi da pesca di Giacinto, i calzoncini azzurri, i costumi da bagno, la sacca di tela gialla che porterò con me a Napoli.

Giacinto è rientrato dalla pesca alle quattro. Era di pessimo umore. L'ho guardato mentre mi veniva incontro dal fondo del cortile: è talmente schiarito dal sole che sembra quasi un albino. Le sopracciglia aggrottate sono quasi bianche. E bianche sono anche le ciglia che si muovono leggere sopra gli stretti occhi nocciola, screziati di giallo. Le lentiggini per tutto il corpo fanno l'effetto di una spruzzata di caffè. Le gambe muscolose, le braccia forti, il ventre asciutto, teso. Ha l'aria di un ragazzino scontroso e irascibile.

— Allora, hai deciso di andare a Napoli con Suna?

— Sì, il traghetto parte alle sette.

— Da quando siamo sposati è la prima volta che fai di testa tua.

— Beh...

— Che cazzo significa? [*What the f*** does it mean?*]

— Non lo so.

— È la storpia che ti mette contro di me.

— Perché ce l'hai tanto con lei?

— La giudico per quello che è: una troia [*a bitch*].

— Ma perché?

— Perché non è naturale; mi rompe i coglioni [*she breaks my balls*].

— Che vuol dire naturale?

— Che segue la natura.

— Cioè?

— Per una donna la natura è una cosa dolce, femminile; quella non fa che parlare a vanvera e dire cazzate [*to bullshit*] e rompere l'anima alla gente.

— Io sono naturale?

— Tu sì, fin'ora sì, ma ora proprio ti metti contro natura.

— Perché decido di partire?

— Tu di natura sei buona, calma, affettuosa, paziente, remissiva; oggi invece fai la stravagante, vai contro natura.

— Ma se mi va di fare così, anche questo fa parte della mia natura.

— No, io ti conosco benissimo, è inutile che imbrogli; tu di natura sei diversa, sei una donna vera, molto femminile e ora fai così solo per imitare quella mezza donna.

— Dici così perché ti rompe le scatole che io parto.

— No, dico così perché ti amo, e pure tu mi ami, anche se vai a letto con un altro, ami me, hai bisogno di me, dipendi da me.

È vero. Quando parla così sembra un vecchio che ha rinunciato coscientemente ad ogni volontà di possesso. Ma ha una forza terribile in quelle sue braccia bionde e con questa forza tiene in piedi il nostro matrimonio. Io sono innamorata di quelle braccia.

ESERCIZI

MAKING SENSE OF THE SELECTION

A Answer the following questions.

1 ☐ How many characters appear in this selection?

2 ☐ What are their names?

3 ☐ Who are the husband and wife?

4 ☐ Are the other two characters relatives, close friends, or friends made while on vacation?

5 ☐ To whom does Vannina feel drawn?

6 ☐ What is Suna's physical problem?

7 ☐ What is Suna prompting Vannina to do?

8 ☐ Why is Vannina hesitating?

9 ☐ What excuses does she give for not leaving with Suna?

10 ☐ What argument does Suna use to pressure her into leaving with her?

11 ☐ What is Vittorio wearing?

12 ☐ What is the only thing he says when addressing Vannina directly?

13 ☐ What does he want from Suna?

14 ☐ What does he mean by saying that he is not a *borghesuccio*?

15 ☐ In what city do Suna and Vittorio live?

16 ☐ How does Giacinto react to Vannina's plan to leave with Suna?

17 ☐ Does he try to convince Vannina to stay by appealing to her feelings for him, or by mentioning something they must do before leaving?

18 ☐ When will Vannina start work again?

19 ☐ What is her profession?

20 ☐ Where do Giacinto and Vannina live?

21 ☐ What does Giacinto do when she seems to yield to his request?

22 ☐ How does Vannina spend the last day of her vacation?

23 ☐ How does Giacinto spend the last day of his vacation?

24 ☐ From Vannina's description, would you say that Giacinto is dark-haired and stocky, or fair-haired, thin, and athletic?

25 ☐ Does he remind her of a mature man or a young boy?

26 ☐ What is Vannina's final decision?

27 ☐ What is she doing for the first time, according to Giacinto?

28 ☐ What is his opinion of Suna?

29 ☐ What image does he have of the nature of women?

30 ☐ What is Vannina's "natural" personality?

31 ☐ Who is at fault if she has changed, according to Giacinto?

32 ☐ What does he say about their relationship that Vannina has to agree with?

33 ☐ With whom or "what" is she in love?

THE VOCABULARY OF HOUSEKEEPING

B Give the English equivalent of the following expressions. True cognates appear in bold type; beware of *falsi amici*.

Nouns

la casa	il ferro	i piatti
i rifiuti/l(a)'immondizia	i pavimenti	le pentole
la stanza da letto	il cesso/il bagno	la lavapiatti
la sala da pranzo	le pareti	la pulizia/le pulizie
il salotto	il lavello	i mobili
lo **studio**	le finestre	la cera
gli armadi	la tenda	la lavatrice
la casalinga	la roba	la biancheria/i panni
la cucina	la polvere	l'essiccatore
il bucato	il letto	il bucato

Qualifiers

da cima a fondo	in **disordine**	a mano
fresco di bucato	a cera	a **macchina**
pasquali	in naftalina	
da stiro	invernali/da inverno	

Verbs

pulire	lucidare	sporcare
mettere in **ordine**	spolverare	fare la stanza
lavare	togliere la polvere	dare la cera
strigliare	rifare il letto	disfare il letto
sgrassare	raccogliere	strizzare i panni
insaponare	ammucchiare	stendere il bucato
sciacquare	accendere	stirare
passare l'aspirapolvere	spegnere	

C Complete the following sentences.

1 *Dobbiamo* _____ *tutta la* _____ *prima di partire per le vacanze.*

2 *Guarda che casino! Giocattoli e vestiti dappertutto. Sarà meglio che tu*

_____ *prima che torni la mamma.*

3 *Una volta le donne che facevano le* _____ *pulivano la casa*

_____ *tutti i giorni.*

4 *Fanno* _____ *molto raramente, non vorrei mai vivere con loro.*

5 *In primavera mia madre faceva sempre le pulizie* _____.

6 *Quando si facevano le pulizie pasquali, si puliva la casa da cima a fondo,*

si lavavano le _____, *si lucidavano i* _____,

si dava la _____ *ai* _____, *si vuotavano*

gli _____ *e si metteva la roba da inverno* _____.

7 *Lavi ancora* _____? *Adesso ci sono delle* _____

che lavano benissimo anche la _____ *delicata.*

8 *Hanno comprato una lavatrice che fa anche da* _____.

9 *Con l'essiccatore non devo più* _____, *non è una meraviglia?*

10 *A mio marito piace stirare, ma l'altro giorno ha dimenticato acceso*

il _____. *Per fortuna non è scoppiato un incendio.*

11 *Non ne può più della sua vecchia* _____. *I piatti vengono bene,*

ma non le _____.

12 *Perché non hai* _____ *la lavapiatti? Non abbiamo più un coltello pulito che sia uno.*

13 *Devo decidermi a fare il* _____, *non ho più niente da mettermi.*

14 *È così piacevole dormire nelle lenzuola* _____!

IDIOMATIC EXPRESSIONS

An excellent example of spoken Italian, this selection is filled with common idiomatic expressions, several of which are in the list below. Pay particular attention to the preposition used with each verb.

dare fuoco a qualcosa	to set fire to something
avercela con qualcuno	to have it in for someone
avercelo/-la/-li/-le	to have something
andarsene	to go away/to leave
decidere/fare di testa propria	to do what one has set out to do
aver voglia di qualcuno	to desire someone
aver voglia di qualcosa	to want something

aver voglia di fare qualcosa	to wish to do something
fregarsene di qualcosa (vulgar)	not to give a damn about something
dare retta a qualcuno	to listen/pay attention to someone
toccare a qualcuno	to be someone's turn; to befall someone
mettersi contro qualcuno	to cross someone
essere di natura	to be by nature
andare a qualcuno	to be pleasing to someone
fare così	to cry; to behave strangely or badly
rompere le scatole a qualcuno (vulgar)	to be a pain in the ass for someone

D Using the idiomatic expressions above, complete the following sentences.

1 _____, *di questi tempi lo Yemen non è il posto migliore*
   <u>Listen to me</u>
   per andare in vacanza.

2 *È una testona. Chiede tanti consigli, ma poi* _____ *sempre di*
   <u>she does</u>
   testa sua.

3 *Ehi, ragazzi,* _____ *di andare a fare un giro in macchina*
   <u>would you like</u>
   con me?

4 _____ *me da quando le ho detto che suo marito la tradiva*
   <u>She's had it in for</u>
   con un'altra.

5 *Riescono sempre a fare un casino dell'accidenti e poi* _____
   <u>it always falls on me</u>
   sistemare le cose.

6 *Hanno* _____ *all'azienda per incassare i soldi*
   <u>set fire</u>
   dell'assicurazione.

7 *Te l'ho detto diecimila volte che non posso lasciarti guardare quel file.*
   _____!
   <u>You're getting on my nerves</u>

8 *Perché* _____ *ogni volta che lui fa una proposta?*
   <u>are you crossing him</u>
   Ti farai un nemico.

9 _____ *più niente di lui! Lasciami in pace!*
   <u>I don't give a damn</u>

10 "_____", *sussurrò, "Non facciamo l'amore da tanto tempo!"*
    <u>I want you</u>

11 *Mi scusi, signore, ma adesso* _____.
    <u>it's my turn</u>

12 *Ti ho prestato* I fratelli Karamazov *mesi fa.* _____ *ancora?*
    <u>Do you have it</u>

13 *Indovina un po', i bambini* _____ *gelato.*
    <u>want</u>

14 _____ aggressivo e ostinato _____, ma si sforza di
   He is   by nature
   essere calmo e flessibile.

15 _____ *una lunga passeggiata nel bosco.*
   I would like to take

16 _____! *Vedrai che tutto si sistemerà.*
   Don't cry

17 _____ *non appena smette di piovere.*
   We'll leave

18 _____ *perché è molto infelice.*
   He behaves that way

Le donne e la politica

Active participation by women in politics is no longer controversial, but the question of their greater presence in political institutions—Parliament, the cabinet, the judiciary, for instance—remains unresolved in Italy, as in the United States. In both countries, the number of women in elective office waxes and wanes, perhaps in response to the issues that dominate the political scene. In Italy, it may be that the change from a system of proportional representation to first past the post (winner-take-all) has favored men, at least for the time being. Since Italian political parties control the choice of electoral candidates at the national level, the issue of quotas set aside for women candidates, if not actual seats in Parliament, resurfaces every now and then, but arguments are as strong against quotas as they are in favor. The following selection offers an overall view, as well as a particular viewpoint on the subject of women in politics.

NONSOLODONNA

Donne in politica: l'Italia è ultima

Sempre meno candidate, sempre meno elette. Sia per il Polo che per l'Ulivo. E il nostro paese scivola in fondo alla classifica europea. Di chi è la colpa? Scrivete al forum.

di Chiara Valentini

Perché in Italia, ormai da vari anni, ad ogni elezione le donne vanno peggio, perché ci sono sempre meno candidate e sempre meno elette? Perché il mondo della politica, anche in momenti di passioni forti come quelli che abbiamo appena vissuto, sembra sempre di più un club di soli uomini?

Proprio qualche giorno prima del 13 maggio una scrittrice che non ha mai dato segni di misoginia, Francesca Sanvitale, aveva scritto sull'Unità un articolo molto severo. La colpa di questa esclusione dalla politica sarebbe delle donne stesse, che già nel lontano 1945 avrebbero considerato il voto appena ottenuto come un fastidioso rito. Anche in seguito le italiane avrebbero continuato a votare con pochissima passione, seguendo pedissequamente [*blindly*] le idee di mariti, figli e fidanzati: la politica, per loro, sarebbe oggi come ieri qualcosa di estraneo, qualcosa di cui non si intendono e che preferiscono tener fuori il più possibile dalla loro vita.

A urne aperte, e dopo aver constatato che ancora una volta per le italiane ha funzionato la 'democrazia del gambero', la provocazione di

www.espressonline.kataweb.it.

Francesca Sanvitale può apparire come una delle spiegazioni possibili. Dirò subito che è una spiegazione che personalmente non condivido. Ma nelle prime discussioni che si sono sentite qua e là, per esempio in qualche talk show radiofonico, è ugualmente circolata l'idea che se c'è un colpevole da mettere sul banco degli accusati, questo colpevole sono proprio le donne, cioè noi. Sarebbe insomma perché ci teniamo alla larga dai partiti e non ci buttiamo nella competizione se, su 707 candidati presenti nei due schieramenti nell'uninominale, i nomi femminili sono stati solo 77 per l'Ulivo e 44 per il Polo. E ancora, sarebbe a causa della poca solidarietà fra donne se il 52 per cento delle elettrici ha poi scelto nel mazzo dell'offerta elettorale, fra Camera e Senato, solo 87 candidate, pari al 9,2 per cento della rappresentanza (alle elezioni del 1996 erano circa il 10 per cento).

... Siamo diventate le ultime in Europa quanto a rappresentanza femminile. Non solo nel mitico Nord Europa, dove le donne sono quasi la metà, ma anche nei paesi latini e mediterranei come la Spagna, la Grecia, il Portogallo, ad ogni elezione la presenza femminile aumenta. Tutte appassionate di politica, tutte battagliere e combattive le signore e signorine di quei paesi? Perché invece tanta passività e tanto disinteresse fra noi italiane?

... Chi, se non i capi dei vari partiti, tutti rigorosamente uomini, sceglie i candidati, assegna a questo il collegio sicuro e a quell'altro il collegio incerto o prudente? Chi... fa e disfa le carriere? Un antidoto a queste scelte di vertice sarebbe rappresentato dalle elezioni primarie, che consentono agli iscritti e alle iscritte di indicare i propri candidati. Ed è stato proprio attraverso le primarie, tanto per fare un esempio, che nel Labour Party di Tony Blair, alle politiche di cinque anni fa, era entrato un grande numero di candidate donne, cambiando la faccia di quel vecchio partito. Da noi però niente di tutto questo è accaduto.

Ma anche quando riescono a farsi mettere in lista, le donne in Italia hanno vita grama. Come ha documentato la responsabile della commissione Pari Opportunità Marina Piazza, nei vari Porta a Porta [*a political talk show on the major public TV network*] e nelle tribune elettorali televisive [*political debates before the elections*] le donne hanno occupato solo il 10 per cento dello spazio rispetto ai loro colleghi uomini. E questo non è un handicap da poco, nella corsa a farsi conoscere e a farsi votare. È anche per queste ragioni che Marina Piazza ha convocato... tutte le parlamentari donne della nuova legislatura. L'idea è di impegnarle a presentare tutte assieme una legge che favorisca il riequilibrio della rappresentanza, cioè che costringa i partiti a non discriminare le donne. Per Marina Piazza, insomma, al contrario che per Francesca Sanvitale,... sarebbero gli uomini i veri colpevoli dell'esclusione femminile.

Cosa ne pensate? Chi credete che abbia ragione e perché? O magari ritenete che ci sia un terzo colpevole? Rispondete scrivendo al nostro forum.

ESERCIZI

MAKING SENSE OF THE SELECTION

A Answer the following questions.

1 ☐ Is the number of women elected to Parliament increasing or decreasing?

2 ☐ What does the world of politics resemble more and more?

3 ☐ Who wrote an article about this issue? A man or a woman?

4 ☐ In what publication did the article appear?

5 ☐ According to Sanvitale, whose fault is it if women are excluded from politics?

6 ☐ When did this phenomenon start?

7 ☐ Why is the year 1945 meaningful in Italian electoral politics?

8 ☐ Whose opinion have women followed for a long time in their voting choices?

9 ☐ Does politics appear to be central or marginal in their lives?

10 ☐ *"A urne aperte"* (with the polls still open), the journalist writes. Can you guess when her article was written?

11 ☐ The journalist refers to *"la 'democrazia del gambero'."* What does the crawfish symbolize here?

12 ☐ Is Sanvitale alone in thinking it is women's fault that so few women are elected? Where do similar opinions surface?

13 ☐ In the first round of parliamentary elections, were there more women candidates running for *il Polo* (the Pole of Liberties, the right-of-center coalition that won the last elections) or for *l'Ulivo* (the Olive Tree, the defeated left-of-center coalition)?

14 ☐ What two reasons mentioned in the article could explain women's meager presence on the electoral lists and in Parliament?

15 ☐ How many women were elected? More than ten percent?

16 ☐ How does Italy compare to the rest of Europe in this regard?

17 ☐ Is the number of women elected increasing only in northern Europe, or is it also increasing in the south?

18 ☐ According to the journalist, if it is not women's fault that women are not elected, whose fault is it?

19 ☐ Who chooses the candidates?

20 ☐ Who assigns the seats in Parliament?

21 ☐ Who has the power to make or break political careers?

22 ☐ What could eliminate the negative impact of these top-down choices?

23 ☐ What party was changed by the introduction of primary elections? In what country?

24 ☐ From what other venues besides electoral lists are women excluded?

25 ☐ What appears to be the most important vehicle for being heard in contemporary Italy?

26 ☐ What initiative did the woman in charge of the Committee for Equal Opportunity take?

27 ☐ What initiative does she think women representatives and senators should promote?

28 ☐ For Marina Piazza, whose fault is it if women are excluded from politics?

29 ☐ What are readers invited to do?

30 ☐ The newspaper invites readers to write *"al nostro forum."* What is meant by *forum* here?

THE VOCABULARY OF POLITICS

B Give the English equivalent of the following expressions. True cognates appear in bold type; beware of *falsi amici.*

la **politica**	la **repubblica**
l(a)'**elezione**	il **presidente** della **repubblica**
le **primarie**	la **Presidenza** della **Repubblica**
l(a)'urna **elettorale**	il *governo*
la **lista elettorale**	il *ministro*
il **voto**	il consiglio dei **ministri**
il **suffragio universale**	il **presidente** del consiglio
il cittadino	lo **stato**
il **candidato**	la **regione**
l(o)'eletto	la **provincia**
l(o)'elettore	il comune
il **sistema proporzionale**	la giunta
il **sistema** uninominale	la **rappresentanza**
la circoscrizione/il **collegio elettorale**	la **democrazia rappresentativa**
il **parlamentare**	la **democrazia diretta**
il deputato	il **partito**
la Camera dei deputati	il **membro**/l'iscritto al **partito**
il **senatore**	il **referendum**
la Camera dei **senatori**	il **plebiscito**

C Complete the following sentences.

1 *L'Italia è stata una monarchia fino al 1947, quando un* _____ *istituì la* _____.

2 *La carica più alta dello stato è quella di* _____ *della Repubblica, che viene eletto dal* _____, *non direttamente dai*

_____.

3 *Il Parlamento è diviso in Camera dei* _____ *e Camera dei*

_____, *eletti a* _____ *universale.*

4 *Il* _____ *dei* _____ *gestisce il potere esecutivo.*

5 *A capo del Consiglio dei Ministri c'è il* _____ *del*

_____, *nominato dal Presidente della Repubblica, ma che di fatto è il leader della coalizione che ha vinto le* _____.

6 *Le* _____ *politiche si tengono ogni quattro anni.*

7 *Fino al 1992, l'Italia aveva un sistema* _____ *puro: il numero degli* _____ *di ciascun partito era in proporzione ai voti ricevuti da quel partito a livello nazionale.*

8 *Adesso l'Italia ha un sistema misto, parte proporzionale e parte*

_____. *Il grosso dei seggi parlamentari va al* _____ *di ciascuna circoscrizione che ha ottenuto il numero maggiore di*

_____.

9 *Il* _____ *è stato riconosciuto alle* _____ *italiane nel 1945.*

10 *Il numero di donne nel* _____ *italiano è andato*

_____ *negli ultimi anni.*

11 *L'Italia è all'*_____ *posto in Europa in quanto a numero di donne parlamentari.*

12 *Il partito* _____ *inglese ha introdotto le* _____, *cosa che ha portato a un sensibile aumento del numero di donne candidate ed elette.*

EXPRESSIONS OF TIME

Familiarity with expressions of time is essential to understanding narration.

Lo faccio subito.	I'll do it at once.
Lo faccio domani.	I'll do it tomorrow.
Gli telefono prima di partire.	I'll call him before leaving.
Gli telefono dopo aver parlato con mio padre.	I'll call him after talking to my father.

The following table lists common expressions of time organized by past, present, and future equivalents.

PAST	PRESENT	FUTURE
ieri/l'altro ieri/qualche giorno prima (di)	*oggi*	*domani/dopodomani/ qualche giorno dopo (di)*
prima (di)	*adesso/ora*	*dopo (di)*
poco fa/poco tempo prima	*allo stesso tempo/ alla stessa ora*	*tra poco/poco tempo dopo*
l'anno scorso	*quest'anno*	*l'anno prossimo*
un anno fa/due anni fa/ecc.	*quest'anno*	*tra un anno/tra due anni/ecc.*
da un anno/da due anni/ecc.		*tra un anno/tra due anni/ecc.*
nel passato/nei secoli passati	*al giorno d'oggi*	*in/nel futuro*
ieri mattina	*stamattina*	*domani mattina*
ieri pomeriggio	*oggi pomeriggio*	*domani pomeriggio*
ieri sera	*stasera*	*stasera* (this evening)/ *domani sera*
stanotte (last night)/*ieri notte*	*stanotte/ questa notte*	*stanotte* (tonight)/ *domani notte*
nella vita passata	*in questa vita*	*nella vita futura/ in seguito*
nel lontano 1945		*nel lontano 3268*

D Using the expressions of time above, complete the following sentences.

1 _____ *delle elezioni, una nota scrittrice ha detto che è colpa*
Right before
delle donne se ci sono poche donne in parlamento.

2 *C'erano più donne in parlamento* _____ *di* _____.
ten years ago today

3 _____, *non andare più da lui quando hai bisogno di aiuto.*
In the future
Non ha mai fatto niente per te.

4 *Ho dormito veramente male* _____ (said at 9 A.M. the same day).
last night

5 *Ho dormito veramente male* _____ *(said at 9 P.M. the same day).*
last night

6 *Deve lavorare fino a tardi* _____. *Mangeremo alle 11!*
tonight

7 *Vuoi tagliare quella pianta* _____?! *Non puoi aspettare fino*
now

a _____?
tomorrow

8 _____ *sono stati amici per la pelle.* _____
A year ago   This year

a malapena si salutano. Dio solo sa che cosa succederà _____.
in a year

9 *Ci conosciamo* _____.
for a year

10 *È* _____ *che frequentano quella parrocchia, anche se non è*
since 1990
nel loro quartiere.

11 _____ *ce lo dicesti tu, nessuno ci aveva mai detto che i nostri*
Before
conti non quadravano.

IDIOMATIC EXPRESSIONS AND PROVERBS RELATING TO TIME

a breve (termine)	in the short run
a medio (termine)	in the medium run
a lungo (termine)	in the long run
alla fin della fiera	when all is said and done
alla lunga	in the long run
alle calende greche	when hell freezes over
C'era una volta...	Once upon a time . . .
col tempo	given enough time
dall'oggi al domani	overnight
in giornata	by nightfall
in orario	on time
in tempo	in time
Meglio tardi che mai.	Better late than never.
tra poco	in a short time
Una volta ogni morte di papa.	Once in a blue moon.

CONJUNCTIONS USED TO EXPRESS TIME RELATIONSHIPS

Italian uses the following conjunctions to express the temporal relationship of two clauses.

quando	when
mentre	while
prima	before
dopo	after
appena	as soon as
non appena	no sooner than
finché non	until
finché/fin tanto che	insofar as

The following sentences show how Italian uses the sequence of tenses with these conjunctions.

Gli telefoniamo prima che voi partiate. (PRESENT SUBJUNCTIVE)
We'll call them before you leave.

Gli telefoniamo quando partite. (PRESENT INDICATIVE)
We'll call them when you leave.

Gli telefoniamo dopo che voi siate partiti. (PAST SUBJUNCTIVE)
We'll call them after you've left.

When the subject is the same in both clauses, the subordinate verb usually takes the infinitive.

Gli telefoniamo prima di partire.	We'll call him before we leave.
Gli telefoniamo dopo essere partiti.	We'll call him after we've left.

Il femminismo

The documents in this selection were produced by the Italian feminist movement in its heyday, the 1970s. Italian feminism was an offspring of, and closely tied to, the Italian left, its trade unions, and its social movements. As in other countries, however, many of its principles and policies have become mainstream. The radical positions of these documents occupied center stage when the movement first came onto the political scene. Readers will encounter leftist political jargon typical of those years—a jargon kept alive by groups, now much smaller, that promote "orthodox" socialist ideology.

Lotta di classe e femminismo

Apparentemente per caso, in realtà perché ciascuna di noi aveva sentito il bisogno di tale presa di contatto, c'è stato un incontro di due giorni a Padova di donne del movimento femminista di quattro paesi. Questi paesi sono Inghilterra, Francia, Stati Uniti e, naturalmente, Italia. Tutte noi abbiamo avuto o continuiamo ad avere contatti con sezioni della sinistra extraparlamentare e abbiamo constatato di avere in comune alcuni giudizi nei confronti di tale sinistra e all'interno del movimento femminista complessivo. Ci identifichiamo come femministe marxiste assumendo questo ad indicare una nuova definizione di classe, dal momento che la vecchia definizione aveva limitato la portata e l'efficacia dell'azione sia della sinistra tradizionale che della nuova sinistra. Questa nuova definizione si basa sulla subordinazione dei lavoratori senza salario ai lavoratori salariati, dietro cui si nasconde la produttività, cioè lo sfruttamento del lavoro della donna nella casa e la causa del suo più intenso sfruttamento fuori. Tale analisi di classe presuppone una nuova area di lotta, la sovversione non solo della fabbrica e dell'ufficio, ma dell'intero contesto sociale. Presuppone parimenti l'interdipendenza ai fini della rivoluzione comunista della lotta nelle due aree di produzione, la casa e la fabbrica, e la distruzione definitiva della natura ancillare della lotta della donna all'interno della lotta di classe.... All'interno del movimento femminista perciò noi rifiutiamo sia la subordinazione della lotta di classe al femminismo, sia la subordinazione del femminismo alla lotta di classe. Lotta di classe e femminismo per noi sono una stessa cosa.... Mentre ci collochiamo senza ambiguità tra le forze rivoluzionarie in qualunque paese ci troviamo, riaffermiamo la necessità dell'autonomia

---

www.zzz.it/~ago/femm/personale.htm.

del movimento femminista.... Solo un movimento autonomo tende a costituire una leva di potere sociale per le donne che offre la sola possibilità di scoprire gli obiettivi, le forme e i luoghi di tale lotta e perciò di condurlo avanti [*sic*].... Per queste ragioni desideriamo mantenere e sviluppare nostri contatti internazionali, nostre pubblicazioni in più lingue e nostre discussioni comuni, che tendano ad una comune azione di massa che superi i confini nazionali.

Collettivo internazionale femminista, Padova, 1972

ESERCIZIO

MAKING SENSE OF THE SELECTION

A Answer the following questions.

1 ☐ To what other social movement is feminism linked in this selection?

2 ☐ What event took place in Padua in 1972?

3 ☐ What countries are represented at this event?

4 ☐ With what part of the left do these feminists keep ties?

5 ☐ To what general leftist ideology do they subscribe?

6 ☐ Why is a new definition of "class" necessary?

7 ☐ In the traditional working-class view, workers are exploited by capitalists. But who is even more exploited than wage earners?

8 ☐ Who is exploited in the home?

9 ☐ Is the struggle against exploitation in factories and the office sufficient to end the exploitation?

10 ☐ If society as a whole needs to be revolutionized, what two important sectors have to join in the struggle?

11 ☐ What role have women traditionally played in the class struggle of the proletariat against capitalism?

12 ☐ Should feminism lead the class struggle, or vice versa? Is there a third possibility?

13 ☐ Women participate in the general revolutionary struggle in every country, but what is their role?

14 ☐ In what ways does "autonomy" strengthen women?

15 ☐ Is the feminist movement a national or an international revolutionary movement?

Autonomia come collettivizzazione dell'autocoscienza

Il femminismo è un movimento eterogeneo, entrato imprevisto nella storia. Non ha senso criticarlo come spontaneista [*spontaneous, as opposed to a social movement that is organized by and channeled through a political party*], dal momento che non è una dottrina ma un processo. Teniamo presente il positivo della spontaneità. Il punto di fondo del femminismo è l'aver capito che presa di coscienza e pratica femminista non sono due momenti separati. Attraverso il processo di conoscenza della propria oppressione, attuabile attivamente solo nel gruppo, la donna si riconosce come sesso oppresso; considera la donna in generale e non più le esigenze e i problemi di alcune categorie di donne. E allora non appare come prima esigenza l'organizzazione e una linea politica omogenea, ma affrontare l'ideologia patriarcale e le strutture attraverso le quali essa si perpetua (famiglia, cultura, riproduzione della specie, ecc.). Chi può sostenere che distruggere l'ideologia, che per quanto riguarda l'idea della donna non è mai cambiata, non è un "fare"? Riteniamo che tutte le donne debbano vivere in proprio lo stesso processo di liberazione.... Come si traduce... la giusta esigenza di "allargare" il movimento? Non certo nella creazione di un'organizzazione omogenea nei contenuti e negli interventi, ma nel riconoscimento dell'autonomia e autenticità di tutti i gruppi. È il modo di comunicazione delle esperienze che deve essere studiato e discusso collettivamente.

DEMAU (Demistificazione autoritarismo patriarcale), *Sottosopra*, 1972

ESERCIZI

MAKING SENSE OF THE SELECTION

B Answer the following questions.

1 ☐ What is *autocoscienza*?

2 ☐ Is consciousness-raising an individual or collective process and practice?

3 ☐ Is the feminist movement homogeneous?

4 ☐ Has it been planned and organized like a political party?

5 ☐ Are consciousness-raising and feminist activism separate from one another?

6 ☐ What do women become aware of through the consciousness-raising process?

7 ☐ What do women understand by practicing consciousness-raising with other women?

8 ☐ Should women consider the issues and demands of specific groups of women or of all women?

9 ☐ Which is more important—to organize and develop a "party line" or to undermine patriarchal ideology?

10 ☐ Through what structures is patriarchy maintained?

11 ☐ Women who practice consciousness-raising are accused of not "doing" anything. But they are doing something—what is it?

12 ☐ Can women lead other women in the process of liberation as an avant-garde party would lead the working class?

13 ☐ How can the movement be broadened if women work through small, separate groups?

14 ☐ What should women study and discuss collectively?

THE VOCABULARY OF FEMINISM

C   Give the English equivalent of the following expressions. True cognates appear in bold type; beware of *falsi amici* like *sinistra*.

il **femminismo**	l(o)'ufficio
il **movimento femminista**	l(a)'**autonomia**
la donna	le forze **rivoluzionarie**
l(a)'autocoscienza	la **misoginia**
il **gruppo**	spontaneista
la sinistra **rivoluzionaria**	la **teoria**
la lotta di **classe**	la **pratica**
la nuova sinistra	il sesso oppresso
extraparlamentare	la donna **in generale**
la **subordinazione**	la **linea politica**
lo sfruttamento	l(a)'**ideologia patriarcale**
l(o)'**oppressione**	la **riproduzione** della **specie**
il salario	il **processo** di **liberazione**
lo stipendio	la **questione femminile**
il lavoratore salariato	la **differenza**
la sovversione	il sessismo
la **rivoluzione**	il maschilismo
la casa	il corpo
la fabbrica	

THE SHORTHAND OF BOOK TITLES

D You tell a librarian that you are looking for books in Italian, especially books on feminism and women and books written by women. You are directed to shelves where the following books are displayed. Give the English equivalent of the books' titles.

1 *Il sessismo nella lingua italiana*, AAVV (Istituto Politecnico Zecca dello Stato)

2 *La condizione umana*, Hannah Arendt (Bompiani)

3 *Tre sentieri per il lago*, Ingeborg Bachman (Adelphi)

4 *Il matriarcato*, J. J. Bachofen (Einaudi)

5 *Le donne muoiono*, Anna Banti (Giunti)

6 *Il secondo sesso*, Simon de Beauvoir (Il Saggiatore)

7 *Dalla parte delle bambine*, Elena Gianini Belotti (Boringhieri)

8 *Cosa vuole una donna*, Alessandra Bocchetti (La Tartaruga)

9 *Strategie della libertà. Storie e teorie del lavoro femminile*, Cristina Borderías (Manifestolibri)

10 *Cime tempestose*, Emily Brontë (Rizzoli)

11 *Nonostante Platone*, Adriana Cavarero (Editori Riuniti)

12 *La politica del desiderio*, Lia Cigarini (Pratiche Editrice)

13 *L'origine della famiglia, della proprietà privata e dello stato*, Friedrich Engels (Editori Riuniti)

14 *Piccoli racconti di misoginia*, Patricia Highsmith (Bompiani)

15 *Autorità scientifica, autorità femminile*, Ipezia (Editori Riuniti)

16 *Etica della differenza sessuale*, Luce Irigaray (Feltrinelli)

17 *Le madri di tutte noi*, Libreria delle donne di Milano (Libreria delle donne di Milano)

18 *Sputiamo su Hegel*, Carla Lonzi (Edizioni di Rivolta Femminile)

19 *Non un passo indietro*, Madres de Plaza de Mayo (Associazione Madres de Plaza de Mayo)

20 *Corpi soggetto. Pratiche e saperi di donne per la salute*, Metis (F. Angeli)

21 *La servitù delle donne*, John Stuart Mill (Editori Riuniti)

22 *L'occhio delle donne*, Laura Modini (Ass. Lucrezia Marinelli)

23 *Il mare non bagna Napoli*, Annamaria Ortese (Adelphi)

24 *Nato di donna*, Adrienne Rich (Garzanti)

25 *Uomini e padri. L'oscura questione maschile*, Giuditta Lo Russo (Boria)

26 *Manifesto per l'eliminazione dei maschi*, Valerie Solanas (Edizioni delle Donne)

27 *Quaderni*, Simone Weil (Adelphi)

28 *Riflessioni su Christa T.*, Christa Wolf (Mursia)

29 *Gita al faro*, Virginia Woolf (Garzanti)

La comunicazione, la musica e i giovani

Ever since the invention of the phonograph, recorded popular music and the enthusiastic adoption of the latest communication tools have gone hand in hand. In the Italy of the 1960s, you weren't "in" if you didn't own a *mangiadischi*—literally, a "record eater," a portable, battery-powered rectangular box. You pushed your 45 RPM record into a slot, pressed a button and, voilà, the Beatles' *Ticket to Ride* filled a mountain meadow. The *mangiadischi* was soon abandoned in favor of the *mangianastri*—a "ribbon eater," that is, a cassette player.

Today we live in the world of e-based media. Even though Italy lags behind the United States and other countries in the electronic revolution, it is catching up fast. Actual (not estimated) Internet use by Italians 2 years and older was up to 26.6 million in April 2011, 12.4 percent more than in April 2010! Seventeen million people have a Facebook account, not to mention other media: cellular phones, iPhones, iPads, and so forth.

People who travel to Italy comment on the ubiquitous, unrelenting conversations (*viva voce* or through SMSs) that surround them everywhere they go. Italians are expressive people: They like their opinion to be voiced, if not heard. The first two selections in this section discuss the pros and cons already emerging from the overuse of blogs and tweets in disseminating knowledge, advertising products, and connecting people.

A significant electronic divide exists in Italy, between the half of the population that is computer savvy, and the half that is not. This problem is compounded by the anglicization of Italian. After World War II, English began to displace French as the language of cosmopolitan communication, a phenomenon that has accelerated drastically with the advent of computers, as readers will see for themselves from the word lists in the third selection. This emerging hybrid language is far from beautiful, but it is the living language. The selection on British music and new media, however, shows you that, with a little effort, you can strike a balance between being up-to-date and forsaking good Italian.

Social media, empatia ed entropia

Prima parte

The pros and cons of social media are the object of blogger Leonardo Milan, who works in web marketing. In this selection, you will get a taste of the intense interest that new social network media are generating in Italy—and of the problems that people are already detecting in their overuse.

This selection also gives students of Italian the opportunity to read a language in which more or less correct English is freely interspersed with Italian. On the one hand, the presence of English terms enables English speakers to understand easily what the piece is about. On the other, the overall meaning may not be easier to grasp, because two grammatical and semantic structures are intertwined. This is, nevertheless, "everyday Italian" in the making, with words that may not yet have made it into even the most up-to-date dictionary!

Leonardo Milan, lateralmente...

Dal CRM al Social CRM... dal Social Networking al Social Business ma sempre nei territori del Project Management e del Marketing Innovativo

FLUSSO DEI MESSAGGI, ENTROPIA.
IMMEDIATEZZA E DISPERSIONE NEI SOCIAL
NETWORK

Empatia: l'esperienza di flusso nei Social Network

Che cos'è che appaga nell'utilizzo di Facebook, Twitter e i Social Media in generale? L'*esperienza di flusso* (*flow*), in grado di fornire una ricompensa agli utenti, un senso di appartenenza, di esserci, di esplorare le storie degli amici, dei contatti. Un'esperienza che ci spinge dal salotto della TV al bar degli amici... Ci si sente compresi, non isolati... ci identifichiamo anche per le relazioni che abbiamo... "L'umanità è naturalmente collaborativa, come dimostra la scoperta dei neuroni-specchio, dice Rifkin. Ma la struttura che ha creato per collaborare è tecnicamente entropica. La contraddizione si scioglie solo facendo un passo avanti

---

Versione rivista del sitio web www.leonardomilan.it/?post=messaggi-entropia-social-media.

227

nell'empatia." Un passo "epocale" (fonte: Luca De Biase, in un commento del libro *Civiltà dell'empatia*).

Facciamo più fatica a selezionare dieci fonti informative che tre e, per farlo, facciamo ricorso alla nostra esperienza/memoria: nei Social Network riduciamo questo stress attraverso la **fiducia nella fonte**. Se l'informazione/consiglio ci viene da un amico, si attivano i *neuroni-specchio* dell'empatia. Ecco spiegato il meccanismo del **passaparola** in due righe...

È un'*economia dell'attenzione*, dunque, che si sta consolidando nella costruzione delle reti sociali attraverso i Social Network... che si integra con l'*economia della felicità*, basata sul dono, sulla fiducia: sui *beni relazionali*, intangibili.

L'attività di **Social Media Marketing** interseca la comunicazione in questa *economia dell'attenzione*:

- scommette sulle relazioni tra pari e sulla possibilità che le aziende/brand possano inserirsi (il come è un'altra storia...)
- s'intromette in questa *esperienza di flusso* innescando un passaparola positivo sui prodotti/servizi... i *beni posizionali*, che sostengono lo status sociale delle persone
- l'intersezione tra identità personale e il *bene* posseduto (vedi anche Social Commerce e Social Shopping precedentemente trattati in questo blog).

L'intrecciarsi delle conversazioni nei Social Network con i processi di acquisto e del passaparola credo sia la nuova frontiera del marketing senza aggettivi (e senza panacee...).

La timeline: il senso di dispersione e di sovrapposizione

All'empatia si contrappone, però (ed è questo il paradosso sottolineato da Rifkin e ripreso da De Biase), l'entropia: un crescente senso di frammentazione e di sovrapposizione informativa dei micro contenuti... che ci fa sentire con l'ansia dell'aggiornamento, della news dell'ultima ora...

Cresce nel tempo il senso di dispersione che provo nell'utilizzo (non molto esasperato) del microblogging soprattutto su Twitter. Posto circa 10–15 tweet al giorno (lavorativo), alla mattina e in qualche pausa di lavoro. Devo dire che la *relationship* con i *social-friends* è piacevole e dà quell'*esperienza di flusso*, prima accennata, che è tipica dei Social Network: la sensazione di partecipare ad una rete dove l'identità (digitale) è riconosciuta e le informazioni condivise. Ma non è di questo che volevo parlare.

Volevo approfondire gli aspetti dell'entropia e della relativa dispersione che è insita nel microblogging, la rapidità con cui l'*informazione* si consuma nelle *timeline* di Twitter e nelle *bacheche* di Facebook (già corrette con il Facebook EdgeRank...), in un flusso incessante di messaggi, link, commenti, stimoli...

Basta avere 100 following/amici per ritrovarsi, dopo qualche ora, a guardare solo gli ultimi post arrivati, con il risultato di disperdere gran parte dei contributi postati. L'obiezione è "basta che filtri il tutto con liste appropriate...", già. Sono convinto che l'*information ranking attraverso* la selezione degli amici, dei contatti, dei follow, delle liste, dei gruppi unitamente al ranking, filtering, al tagging, ecc. sia la chiave della customizzazione dei Social Network (e della search online)... ma credo che il *vecchio* blog ed i gruppi di discussione (ora su Linkedin o Facebook)... siano ancora il luogo di confronto preferibile rispetto al microblog, alle timeline dei flussi informativi.

- Il pro per il blog è la **profondità** (estensione del contenuto) vs. **frequenza** (sintesi dei 140 caratteri, più o meno il doppio su Facebook)
- Il contro per il blog è la **lentezza** (tempo per trascrivere un articolo) vs. **immediatezza** (velocità di un messaggio)

È proprio l'*immediatezza* e la spontaneità che hanno preso il sopravvento nei social network, Facebook e Twitter in primis, consentendo (e abilitando) la **conversazione** peer to peer.

Ciò vale anche per chi fa un uso professionale dei Social? Secondo me sì. Il microblogging ha drasticamente ridotto la produzione di contenuti dei blogger. È opportuno, secondo il mio parere mantenere una propria area (blog/gruppo) di analisi per gli *approfondimenti*, utilizzando i social network per la **conversazione** e la diffusione dei contenuti.

ESERCIZI

HELP FOR THE READER

A Some of the words in the selection may be unfamiliar to you. These potentially difficult terms are listed below in the order in which they appear in the text, with definitions from *Lo Zingarelli*, a monolingual Italian dictionary. Try to understand the definitions in Italian, then translate the words into English.

1 **entropia** s.f. *Nella teoria dell'informazione, misura della scarsità dell'informazione contenuta in un messaggio.*

2 **neuroni-specchio** s.m.pl. *Una specifica classe di neuroni scoperti sia nelle scimmie sia nell'uomo, che, attivati dall'esecutore di un'azione, vengono attivati anche nell'osservatore della medesima azione.*

3 **epocale** agg. *Che riguarda una data epoca; che inizia una nuova epoca, straordinario:* **una svolta epocale.**

4 **fare fatica** frase fatta *Fare qualcosa che richiede uno sforzo particolare, fisico o mentale.*

5 **fare ricorso** frase fatta *Rivolgersi a qualcuno o a qualcosa per cercare aiuto o protezione.*

6 **passaparola** s.f. *Trasmissione di un'informazione o di un messaggio da una persona all'altra.*

7 **beni relazionali** s.m.pl. *Beni che danno o acquistano valore perché mettono in relazione le persone.*

8 **tra pari** compl. di modo *Tra persone di simile o eguale status, personale o sociale.*

9 **il come** frase fatta s.m. *Il modo per fare qualcosa.*

10 **beni posizionali** s.m.pl. *Beni che consumiamo o cui assegniamo valore per la posizione o lo status di cui godiamo grazie ad essi.*

11 **già** avv. (a) *Indica un fatto che si sta compiendo o si è appena compiuto.* (b) *Esprime conferma, riconoscimento di un fatto o una situazione.*

12 **il pro... il contro** > **il pro e il contro** s.m. invariabile *L'aspetto favorevole e quello contrario.*

13 **in primis** latino *Prima di tutto.*

MAKING SENSE OF THE BLOG PAGE

B Answer the following questions. You can mark your progress in understanding the blog page by using the check boxes provided.

1 ☐ Judging from the URL, is the author of the selection a member of an official news organization, an expert on e-matters, or a blogger who publishes his thoughts online?

2 ☐ What topics does he focus on?

3 ☐ What draws people to social media tools?

4 ☐ Is humankind naturally cooperative or competitive?

5 ☐ What scientific discovery supports Rifkin's interpretation?

6 ☐ What feature of the cooperative structures that we have created undermines them?

7 ☐ What psychological trait helps us be more cooperative?

8 ☐ Why are e-based cooperative structures entropic?

9 ☐ How do mirror neurons affect the way we prefer one message over another?

10 ☐ Do we trust the messages we receive from friends more than those we receive from strangers?

11 ☐ What is activated when we receive a message from a friend?

12 ☐ What kinds of new "economies" and what kinds of goods are being created or reinforced by social media?

13 ☐ How does social media marketing take advantage of these e-based relationships?

14 ☐ What negative reactions weaken the effect of empathy?

15 ☐ What do we feel when we overuse tools such as Twitter?

16 ☐ Why is it pleasant to participate in the continuous exchange happening through social networks?

17 ☐ If we have 100 online friends, to which messages do we pay attention?

18 ☐ What instrument can we use to create a ranking of messages?

19 ☐ What are the pros of blogging?

20 ☐ What are the cons of blogging?

21 ☐ What features have taken over in social networks?

22 ☐ Why is it advantageous to maintain a "blogging" zone?

NEW WORDS IN THE MAKING

C Italian has adopted a great number of English words, not always because
no Italian equivalents exist, but because English is now the *lingua franca*.
The following list includes words in the selection that may or may not have
Italian versions. Translate as many as you can into Italian; it may take extensive
research to find some of them.

You may have more success on the web, starting with *Wikipedia* (http://
it.wikipedia.org/wiki); traditional dictionaries may not help much. This is the
living language, so a lack of established conventions is the order of the day.

1 brand _____

2 digital marketing _____

3 filtering _____

4 flow _____

5 follow/following _____

6 home _____

7 information _____

8 link _____

9 marketing _____

10 microblogging _____

11 online _____

12 peer to peer _____

13 to post _____

14 ranking _____

15 relationship _____

16 search _____

17 social commerce _____

18 social friends _____

19 social media _____

20 social network(ing) _____

21 social shopping _____

22 tagging _____

23 timeline _____

24 tweet _____

25 web management _____

THE VOCABULARY OF SOCIAL NETWORKS

Below you will find the Italian/English versions of e-life words. The overwhelming presence of English makes it easy for English-speaking learners of Italian to learn and manage the words they need. In the few cases where the English term is not used, or is not yet recorded in Italian-English dictionaries, the translation has been added. When Italians use the English version of a noun with the same range of meanings, all you have to do is take away the article: *l'internet* is Internet, and *la newbie* is a female newbie.

Verbs are translated, even though in most cases all you have to do to reconstruct the English verb is take away the infinitive ending; new Italian verbs always belong to the first conjugation in *-are,* which is regular in all forms and tenses. Almost all of these verbs are used transitively, but even when used intransitively, most take *avere* ("to have") as the auxiliary in compound tenses; at times they can be used with either *avere* or *essere* ("to be"). The auxiliary is indicated in parentheses.

The verbs in bold type are used in Exercise D below.

a Performing actions in the cybersphere

andare su google (aux. *essere*); ***googlare*** (aux. *avere*) to google
caricare; ***uploadare*** to upload
ceccare to check
chattare; *ciattare* (aux. *avere*) to chat
digitare to type, to key in
e-mailare; ***mailare*** (aux. *avere*) to e-mail
floodare to flood
interfacciare (aux. *avere*); ***interfacciarsi*** (aux. *essere*) to interface
linkare (aux. *avere/essere*) to link
messaggiare to text, to send a message
postare to post
rimbalzare (aux. *avere/essere*) to bounce back
risettare to reset
scaricare; ***downloadare*** to download
scrollare to scroll
supportare to support
taggare to tag
zippare to zip

b Virtual space—and real places where you can go virtual

l(a)'area di discussione; il forum
la blogosfera blogosphere
la chat room
la comunità (virtuale) (virtual) community
il cyberspazio; il cyberspace
il messaggio di posta elettronica; la mail; l(a)'e-mail e-mail message
la cassetta di posta elettronica e-mail box
il gruppo di discussione; il focus gruppo focus group

l(a)'/l(o)'internet
l(o)'Internet point
l(o)'Internet caffè Internet café
la rete; la network net/networking
la twittersfera Twittersphere

c E-life personas

il/la blogger
il/la cibernauta/cybernauta cybernaut
il cinguettatore/la cinguettatrice; il/la twitterer
il/la cyberpunk
il/la flamer
l(o)'/l(a)'internauta internaut
il/la lurker
il/la newbie

d Tools and support infrastructure on the screen—and behind the screen

l(a)'applicazione; l(a)'app
la bacheca message board
il caricamento; l(o)'upload
la chiavetta; la flash card
il feed
la fonte aperta open source
l(a)'icona; l(a)'icon
l(a)'interfaccia interface
l(a)'interattività interactivity
l(o)'iPad
l(o)'iPhone
il libro digitale/elettronico; l(o)'ebook e-book
il link
il look
la mailing list
la messaggeria instant messaging
il nome di dominio; il domain name
l(o)'oggetto subject
il pannello di controllo control panel
il percorso di ricerca search path
il portale; il portal
lo scaricamento; il download
lo shareware
lo smartphone
il social bookmarking
il software libero; il freeware
il software sociale; il social software
la striscia; il banner
il supporto support
la tablet

il trojan/troian Trojan software/virus
la wildcard
lo URL

e Activities and their results on screen
il blog
la chat line
la chiacchiera; il chat chatting
il cinguettio; il tweet/twit
il cyberterrorismo cyberterrorism
l(a)'emoticon; la smiley
la flame flame; flaming attack
il logo
il lurking
il mailbombing
il malware
il messaggio email; la mail e-mail message
il microblogging
la netiquette
il post; il posting
la posta elettronica; l(a)'e-mail
la posta spazzatura; il junk mail
la retomania net mania
l(o)'SMS; il messaggino; il text message
lo streaming
il twitter; il chiacchiericcio twittering
la twittermania Twitter mania
il videomessaggio; il video message

f Qualifiers of electronic life
a richiesta; on demand
internettiano (agg.) Internet-related
dal vivo; live
multimediale multimedia-related
virtuale; virtual
cybercondriaco (agg.) cybercondriac

D Reconstruct the English infinitive of the e-verbs below, then translate
the sentences into English.

1 "Downloaderesti questo programma?" "No! C'è un trojan dentro!"

　　＿＿＿＿＿＿＿＿＿＿＿＿＿＿＿＿＿＿

　　＿＿＿＿＿＿＿＿＿＿＿＿＿＿＿＿＿＿＿＿＿＿＿＿＿＿＿

2 "Hai zippato il file?" "Sì, ma non è andato lo stesso".

　　＿＿＿＿＿＿＿＿＿＿＿＿＿＿＿＿＿＿

　　＿＿＿＿＿＿＿＿＿＿＿＿＿＿＿＿＿＿＿＿＿＿＿＿＿＿＿

3 *Chatteremo di nuovo quando i miei mi ridanno il cellulare.*

_____

_____

4 *Con che programma si interfacciano gli scrittori per vendere online?*

_____

_____

5 *E se mailassi Enrico? Dici che verrebbe al poker?*

_____

_____

6 *Hanno uploadato il file sul sito.*

_____

_____

7 *Linkavamo il nostro sito a quello della scuola, ma alcuni genitori hanno protestato.*

_____

_____

8 *Lino guadagna discretamente supportando siti web.*

_____

_____

9 *Non capisco che succede. Se mi stessero floodando, il reboot non funzionerebbe.*

_____

_____

10 *Non è vero che mi ami! Non posti mai niente sulla mia pagina di Facebook!*

_____

_____

11 *Non risettarlo un'altra volta. Non vedi che è morto?*

_____

_____

12 *Penso che tu abbia digitato la password sbagliata.*

_____

_____

13 *Queste sono le istruzioni per taggare una foto su Facebook.*

    _____

    _____

14 *Scrolla, più giù... Ecco, quella è la foto di Donatella.*

    _____

    _____

15 *Se mi googlate la risposta al quiz e vinco, vi do il 10 per cento!*

    _____

    _____

16 *Vittoria non cecca mai la mail.*

    _____

    _____

E Rewrite the following sentences, using the Italian equivalent of the English words in bold type where possible. Mind the article!

1 *Ecco il nuovo **look del message board** di Facebook!*

    _____

2 *Da piccolo voleva fare l'astronauta. Adesso fa **il cybernaut**.*

    _____

3 *Sai dove trovare Bombo. Passa la vita **all'Internet café**.*

    _____

4 *Google lancia un nuovo servizio: scrivere **le e-mail** con il corpo.*

    _____

5 *Quale futuro ci riserva il mondo **degli e-book**?*

    _____

6 *Per cambiare i dati del conto devi accedere **al control panel**.*

    _____

7 ***Il twitter** riguarda l'insieme di tutti i pettegolezzi, le discussioni politiche, culturali, ecc. ecc., per vivere... la vita degli altri!*

    _____

    _____

8 *Le spie usano i **text message** per installare un virus sui telefonini di quelli che vogliono pedinare.*

_____

_____

9 *Bona lavora nel campo **del freeware** e viene anche pagata!*

_____

10 *Come faccio per limitare l'**instant messaging** solo agli amici?*

_____

THE MANY LIVES OF THE WORD *CHE*

In the exercises for the selection "I vini di origine controllata," a grammar point is devoted to *che* as a relative pronoun (pages 48–49). But *che* has many lives. In the blog above, where the author expresses his own opinions on social media and blogs, the writing style is assertive and declarative. Assertions can be expressed by using independent declarative clauses.

Ho mandato dieci tweet in due minuti.   I sent 10 tweets in two minutes.

Assertions may also be made by introducing a topic with a declarative independent clause containing verbs such as *pensare* ("to think"), *credere* ("to believe"), *essere convinto* ("to be convinced"), *sperare* ("to hope"), and so forth, followed by a declarative dependent clause.

Penso che Ugo non sappia nulla di software.   I don't think that Ugo knows anything about software.

Dependent declarative clauses are introduced by the conjunctions *che* in Italian and *that* in English. In Italian, when the independent clause conveys certainty, the dependent clause takes a verb in the indicative. Verbs expressing uncertainty, feelings, and opinions in the independent clause, however, are followed in the dependent clause by verbs in the subjunctive or, at times, the conditional mood.

Sono sicuro che Lalla non ha un iPhone.   I'm sure that Lalla doesn't have an iPhone.
Credo che Lalla non abbia un iPhone.   I believe that Lalla doesn't have an iPhone.
Pensano che sarebbe meglio se Lalla non usasse tanto l'iPhone.   They feel it would be better if Lalla wouldn't use the iPhone so much.

VERBS CONVEYING CERTAINTY + *CHE* + VERBS IN THE INDICATIVE		VERBS CONVEYING OPINIONS AND FEELINGS + *CHE* + VERBS IN THE SUBJUNCTIVE (OR CONDITIONAL)	
ammettere	to admit	chiedere/	to ask
annunciare	to announce	domandare	
comunicare	to communicate	credere	to believe

VERBS CONVEYING CERTAINTY + *CHE* + VERBS IN THE INDICATIVE		VERBS CONVEYING OPINIONS AND FEELINGS + *CHE* + VERBS IN THE SUBJUNCTIVE (OR CONDITIONAL)	
dichiarare	to declare	*desiderare*	to desire, to wish
dimenticare/ dimenticarsi	to forget	*dubitare*	to doubt
dire	to say	*essere contento/ felice/infelice/ scontento/ soddisfatto/ stupito*	to be glad/ happy/unhappy/ displeased/ satisfied/ amazed
essere certo/ sicuro	to be certain/sure		
informare	to inform		
raccontare	to narrate, to tell	*essere del parere/ dell'opinione*	to be of the view/ opinion
ricordare/ ricordarsi	to remember	*lamentarsi*	to complain
riferire	to report	*meravigliarsi*	to wonder
rispondere	to answer	*ordinare*	to give an order
sapere	to know	*pensare*	to think
scrivere	to write	*permettere*	to allow, to let
		preferire	to prefer
		proibire	to prohibit
		ritenere	to believe
		sospettare	to suspect
		sperare	to hope
		supporre	to suppose
		temere/ aver paura	to fear, to be afraid
		volere	to want

In Italian, the conjunction *che* ("that") can be omitted only in very few cases. If in doubt, use it . . . you will always be correct.

Penso (che) sia meglio non mandargli quella mail.	I feel [that] it would be better not to send him that e-mail.

Note: Never omit relative pronouns in Italian.

F The following sentences are from the selection. Determine for each whether *che* introduces a relative or a declarative clause. If *che* introduces a dependent declarative clause, write "*che*, declarative conjunction." If *che* is used as a relative pronoun, write its replacement (*il quale/la quale/i quali/le quali*) and identify whether it functions as a subject, direct object, or indirect object. (For a refresher on relative pronouns, see pages 48–49.)

1 *Un'esperienza **che** ci spinge dal salotto della TV al bar degli amici...*

   _____, _____

2 *... ci identifichiamo anche per le relazioni **che** abbiamo...*

   _____, _____

3 *Ma la struttura **che** ha creato per collaborare è tecnicamente entropica.*

   _____, _____

4 È un'economia dell'attenzione, *dunque,* **che** *si sta consolidando nella costruzione delle reti sociali...* **che** *si integra con l'economia della felicità, basata sul dono, sulla fiducia...*

_____ , _____

_____ , _____

5 *L'attività di* Social Media Marketing... *scommette sulle relazioni tra pari e sulla possibilità* **che** *le aziende/brand possano inserirsi... [e] s'intromette in questa esperienza di flusso innescando un passaparola positivo sui prodotti/servizi... i beni posizionali,* **che** *sostengono lo status sociale delle persone...*

_____ , _____

_____ , _____

6 *All'empatia si contrappone, però... l'entropia: un crescente senso di frammentazione...* **che** *ci fa sentire con l'ansia dell'aggiornamento, della news dell'ultima ora...*

_____ , _____

7 *Cresce nel tempo il senso di dispersione* **che** *provo nell'utilizzo... del microblogging soprattutto su Twitter.*

_____ , _____

8 *Devo dire* **che** *la* relationship *con i* social-friends *è piacevole e dà quell'esperienza di flusso, prima accennata,* **che** *è tipica dei Social Network...*

_____ , _____

_____ , _____

9 *Volevo approfondire gli aspetti dell'entropia e della relativa dispersione* **che** *è insita nel microblogging,...*

_____ , _____

10 *L'obiezione è "basta* **che** *filtri il tutto con liste appropriate..."*

_____ , _____

11 *Sono convinto* **che** *l'information ranking attraverso la selezione degli amici, dei contatti, dei follow... sia la chiave della customizzazione dei Social Network...*

_____ , _____

12 *... ma credo* **che** *il vecchio blog ed i gruppi di discussione... siano ancora il luogo di confronto preferibile rispetto al microblog, alle timeline dei flussi informativi.*

_____ , _____

13 *È proprio l'immediatezza e la spontaneità* **che** *hanno preso il sopravvento nei social network,...*

_____ , _____

Social media, empatia ed entropia

Seconda parte

In the conclusion to his companion piece (*Social media, empatia ed entropia: Prima parte*), Leonardo Milan tries to find a criterion to help himself and others decide what electronic medium to choose for which kind of communication. Readers will sense that new media may have changed communication in many ways, but some basic issues—in-depth knowledge vs. impressionistic comments, the capacity to focus vs. absentminded-ness—remain the same, no matter whether we read a message on paper passed from desk to desk in school, a tweet, a leaflet, a blog, or a book. Milan chooses an abstract style to comment on these issues, but the conclusion he reaches is an old one: If you really want to learn something, you have to devote time and energy to it.

Entropia dell'informazione, complessità, aleatorietà e incertezza

Per entropia si intende la dispersione, la dissipazione di risorse: una misura del caos. Prendo spunto da Wikipedia alla voce "entropia" nella teoria dell'informazione:

- *"Nella teoria dell'informazione l'entropia misura* **la quantità di incertezza o informazione** *presente in un segnale aleatorio....*
- *L'entropia delle sorgenti con memoria è ragionevolmente minore dell'entropia di una sorgente senza memoria. Infatti i messaggi emessi dipendono in una certa misura da quelli emessi precedentemente, il che li rende più prevedibili...".*

Ecco, l'entropia è inferiore se c'è la memoria... ma è proprio la **memoria**, l'apprendimento e la capacità cognitiva della riflessione e dell'approfondimento analitico (la fonte per l'acquisizione di competenza e di sapere...) il maggior antidoto alla *dispersione dell'informazione* causata dall'entropia... Ma, allora, non è forse il microblogging, nella sua costante *intrapposizione* di una notizia/informazione sull'altra (dove quella valida è sempre quella più recente... ritenuta più aggiornata...) una fonte costante e crescente di entropia informativa?

Interessante anche il passaggio: [i] *"messaggi emessi dipendono in una certa misura da quelli emessi precedentemente, il che li rende più prevedibili"*, quasi a richiamare l'aspetto della **coerenza** dell'emittente. È forse una *deriva* per i blogger come me l'essersi buttati a testa in giù sui social network? È vero, però, che i social media ed il Web 2.0 ha[nno] rotto l'universo che definiva i blogger come entità un po' **monadi** (da *monos* che significa "uno", "singolo", "unico") dell'informazione/comunicazione ("monade" da Wikipedia):

- Le **monadi** sono "*... semplici sostanze puntiformi, se per sostanza intendiamo un centro di forza. Esse non possono avere inizio o fine se non tramite creazione o annichilazione. Hanno un'attività interna, ma non possono essere fisicamente influenzate da elementi esterni...*"
- "*... ogni monade è unica; ovvero, non ci sono due monadi uguali tra loro.... Ci deve, dunque, essere in ogni monade il potere di rappresentazione, attraverso il quale essa **riflette ogni altra monade in maniera tale che un occhio possa, guardando in una monade, osservarvi l'universo intero lì rispecchiato**...*"

Ecco una bella metafora (le monadi) e un bell'esempio di universo dei *neuroni-specchio* e dell'empatia... occorre coniugare approfondimento e conversazione, quindi.

Quanto siamo lontani dal Social Media Addicted?

Lo scenario peggiore, non solo per gli addetti ai lavori, è quello di entrare in una spirale dove non si raggiunge mai la soglia del *Social Media Addicted* (intesa come nevrosi ansiogena dalla mancanza di connessione...), ma un'abitudine a soglie sempre più elevate di tempo dedicato alla micro-informazione (interazione con entropia) rispetto alla macro-informazione (conoscenza e apprendimento).

La vittima sacrificale a tutto ciò è la nostra *attenzione*, la capacità che abbiamo di andare in esplorazione della profondità delle informazioni che ci ruotano intorno, senza utilizzare in modo esasperato la nostra memoria a breve termine (quella che non ci fa ricordare dove abbiamo messo le chiavi... e cosa abbiamo fatto due tweet fa...).

Non è un caso che sia nato il movimento *slow*... (non solo sul *food*).

A titolo esemplificativo riporto nell'articolo: *Flusso dei messaggi, entropia. La time line [sic] di Twitter*, un esempio di timeline, in un estratto dai 150–200 tweet degli ultimi 10 giorni (non dedico più di un'ora al giorno ai Social Media...), postati sul mio account di Twitter *http://twitter.com/leonardmilan*.

Articolo correlato: Flusso dei messaggi, entropia. La time line [sic] di Twitter

Tag di Technorati: Social Media Addicted, Social Media Marketing, Microblogging, Trend, Entropia

Related posts:
1. Flusso dei messaggi, entropia. La timeline di Twitter
2. Il Social Media Counts
3. Social Commerce: è l'evoluzione dell'e-Commerce o dei Social Network?

Tags: Microblogging, Social Media Addicted, Social Media Marketing

ESERCIZI

HELP FOR THE READER

A Some of the words in the selection may be unfamiliar to you. These potentially difficult terms are listed below in the order in which they appear in the text, with definitions from *Lo Zingarelli*, a monolingual Italian dictionary. Try to understand the definitions in Italian, then translate the words into English.

1 **aleatorietà** s.f. Dall'aggettivo **aleatorio** *Che dipende dalla sorte, dal caso: esito aleatorio; previsione aleatoria.*

_____

2 **prendere spunto (da)** espressione idiomatica *Occasione che suggerisce il dire o fare qualcosa.*

_____

3 **emesso** part. pass. di **emettere** *Mandare fuori o mettere fuori, esprimere, propagare.*

_____

4 **intrapposizione** s.f. Derivato da **intraporre/intrapporre** *Interporre.*

_____

5 **emittente** part. pres. di **emettere** e s.f. *Stazione trasmittente.*

_____

6 **deriva** s.f. *Spostamento laterale di un natante per azione delle correnti marine.* (fig.) *Slittamento progressivo verso concezioni considerate negative; regressione.*
    andare alla deriva espressione idiomatica *Essere trascinato dalle correnti e dai venti.*

_____

7 **essersi buttati a testa in giù** > **buttarsi a testa in giù** espressione idiomatica *Gettarsi in un'impresa senza valutarne le conseguenze.*

_____

8   **monade** s.f. *Presso i pitagorici (VI sec. a.C.), unità che è il principio delle cose materiali e spirituali; per il filosofo Gottfried Leibniz (1646–1716), sostanza semplice, indivisibile, inestesa e di natura spirituale che costituisce l'elemento ultimo delle cose.*

9   **puntiforme** agg. *Detto di ciò che ha la forma di un punto, piccolo come un punto.*

10 **annichilazione** s.f. *Annullamento, annientamento.*

11 **rispecchiato** part. pass. del verbo *rispecchiare Immagine riflessa in uno specchio; illustrato, espresso con fedeltà all'originale.*

12 **metafora** s.f. *Figura retorica che sostituisce una parola o un'espressione con un'altra intuitivamente analoga:* **Achille è un guerriero forte e potente.** *>* **Achille è un leone.**

13 **addicted** inglese In medicina: *assuefatto;* met. *Appassionato di qualcosa al punto di non poterne fare a meno.*

14 **addetti ai lavori** s.m.pl. *Incaricati di particolari compiti; esperti; usato ironicamente come frase fatta:* **super esperti.**

15 **ansiogeno** agg. *Che produce ansia, angoscia.*

16 **soglia** s.f. *Parte inferiore della porta; limite inferiore o valore minimo perché una causa possa avere un certo effetto.*

17 **vittima sacrificale** frase fatta *Animale o essere umano sacrificato alla divinità; oggetto, cosciente o no, delle conseguenze negative di errori o difetti propri o altrui.*

18 **slow... (non solo sul food)** *>* Slow Food *Associazione fondata a Bra (Piemonte, Italia) da Carlo Petrini nel 1986 e lanciata come associazione internazionale a Parigi nel 1989, conta oltre 100.000 iscritti. Impegnata nell'educazione del gusto per la salvaguardia delle cucine locali, delle produzioni tradizionali e delle specie vegetali ed animali in via di estinzione:* http://www.slowfood.com.

19 **a titolo esemplificativo** frase fatta *Esempio.*

_____

20 **time line/timeline** inglese *Qui con il significato di "ritmo di comunicazione".*

_____

MAKING SENSE OF THE SELECTION

B Mark each of the following statements as either T (true) or F (false).

1 _____ Entropy measures order.

2 _____ In information, entropy measures uncertainty in a random signal.

3 _____ Memory increases entropy.

4 _____ More recent messages depend on previous messages.

5 _____ Learning requires memory, critical thinking, and analytical depth.

6 _____ Memory is the best antidote to information waste.

7 _____ The oldest news is the most highly valued in microblogging.

8 _____ If messages form a consistent flow, newer messages depend on older ones.

9 _____ A consistent series of messages is unpredictable.

10 _____ Bloggers regress by accepting social network tools without reservation.

11 _____ Social media have increased participants' isolation.

12 _____ A monad is a unique, undivided energy point unaffected by other physical forces.

13 _____ A monad is a mirror of other monads.

14 _____ Mirror neurons and monads are very different.

15 _____ Social media users can expect to catch "Connectionless Anxiety Disorder."

16 _____ Social media users can expect to catch chronic "Interaction with Increasing Entropy Disorder."

17 _____ Capacity for prolonged attention will be a sacrificial victim to micro information flow.

18 _____ Relying on short-term memory is advantageous.

19 _____ Social movements of the "slow" type are a reaction to information overload.

20 _____ Twitter's timeline refers to the pace at which messages appear on social media.

21 _____ There are connections between social media and social marketing and social commerce.

THE VOCABULARY OF E-MAIL

Below you will find the Italian/English versions of e-mail words. For many expressions, all you need to do to find the corresponding English word is take away the article. The translation of each expression has been provided, because dictionaries may not be up-to-date with the vocabulary of computer-based communication.

In Italian, an internet address is given verbally in the following manner.

daniela.gobetti@englishitaliano.net

daniela – punto ("dot") – *gobetti – minuscolo* ("lowercase") – *chiocciola* ("snail" (= "at")) – *englishitaliano – punto* ("dot") – *net*

a at, to
l(o)'accesso access
allegare to attach
alto high (in this context)
l(o)'appunto note (cf. the Microsoft program OneNote)
l(a)'attività activity
l(a)'autenticazione authentication
base basic (in this context)
basso low (in this context)
il calendario calendar
la cassetta di posta elettronica e-mail box
la categoria category (literally)
ceccare; controllare to check
la chiocciola snail (= at)
cliccare to click
il codice maligno; il malware virus, malware
il cognome family name
completare to complete
la connessione; la connection connection
il conto account
copiare to copy
C(opia) c(onoscenza) CC (carbon copy)
C(opia) C(onoscenza) n(ascosta) BCC (blind carbon copy)
da from, by
digitale digital
digitare to key in, to type
l(o)'elemento element
e-mailare; mailare (aux. *avere*) to e-mail
l(a)'emoticon; (la) smiley emoticon, smiley
il file file
la firma; la signature signature

floodare to flood
il formato format
il furto d'identità; l(o)'identity theft identify theft
il gestore (m./f.); *il provider* Internet provider
l(o)'hacker (m./f.) hacker
l(o)'hackeraggio hacking
l(o)'host (m./f.) host
l(a)'icona icon
l(a)'identità utente; la user ID user ID
includere to attach
incollare to paste
inserire to insert
inviare to send
il mailbombing mail bombing
la mailing list mailing list
maiuscolo uppercase
il messaggio di posta elettronica; il messaggio email; la mail; l(a)'e-mail
    e-mail (message)
minuscolo lowercase
mostrare to show
nessuno no one
la netiquette netiquette
il nome name
l(o)'oggetto subject
l(a)'opzione option
la parola d'ordine; la password password
la posta (elettronica); l(a)'e-mail e-mail
la posta spazzatura; il junk mail junk mail
il postmaster (m./f.) postmaster
la priorità priority
il punto dot
la revisione review
rimbalzare (aux. *avere/essere*) to bounce back
la riunione meeting
la rubrica contacts
tagliare to cut
il testo text
il trojan; il troiano Trojan virus
tutto everything, all
la visualizzazione visualization
il webmaster (m./f.) webmaster
zippare to zip
lo zoom zoom

C A typical message page of an Italian e-mail service provider is produced below, followed by instructions for writing and sending a message. Link each step to the appropriate field on the screen by inserting the correct letter.

1 _____ Insert your e-mail address.

2 _____ Insert the addressee's e-mail address.

3 _____ You want to add a BCC contact; when you click on your contacts, you can't find the name. Check whether it's in your list.

4 _____ Insert the subject of your message.

5 _____ Add the main body of the text.

6 _____ You want to repeat a phrase with minor variations in it: cut and paste.

7 _____ Attach two images.

8 _____ Check your calendar to add information about a meeting.

9 _____ Assign high priority to this message.

10 _____ Change the format of the text.

11 _____ Change your signature.

12 _____ Send it.

THE FORMATION OF NOUNS

In Italian, as in English, a lot of words are formed by modifying other words. For example, nouns can be formed by modifying verbs, adjectives, and other nouns, especially by adding suffixes.

The blog reproduced above is full of such words: *informazione* ("information"), *dispersione* ("dispersion"), *aleatorietà* ("randomness"), and so forth. At times, a noun has the same meaning as the adjective it is derived from, though it plays a different function: *la presenza* ("presence") is the noun that indicates the fact of being *presente* ("present"). At other times, the basic and derived words have different, if related, meanings: *giornale* ("newspaper") > *giornalaio* ("newspaper seller"/"newsstand").

Some nouns are abstractions that can only be used in the singular, for example, *aleatorietà* ("randomness"). Others can indicate both abstractions (for example, *informazione*—the activity of informing) and concrete instances (in which case they take the plural, as in *un'informazione o cento informazioni*—"one or one hundred pieces of information").

VERB > NOUN	*informare* ("to inform") > *informazione* ("information")
ADJECTIVE > NOUN	*complesso* ("complex") > *complessità* ("complexity")
NOUN > NOUN	*visione* ("vision") > *visionario* ("visionary")

In addition to forming nouns, you can also engage in deconstruction and infer the verbs, adjectives, and nouns from which a word was formed.

NOUN < VERB	*operazione* ("operation") < *operare* ("to operate")
NOUN < ADJECTIVE	*superiorità* ("superiority") < *superiore* ("superior")
NOUN < NOUN	*visionario* ("visionary") < *visione* ("vision")

Here are the endings—by no means all that exist—that appear in the words taken from the blog.

ENDING/VERB, NOUN, OR ADJECTIVE	NOUN
-zione/-sione	
operare ("to work"/"to operate")	*operazione* ("operation")
disperdere ("to disperse")	*dispersione* ("dispersion")
-mento	
apprendere ("to learn")	*apprendimento* ("learning")
-ura (from the verb's past participle)	
chiudere ("to close") > *chiuso* ("closed")	*chiusura* ("closing")
-anza/-enza	
somigliare ("to look like")	*somiglianza* ("likeness")
dipendere ("to depend")	*dipendenza* ("dependence")
assente ("absent")	*assenza* ("absence")
-ato, -ito, -ata, -uto, -ito (from the verb's past participle)	
passare ("to pass") > *passato*	*il passato* ("the past")
vedere ("to see") > *veduto*	*la veduta* ("the view")
-ità, -età, -tà	
capace ("able")	*capacità* ("ability")

D The following words are from the selection; verbs are given in the infinitive, and adjectives in the default masculine singular form. Write the verb, adjective, or noun that is the source of each noun, or write the noun that derives from each verb, adjective, or noun. The target part of speech is given for each item. You will notice that all words conveying abstract ideas are feminine. Be sure to add the definite article for each noun.

1 *acquisizione* (> v.) _____

2 *aleatorietà* (> n.) _____

3 *andare* (> n.) _____

4 *annichilazione* (> v.) _____

5 *apprendimento* (> v.) _____

6 *approfondimento* (> v.) _____

7 *attenzione* (> v.) _____

8 *coerenza* (> adj.) _____

9 *competenza* (> adj.) _____

10 *complessità* (> adj.) _____

11 *comunicazione* (> v.) _____

12 *coniugare* (> n.) _____

13 *connessione* (> v.) _____

14 *conoscenza* (> v.) _____

15 *conversazione* (> v.) _____

16 *creazione* (> v.) _____

17 *definire* (> n.) _____

18 *dipendere* (> n.) _____

19 *dispersione* (> v.) _____

20 *dissipazione* (> v.) _____

21 *emettere* (> n.) _____

22 *entrare* (> n.) _____

23 *esasperare* (> n.) _____

24 *esemplificare* (> n.) _____

25 *esplorazione* (> v.) _____

26 *incertezza* (> adj.) _____

27 *inferiore* (> n.) _____

28 *informazione* (> v.) _____

29 *interazione* (> v.) _____

30 *intrapposizione* (> v.) _____

31 *lontano* (> n.) _____

32 *maggiore* (> n.) _____

33 *mancanza* (> v.) _____

34 *minore* (> n.) _____

35 *misura* (> v./n.) _____,

_____

36 *occhio* (> n.) _____

37 *osservare* (> n.) _____

38 *potere* (> n.) _____

39 *presente* (> n.) _____

40 *prevedibile* (> n.) _____

41 *profondità* (> adj.) _____

42 *rappresentazione* (> v.) _____

43 *riflettere* (> n.) _____

44 *segnale* (> n.) _____

45 *semplice* (> n.) _____

46 *uguale* (> n.) _____

47 *unico* (> n.) _____

48 *universo* (> n.) _____

49 *utilizzare* (> n.) _____

50 *valido* (> n.) _____

E In the following sentences, nouns are used instead of adjectives and verbs, and vice versa. Replace the words in parentheses with the correct words so that the sentences make sense. Articles may have to be added, verbs conjugated, and adjectives coordinated with nouns.

1 *Con (acquisire) _____ di quei dati, Giampaolo ha finito il suo articolo in due settimane.*

2 *Corre voce che i telefonini (emissione) _____ di non so che onde pericolose per la salute.*

3 *Dai (un occhio) _____ allo scaricamento del programma: si è bloccato?*

4 *I risultati degli esperimenti non sono (coerenza) _____ con quelli che si aspettava il ricercatore.*

5 *Il tecnico ha aggiunto un dispositivo per (il segnale) _____ del livello delle batterie del PC.*

6 *(Il valido)* _____ *della garanzia è di due anni.*

7 *(Intrapponiamo)* _____ *di un'interfaccia grafica più semplice migliorerà il funzionamento del portale.*

8 *La (maggiore)* _____ *degli americani è su Facebook.*

9 *La sua (presente)* _____ *fisica non è necessaria, perché faremo una videoconferenza.*

10 *La teoria (del complesso)* _____ *mira a comprendere il comportamento futuro dei sistemi di cui si capiscono i componenti singoli, ma non lo stato futuro totale.*

11 *Lui giura sull'(uguale)* _____ *di tutti i laptop: scegli a caso.*

12 *Ma quel sito è sicuro? Nell'(incerto)* _____, *è meglio non aprirlo.*

13 *Prima di comprare un computer nuovo, valuta bene di che (potere)*

_____ *hai bisogno.*

14 *Quando si tratta di computer, io (dipendenza)* _____ *completamente da mio fratello, che è un patito della cibernetica.*

15 *Sono rimasta (annichilazione)* _____ *da quello che mi ha detto Lea.*

Ottantaedintorni

In Italy, there are three genres of popular music, beginning with "folk" music, which originates in regional traditions and is mostly sung in local dialects. Of these, only Neapolitan music has gained national renown since the late 19th century.

The second genre comprises the 1960s protest singers-songwriters, who looked for inspiration to the songs of the late 19th century and the beginning of the 20th century, with the emergence of the working class and of the first feminist movement, and then to American social protest ballads.

The third genre is "pop" music, with two sub-genres: *musica leggera* ("light music," or "music lite") and *musica pop* ("pop" music). *Musica leggera* is also called *melodica* ("melodic"), because what matters most is the melody, which evokes, in easier technical forms, the strong Italian operatic tradition of *bel canto*. *La musica pop*, or *il pop*, tries to find a local "voice" while adopting the musical structure of American and British rock and roll; at times, it mixes melodic and rock music.

The selection below is excerpted from *Ottantaedintorni* ("the 1980s and thereabouts"), a portal devoted mostly, but not exclusively, to Italian popular music of the 1980s (hence "thereabouts"). The aim of its author, Enrico Savini, is to introduce readers and listeners to authors and singer-songwriters who are musically worthy of note but who did not achieve fame—or did, but have been partly or entirely forgotten. One of the site's claims to fame is the introduction of Leee John to the Italian audience.

The website is written in clear, correct Italian, with an occasional, at times inevitable, English term. That is one of the main reasons why it is more accessible than the preceding two selections.

Signore e Signori: Mister Leee John!

lunedì 28.02.2011

Emozioni e sorprese a non finire per l'attesissimo esordio degli **Imagination featuring Leee John** al **Leicester Theatre** di Londra, un piccolo ma gradevole teatro in piena Westminster che ha ospitato la prima del musical *Taboo* i cui testi sono stati scritti da Boy George.

Versione rivista del sitio web www.ottantaedintorni.it.

La data del 26 febbraio è stata scelta come apertura di un tour itinerante in cui Leee John proporrà 30 anni di successi per celebrare questa
importante ricorrenza. Lo show è iniziato con precisione tutta inglese,
alle 7.30 p.m. ora di Londra, con l'entrata in scena di **Junior Giscombe**
un autentico fuoriclasse del funky/soul, che ha deliziato il pubblico in
sala per un'ora "obbligandolo" a ballare e a non rimanere neppure un
minuto sulla sedia. Voce perfetta, cinquantina mascherata da un fisico
invidiabile e da un'energia che ha travolto un pubblico peraltro molto
eterogeneo, ha lasciato la sala dopo aver eseguito alcuni bis.

Dopo una ventina di minuti di pausa i monitor hanno scandito l'arrivo di Leee John con una presentazione davvero maestosa e l'orchestra
ha cominciato a suonare la hit mondiale: "Music and Lights", tra lo stu-
pore dei fan che non si aspettavano un'apertura così d'effetto. Ma Leee
è abituato a stupire il proprio pubblico e la temperatura dello show già
molto alta è salita vertiginosamente. Dopo alcuni successi degli *Imagination*, Leee ha deliziato il pubblico con alcune cover reggae e soul, per poi
sedersi vicino al pianoforte ad intonare un classico dei suoi slow: "I'll
always love you". Sala ammutolita e applausi scroscianti.

Alcuni rumors avevano parlato di una circa un'ora di esibizione, già
ampiamente passata, ma Leee non aveva ancora suonato tantissimi dei
suoi successi, tra cui "Flashback" e "Just an Illusion", quindi era ovvio
che la fine dell'esibizione fosse ancora molto lontana.

E infatti Leee, grazie ad uno dei sui cambi d'abito, è tornato sul palco
scatenandosi in passi di danza ed esibendosi con "Burnin' up," "Flashback" e chiudendo con l'attesissima "Just an Illusion", con tanto di teaser
(introduzione n.d.r.) eseguito alle tastiere che ha mandato in estasi il
pubblico.

Finita l'esibizione, Leee ha chiamato sul palco Junior Giscombe per
ringraziarlo e per suonare insieme a lui "Mama used to say" (hit di Giscombe, n.d.r.) e ancora un bis di "Just an Illusion".

La serata si è conclusa con un saluto ai fan e un party celebrativo
dove l'italianissimo Fulvio (il più grande fan italiano di Leee) ha conse-
gnato una targa per il trentesimo [anniversario] a Leee, particolarmente
commosso per quanto ricevuto.

ESERCIZI

HELP FOR THE READER

A The review of Leee John's concert in London is written in clear, correct,
idiomatic Italian. You may, however, welcome help with some words, listed
below in the order in which they appear in the selection, with their definitions
in Italian, taken from *Lo Zingarelli*, a monolingual Italian dictionary. Try to
understand the definitions in Italian, then translate the words into English.

1   **prima** s.f. *Prima rappresentazione di uno spettacolo.*

---

2   **apertura** s.f. *Avviamento, inizio.*
    (il **pezzo di**) **apertura** *Il brano o testo con cui si inizia un concerto o una rappresentazione.*

---

3   **itinerante** agg. *Che si sposta da un luogo all'altro.*

---

4   **fuoriclasse** s.m./f. *Chi possiede doti o abilità eccezionali, nettamente superiori a quelle di altri che praticano la stessa attività, specialmente sportiva.*

---

5   **fisico** agg. *Che concerne la natura, i suoi fenomeni e le leggi che li regolano.* s.m. *Il corpo umano riguardo alla sua condizione di salute e all'aspetto.*

---

6   **bis** s.m. invariabile *Acclamazione in teatro per chiedere la replica di un brano.*

---

7   **esibizione** s.f. *Esecuzione di un pezzo musicale, teatrale, ecc.; l(o)'esordio.*

---

8   **mandare** v.tr. *Far andare qualcuno con un ordine o a una certa destinazione; inviare qualcosa a qualcuno.*
    mandare in estasi *Entusiasmare.*

MAKING SENSE OF THE SELECTION

B   Mark each of the following statements as either T (true) or F (false).

1   _____ Leee John's show is not his 30th one in London.

2   _____ The theater is in the borough of Westminster.

3   _____ The musical *Taboo* has never been presented before.

4   _____ Leee John's career spans 20 years.

5   _____ The show started late.

6   _____ The first musician on stage is an outstanding performer of reggae.

7   _____ People were "forced" to leave their seats and dance.

8   _____ Junior Giscombe was out of shape.

9   _____ He gave no encores.

10 _____ Leee John came on stage after a 25-minute break.

11 _____ He opened with a little-known song.

12 _____ The "temperature" in the concert hall steadily increased.

13 _____ Leee's reggae and soul pieces are the same as those of "Imagination."

14 _____ The audience applauded a lot.

15 _____ People said that the show would last for an hour.

16 _____ Before coming back on stage, Leee changed clothes.

17 _____ "Flashback" was the last song he performed.

18 _____ Leee John did not give an encore.

19 _____ There was a party at the end of the concert.

20 _____ Fulvio gave a plaque to Leee for the 30th anniversary of his career.

THE VOCABULARY OF POP MUSIC

Listed below are the most common words regarding pop music, clustered according to activity. The English translation has been provided for unfamiliar words. Words used in exercises C, D, and E are in bold type. Each exercise focuses on a different set of words, but words from the other two sets may also be included.

Note that most English words use (correctly) the masculine article (*il jazz, il reggae,* and so forth), but when the same word is used as a qualifier of *la musica,* the entire phrase is feminine, because *musica* is feminine (*la musica digitale/folk/jazz/leggera/pop/psichedelica/soul*).

a Producing and recording music

l(o)'album
l(o)'arrangiamento
l(o)'audio; il sonoro sound
l(o)'autore
il brano (musicale) piece
il/la **cantante**
cantare
il/la cantautore/cantautrice singer-songwriter
la **canzone**
la casa/l(a)'etichetta **discografica**
il **CD**
la **compilation**
comporre
il compositore
corale
il coro
le **cuffie** headset
dal **vivo,** *live*
i diritti d'autore
il **disco** *(a 33/45/78 giri)* (33/45/78-rpm) record

il fonico recording/mixing engineer
la frequenza
il gruppo/la band
l(o)'impianto stereo(fonico) stereo equipment
incidere/registrare
l(a)'incisione/la registrazione
l'LP (elle pi)
il microfono
miscelare/mixare
il missaggio/mixing
il mixing desk/*console/mixer*
il/la musicista
l'orchestra
il produttore discografico/la produttrice discografica
il registratore
la registrazione
il ritmo
il ritornello
la sala/lo studio di registrazione/incisione
lo show
il singolo (pezzo); il single
il/la **solista**
strumentale
suonare
il suonatore (di)/*la suonatrice (di)*
il tempo
il testo
la traccia track
i versi lyrics
il video
vocale
la voce

b Performing, broadcasting, and listening

l(o)'altoparlante megaphone
l(o)'amplificatore amplifier
l(o)'/la appassionato; il/la **fan**
l(o)'applauso
il biglietto
bruciare/masterizzare un (audio) CD/DVD to burn/master an (audio) CD/DVD
il concerto
la copia *pirata* pirated copy
il divo/*la diva*
il/la DJ
l(o)'esecutore/il/l(a)'interprete performer/interpreter
l(a)'esecuzione/la performance
eseguire to perform
il festival

il fiasco, *l'insuccesso* flop
la hit parade
improvvisare
in playback
il monitor
il musical
il palco(scenico) stage
popolare popular (famous; mainstream)
il pubblico
la showgirl
lo showman
lo stadio stadium/arena
il successo/la hit
il tour
trasmettere
la trasmissione

c Instruments, players, and musical genres

l(a)'armonica
la ballata
il/la bassista
la batteria
il/la batterista
il bluegrass
il canto popolare folk song
la chitarra
il/la chitarrista
il contrabbasso; *il basso*
la cornetta
digitale
elettrico
elettronico
il folk
il funk
la fusion
l'hard rock
l(o)'heavy metal/*il metal*
l(o)'hip hop
in delirio raving
intonato in tune
il jazz
melodico
musicale
la percussione
il piano bar piano lounge
il piano(forte)
radiofonico
il reggae
il rhythm and blues

il rock and roll
romantico
il sassofono
sentimentale
sincopato
il sintetizzatore
slow, lo slow
il soul (music)
stonato out of tune
lo strumento
la tastiera
il tastierista
la tromba

C Someone is recording a CD in the studio, but the narrative has been scrambled so that the order of events is all wrong. List the sentences in the correct order.

___ ___ ___ ___ ___ ___ ___ ___ ___ ___ ___ ___ ___ ___ ___ ___

a *A mezzogiorno andarono a mangiare un boccone. Nonostante le proteste di Dina la "band" si bevette due litri di rosso.*

b *Alle otto avevano tutti fame, ma seguirono il consiglio di Dina ed ordinarono pizza e coca-cola.*

c *Andò tutto male fin dal primo pezzo. Il cantante non teneva il tempo con la traccia, e il batterista "entrava" sempre in ritardo. Ci vollero 20 take per registrare il primo brano.*

d *Aveva prenotato la sala di registrazione per il 15 giugno, ma all'ultimo momento il solista si era ammalato — o così aveva detto. Secondo i pettegoli, era in vacanza alle Baleari con la fidanzata di turno.*

e *Finalmente era tutto pronto. Il fonico alzò la mano e fece un segno che voleva dire: "Avanti, si parte!"*

f *Il 30 giugno Dina arrivò allo studio in anticipo. Sarebbero venuti? Il solista chiaramente pensava di essere un gran divo, perché anche il giorno della registrazione era in ritardo di un'ora.*

g *Il pomeriggio procedeva lentamente, senza entusiasmo. Verso le quattro, però, il gruppo incominciò a funzionare meglio. Forse si svegliavano tutti i giorni a quell'ora.*

h *La produttrice discografica, Dina, aveva deciso di fare una compilation con brani dal vivo e brani registrati in studio con qualche arrangiamento.*

i *La sala di registrazione chiudeva a mezzanotte, ma c'erano ancora due canzoni da registrare.*

j *L'unico contento sembrava essere il suonatore di contrabbasso, che nell'attesa di incominciare pizzicava le sue corde e cercava i suoi ritmi picchiettando sulla cassa dello strumento.*

k   *Ma alla fine c'erano tutti: il cantante viziato; il batterista, che persino a quell'ora sembrava fatto; il tastierista, che si lamentava di dolori alle mani; e il chitarrista, che si lamentava di tutti gli altri.*

l   *Niente da fare. Bisognava prenotare la sala per almeno un'altra mezza giornata. Dina arrivò a sperare che il CD fosse un fiasco, così avrebbe potuto liberarsi dei Tondo Tondo.*

m   *Si arrivò alle undici con il solista che pareva già stanco e il tastierista che si lamentava di morire di fame. Persino il bassista stava per perdere la pazienza. Dina entrava e usciva dalla sala di incisione: aveva fumato almeno dieci sigarette nel cortile.*

n   *"Tondo Tondo! Grande successo con il primo album!" dicevano i mass media. La casa discografica decise perciò di registrare un secondo album del nuovo gruppo.*

o   *Tutto dovette essere rimandato, dunque, alla fine del mese; Dina minacciava di fermare tutto.*

D A pop, rock, and jazz music fan has left his collection of memorabilia and documents to the local museum of music. As curator for an exhibit, you have been charged with placing things in chronological order. You may consult *www.wikipedia.it* if your knowledge of musical history is lacking.

— — — — — — — — — — — — — — — — — — —

a   *Alcune foto dei fan di John Lennon al memoriale in Central Park.*

b   *Cinque recensioni dell'hit dei Pink Floyd "Wish You Were Here".*

c   *Due biglietti ricordo del concerto dei Led Zeppelin alla O_2 Arena a Londra.*

d   *Due lettere a Judy Garland dell'autore dei versi di "Over the Rainbow" scritte quando uscì The Wizard of Oz.*

e   *Fotografie del pubblico in delirio al concerto degli U2 al Super Bowl XXXVI.*

f   *Il pianoforte usato da Ray Charles al concerto di Los Angeles.*

g   *Il primo video di Madonna di "Don't Cry for Me Argentina".*

h   *Istruzioni per usare il primo mixing desk digitale della Euphonix.*

i   *La tromba di Dizzy Gillespie al concerto con Miriam Makeba a Deauville.*

j   *Le bacchette della batteria usate da Max Roach + 4 at Newport.*

k   *Le incisioni di prova del single "God Save the Queen" dei Sex Pistols.*

l   *Le cuffie usate da uno dei Beach Boys in sala di registrazione quando iniziarono a incidere per la Capitol Records.*

m   *Tre copie del primo successo dei Beatle "Love Me Do".*

n   *Un 45 giri di Louis Armstrong che canta il suo maggior best-seller "Hello, Dolly!"*

o   *Una copia autografa di Bob Dylan del testo di "Like a Rolling Stone".*

p   *Una copia della prima canzone di Elvis Presley "That's All Right".*

q   *Uno dei dischi di Ella Fitzgerald quando iniziò a incidere per la Decca.*

ABSOLUTE SUPERLATIVES

As one might expect in a review of an exciting musical event, the reporter uses superlatives to talk about the show and its impact on the audience: *attesissimo* ("eagerly awaited"), *tantissimi* ("so very many"), *italianissimo* ("very Italian"). Superlatives are used to stress the intensity of a feeling, an emotion, or a characteristic to the highest possible degree.

Sto benissimo!	I'm feeling great!
Clara è veramente bellissima.	Clara is really (very) beautiful.

Adjectives and adverbs are the two kinds of words that can be used in the superlative degree. Furthermore, in Italian, you can turn indefinite adjectives (also used as adverbs) into superlatives, because they indicate unknown quantities with different degrees of intensity.

molto > moltissimo	very/much > very much
poco > pochissimo	little/scarce > very little/very scarce
tanto > tantissimo	so much > a lot

An adjective that modifies its stem to maintain its phonetic form when forming the plural, uses the same modification when forming the superlative.

bianco > bianchi/bianche/ *bianchissimo(a)/bianchissimi(e)*	white > very white
ricco > ricchissimo	rich > very rich
grigio > grigi (rather than *grigii*) *> grigissimo*	gray > very gray

When used as an adjective, the word *amico, amica* ("friendly") uses the forms of the masculine in the feminine as well.

amico > amici > amicissimo/i	friendly > very friendly
amica > amica > amicissima; *amiche > amicissime*	

Then there is the rhetorical use of superlatives, as in *italianissimo* ("very Italian"), which means "quintessentially Italian."

francese > francesissimo	French > very/quintessentially French
nessuno > nessunissimo	none > absolutely none

To form superlatives, Italian adds the endings *-issimo/-issima/-issimi/-issime* to the root of the word, that is, to the word without the ending in its basic form. All adjectives and adverbs take these endings, whether they end in *-o* or *-e* in the singular.

alto > altissimo/altissima/altissimi/ *altissime*	tall > very tall
grande > grandissimo/grandissima/ *grandissimi/grandissime*	big/great > very big/very great
presto > prestissimo	soon/early > very soon/very early
male > malissimo	badly/poorly > very badly/very poorly

A few qualifiers take irregular forms. They are rarely used, but you may encounter them in your reading.

pigro > pigerrimo	lazy > very lazy
ampio > amplissimo	ample/broad > very ample/ very broad
celebre > celeberrimo	famous > very famous
misero > miserrimo	unhappy/poor > very unhappy/ very poor
integro > integerrimo	honest > very honest

Some adjectives have two superlative forms.

buono > buonissimo/ottimo	good > very good
cattivo > cattivissimo/pessimo	bad/evil > very bad/very evil
grande > grandissimo/massimo	big/great > very big/very great, maximum
piccolo > piccolissimo/minimo	small > very small, minimal

In Italian, you also have the option of using reinforcers before a qualifier to indicate a slightly lesser degree of intensity than that conveyed by the superlative.

REINFORCER	REINFORCER + QUALIFIER	ENGLISH MEANING
molto	*molto interessante*	very interesting
davvero	*davvero arrabiato*	angry indeed
proprio	*proprio giusto*	just right
tutto	*tutto vero*	entirely true
veramente	*veramente importante*	really/truly important

In addition, you can repeat the qualifier (adjective or adverb)—an option that has an endearing ring to it.

REPEATED QUALIFIER	REPEATED QUALIFIER IN EXPRESSION	ENGLISH MEANING
forte forte	*un abbraccio forte forte*	a big hug
grande grande	*una bocca grande grande*	an impressively large mouth
piccolo piccolo	*un bambino piccolo piccolo*	a tiny baby
presto presto	*Correvo veloce veloce.*	I was running really fast.
tanto tanto	*Ti amo tanto tanto.*	I love you so much.

Some adjectives do not have a superlative form, often because the basic forms are already considered superlatives or because no range of degree is possible. Following are some examples.

pari	even
dispari	odd
colossale	colossal
divino	divine
eterno	eternal
eccezionale	exceptional

enorme	huge
fondamentale	fundamental
immenso	immense
immortale	immortal
infinito	infinite
principale	principal
straordinario	extraordinary
unico	unique

E In the following sentences, the qualifiers in bold type have been scrambled between sentences. Rewrite the sentences, placing each qualifier in the correct sentence. Be guided not just by meaning, but also by grammar: A plural adjective cannot follow a singular verb, a feminine adjective cannot agree with a masculine noun, an adverb cannot be used as an adjective, and so forth.

1 *Cantava una canzone da piano bar,* **molto depressi,** *ma intensa.*

2 *Il ragazzino guardava* **stonatissima** *i movimenti del chitarrista che accordava il suo strumento.*

3 *Il rock and roll è un ritmo* **davvero bravo.**

4 *La musica jazz in genere è* **fortissimo.**

5 *Mio padre si è messo a suonare il sassofono a cinquant'anni ed è diventato* **molto sentimentali.**

6 *Non chiedere a Lalla di cantare! È* **molto coinvolgente!**

7 *"Piantatela con quell'heavy metal! Siete* **molto sincopata!"**

8 *Scrive canzoni carine, leggere,* **attentissimo.**

9 *"Sei un batterista* **proprio insopportabili.** *Vorremmo che ti unissi alla nostra band".*

10 *Ha abbandonato il pianoforte per il sintetizzatore. I suoi sono* **dolce dolce.**

Navigating the Web in Italian

In Italy, there are three ways to access the Internet:

- Subscribe to a 24/7 connection through an Internet access provider.
- Go to an Internet café.
- Purchase a *chiavetta* ("small key")—a flash card/stick that lasts for a specific number of minutes and is rechargeable, like a phone card. This system is ideal for occasional surfers of the Internet and for people who are in Italy for only a short time.

Users of electronic media—in all forms—find Italian cyberspace easy to navigate, because people use the Italian or English version of the same tools: Facebook, Twitter, Google, YouTube. A few tips can be useful, however, if you want to use electronic media in Italian, first, because you can practice your reading and interpretative skills, and second, because a lot of sites exist only in Italian—and computer-based translations are reliable only up to a point.

URLs: .it

The web extension of Italian sites is usually .it (for *Italia*). This means that the American classification of sites according to legal status (.gov for government, .edu for education, .org for organization (i.e., not for profit), and .com for company (i.e., for profit) may not appear in the URL of an Italian site. *Caritas italiana* (http://www.caritasitaliana.it), which is the branch of the Italian Conference of Bishops devoted to charitable activities—an .org in the United States—does not carry that information in its domain name.

Many important Italian companies have dropped the .it extension and adopted the more widely recognizable and globally accessible .com; examples are FIAT (a carmaker), ENI (an energy company), and Mondadori (a publishing house). Some companies use both: Mondadori, for instance, has both an .it and a .com URL address. Some organizations have adopted the .org extension, for example, *Italia Nostra* ("Our Italy") (http://www.italianostra.org), which is a 50-year-old association active in the protection of Italian artistic, architectural, and natural/environmental heritage.

Google and other search engines

To find information about Italy in English, enter a word in a search engine. The most popular search engines are the following.

- Bing: http://bing.com
- Google: http://www.google.com
- Yahoo: http://www.yahoo.com

You can also go to the Italian version of the same search engines, which give entries in both Italian and English.

- Bing (Italia): http://it.bing.com
- Yahoo (Italia): http://it.yahoo.com
- Ask (Italia): http://it.ask.com

Let's say that you want to *googlare* ("to google") in Italian. Go to http://www.google.it. The search options are the same as in English. To practice, open two windows and compare the two home pages:

If you enter *Florence* in the English version's search window, you will also get "Recipes" and "Blogs" in the menu on the left. If you enter *Firenze* in the Italian version, you will get the following options:

> *In tempo reale* In real time (everything that is being posted while you're performing your search)
> *Blog* (but not *Ricette*)
> *Più contenuti* More (contents)

Here is a list of other options, with their English translations.

Cerca vicino a...	Look close to . . . (this enables you to enter a specific place—*Inserisci località* ("Enter location"))
Nel Web	On the Web (this lets you choose between the following)
Pagine in italiano	Pages in Italian
Pagine da: Italia (this should be *Pagine dall'Italia*)	Pages from Italy
Pagine straniere tradotte	Translated foreign pages

Qualsiasi data	Any date
Ultima ora	The latest
Ultime 24 ore	Last 24 hours
Ultimi 2 giorni	Last 2 days
Ultima settimana	Last week
Ultimo mese	Last month
Ultimo anno	Last year
Intervallo di date	Custom range

This last suboption is not very clear in Italian, but it means that you can enter a range of search dates: *dal giorno X al giorno Y* ("from day X to day Y").

If you are looking for information about Florence or Venice, or, let's say, George Clooney, you are likely to get the same top pages in either version. This changes if you are searching for something local or less well-known worldwide. If you are looking for a pizzeria in Rome, results in google.com and google.it will vary. You'll find a pizzeria, for sure, but it may not be the same one.

Tourist sites usually have English versions: If you enter *Roma turismo* ("Rome tourism") in either version of the search engine, you will be taken to the same site, which is the city administration's official site. The Italian version gives you the option of choosing English among other languages; the American version will take you directly to the English version of the site.

English versions of Italian sites are common for tourist destinations, important fashion labels, furniture firms, hotels, transportation companies, and government agencies, such as the *Ministero degli Affari Esteri* ("Ministry of Foreign Affairs"), the *Polizia di Stato* (the police), and the *Carabinieri* (another police corps). The same may not be true for other essential services. No English option is currently available, for example, for the *Vigili del Fuoco* ("firefighters"), for important hospitals such as *Le Molinette* (Turin's university hospital) or the *San Raffaele* hospital in Milan, or for the *Croce Rossa Italiana* ("Italian Red Cross"), which provides ambulance services. Even the *Pronto Soccorso* (emergency) subpage of *Le Molinette*'s website is only in Italian.

So, it does pay to learn Italian, and to practice looking for something you need in the Italian version of Google!

On many web pages, you will find prominently displayed a **Numero verde** ("Green number"), which corresponds to an American 800 number. When toll-free service was introduced in Italy 10 years ago, the access number for the service was 1678, then changed to 167. To make it clear to callers that their calls would be free, the numbers are called **green.** Now that the 800 access number has been adopted, newer toll-free numbers are 800 numbers printed in green.

Italian browsers (*Motori di ricerca*)

Besides the American-originated browsers mentioned above, there are Italian browsers. The most popular is *Virgilio*: www.virgilio.it. If you go to the following site, you will also find a list of other browsers: www.segna lidivita.com/motoridiricerca/index.htm.

Social networking sites (*Siti dei network sociali*)

- Twitter (Italia): http://twitter.com/#!/twitter_it
- Facebook (Italia): http://it-it.facebook.com
- Myspace (Italia): www.myspace.com/myspaceitalia

Buying and selling (*Acquisti e vendite*)

- Amazon (Italia): www.amazon.it
- eBay (Italia): www.ebay.it

News and information (*Notizie e informazioni*)

Major Italian newspapers are usually available online for free.

- *La Stampa* (Turin): www.lastampa.it/redazione/default.asp
- *Corriere della Sera* (Milan): www.corriere.it
- *Il Messaggero* (Rome): www.ilmessaggero.it
- *la Repubblica* (a national newspaper based in Rome): www.repubblica .it

You can stream programs broadcast by *RAI* (the public radio and TV network with several channels) if you go to www.rai.it/dl/portale/home Rai.html. Mediaset, owned by Silvio Berlusconi, the longtime prime minister of Italy, is the holding company of the most important private TV channels: www.mediaset.it.

La TV via cavo is the generic name for cable TV programs, mostly distributed via land cable or satellite.

Other popular information sites are the following.

- YouTube (Italia): www.youtube.com/?gl=IT&hl=it
- Wikipedia (Italia): www.wikipedia.it

Apps work as they do in the United States, provided that you have a tool that can download them.

Italian (*L'italiano*)

There are also online Italian dictionaries. You may be able to consult them for free for a trial period, download them, or purchase web access to them. Here are several options.

- Zingarelli: http://dizionari.zanichelli.it/dizionariOnline
- Garzanti: http://garzantilinguistica.sapere.it/it/novita/grandidizionari
- Hoepli: http://dizionari.hoepli.it/Default.aspx
- Sansoni: www.sansoniscuola.it/dizionari

You can also use the Internet to check a spelling or grammar point. Let's say that you are in doubt about whether the masculine plural of the adjective *bianco* ("white") is *bianchi* or *bianci*. If you enter *bianci* in a browser, it may return 910,000 results and tell you: *Forse cercavi bianchi* ("Did you mean *bianchi*"). If you enter *bianchi*, you get 119,000,000 results. Now, *Bianchi* is a very common last name in Italy, as Smith is in English, so you'll have to check a few sites and see what *bianchi* refers to, but it's very likely that *bianchi* is the correct masculine plural of *bianco*. If you want to be absolutely sure, you can enter *cavalli bianchi* and see what happens. In fact, the browser simply ignores your mistake, and interprets *bianci* as *bianchi*.

This "unorthodox" use of the Internet also works in more complex cases. Do Italians say *"Ho giocato calcio"* ("I played soccer") or *"Ho giocato a calcio"* (literally, "I played at soccer")? The number of search results is the same for both versions—but, again, it's because the browser ignored your mistake. The wording in the entries themselves show that *giocare a calcio* is the correct usage.

In conclusion, note the following.

1. The number of results reported is usually an indication of which form is correct.
2. Checking the sites provided by the browser further helps clarify the issue.
3. By asking you what you mean, the browser is giving you a hint that you may be making a mistake.
4. This method does not work in every single case.
5. And remember: The majority is not always correct.

Instructions for
downloading bonus reading material

This digital book includes a free downloadable chapter in PDF format. To access this material, visit McGraw-Hill Professional's Media Center at http://mhprofessional.com/mediacenter/, then enter this e-book's ISBN and your e-mail address. You will receive an e-mail message with a download link for the additional content.

This book's ISBN is 9780071770330.

Answer key

Il bel paese

Torino

B   1. diminutive, la scuola   2. diminutive, il muratore   3. augmentative,
la strada   4. diminutive, il muso   5. pejorative, la sorella   6. lo scolaretto
7. la barchetta   8. la bimbina/bimbetta   9. il bimbino/bimbetto   10. la gattina
11. il gattino   12. il giochino/giochetto   13. il micino/micetto   14. la pallina
15. la pancina/pancetta   16. il panino   17. la scarpina/scarpetta
18. la tazzina   19. l'uccellino/uccelletto

Il Touring Club Italiano

C   1. membro   2. socia   3. membri   4. membro/socio   5. membri
6. membri/soci   7. associati

D   1. l(a)'allenatrice   2. l(a)'astronauta   3. l(o)'avvocato/l(a)'avvocatessa
4. il chirurgo   5. la direttrice   6. la fisioterapista   7. la maestra
8. la musicista   9. la pagliaccia   10. il pilota   11. la pittrice
12. la programmatrice   13. la psicologa   14. la sarta

E   1. elevata   2. fenici   3. archeologico   4. illuminati   5. Siracusa
6. il sito archeologico   7. normanna

Trieste (I)

B   1. muro, —   2. canto, —   3. —, ragazzo   4. —, barca   5. —, bestia
6. cappa, —   7. cappa, —   8. —, gatto   9. —, strada   10. —, ucello
C   1. beccuccio, beccaccio   2. cagnolino/cagnetto, cagnaccio
3. donnina/donnetta, donnaccia   4. musino/musetto, —
5. ragazzina/ragazzetta, ragazzaccia   6. omino/omuncolo/ometto, omaccione
7. vecchina/vecchietta, vecchiaccia

Trieste (II)

C   1. Grande Guerra   2. sconfitta, disfatta   3. reduci   4. foibe   5. eccessi,
sangue   6. esodo, profughi   7. guerra mondiale   8. dichiarazione di guerra
9. servizio militare, servizio civile   10. soldati, civili   11. genocidio

D   1. preferite, quelle, rosse   2. mia   3. mio   4. Partiti tutti, stata
5. Sposate tutte giovani   6. partito/partita   7. tutte

E   1. ne, Ne   2. averne   3. mangiarne   4. le, gliene, la   5. guardarla
6. ne   7. prenderne, ne, lo, lo   8. lo   9. Ne, dimenticarlo   10. ne   11. ne
12. Ci, averne   13. ne   14. l'ho

L'agriturismo

C 1. campagna 2. vacanza ecologica 3. agriturismo 4. campi coltivati, alberi, vigneti 5. tipici, olio, Vernaccia, olive 6. faunistica, camera
7. verde, giardino 8. cascina, equitazione 9. cultura 10. borghi, colle, mare

D TV, color, solarium, shop-room

Slow food

L'Arcigola

C 1. Slow Food, associati 2. consumatori 3. generazioni 4. culturale, piacere, gusto 5. industriale 6. mondo, scambio, storie, conoscenze, progetti

D 1. del, in 2. al 3. all', a, del 4. nella, di 5. a 6. di 7. dell' 8. nel
9. in/a, a 10. Nella 11. alla 12. Alla 13. della, della

E 1. vecchio 2. scorretto 3. distratto 4. sconsigliare 5. morto
6. la lentezza 7. l(o)'attacco 8. spirituale 9. l(a)'inefficienza 10. falso
11. regredire 12. peggiore

F 1. inefficienza 2. distratto 3. dolori 4. peggiore 5. sconsiglio
6. L'attacco 7. scorretto 8. lentezza 9. false 10. morto 11. regredire
12. spirituale 13. vecchia

Il mangiarbene

G 1. ristorante 2. Cuneo 3. cucina 4. formaggi 5. del luogo 6. moderni
7. carta di credito 8. cuoco 9. proprietario 10. tagliatelle 11. brasato
12. costolette 13. erbe 14. tortino 15. cioccolato 16. grappa di
17. produttori 18. vini 19. grappa 20. hotel

H 1. presta attenzione 2. è 3. conosce 4. offre 5. accetta
6. consigliamo 7. resta

Il buon vino fa buon sangue

B 1. D.O.C. 2. zona di produzione 3. vitigno, zone di produzione, D.O.C.
4. colore, profumo, sapore 5. gradazione alcolica

D 1. spumante 2. secco 3. frizzanti 4. amabile

F 1. paglierino 2. caratteristico 3. rosa, lampone 4. lampone 5. aspro

G 1. di, del 2. di, del 3. da 4. a 5. da 6. da, da 7. di 8. da 9. da
10. di, del 11. da 12. di, di 13. a 14. di 15. da

I vini di origine controllata

C 1. D.O.C. 2. in vigore 3. tre 4. denominazione 5. semplice
6. controllata 7. controllata 8. garantita 9. zona di produzione
10. restrittiva

D 1. che 2. che, cui 3. che 4. che 5. cui 6. cui 7. cui 8. cui, che

La scienza in cocina e l'arte di mangiar bene

B 1. Mettere/Si metta 2. condire/si condisca 3. buttare/si buttino
4. finire/si finisca

D 1. si trita 2. burro 3. farla cuocere 4. montare 5. sbollentare
6. girato 7. abbassare 8. alla griglia 9. un pizzico 10. quanto basta
11. Ricoprite 12. rametto, frigge 13. al setaccio 14. legano 15. fare

La moda e il design

Kartell

B 1. leader 2. habitat 3. design, design 4. "Contract" 5. Labware
6. flagship shop, shop in shop 7. reusable, recyclable 8. office 9. office
10. light 11. know how

C 1. Kartell è 2. sono 3. Kartell offre 4. L'azienda produce 5. sono
concepiti 6. è dedicata 7. Kartell è

D 1. alla vostra 2. del suo, di sua 3. le loro, la sua, delle loro 4. la mia,
la tua 5. I tuoi 6. Le sue 7. I suoi

E 1. stata ricca (città) 2. difficili, splendidi (monte) 3. stati resi, noti
(fiume) 4. diventati (nome) 5. state tutte assorbite (azienda
automobilistica) 6. costosi, accessibili (sport) 7. imbattibili, alleati, nemici
(paese) 8. adottati (figlio) 9. tutte neolatine, tutte germaniche, indoeuropee
(lingua)

Tensione e compressione

C 1. alberi 2. frassino, castagno, betulla, lauro, carpino, acero, ciliegio, pero,
magnoglia 3. lauro 4. magnoglia 5. pero, ciliegio, castagno 6. corteccia
7. ghisa 8. ramificazioni 9. liberty 10. aceri 11. retta 12. fiori
13. boschetto 14. edera, capelvenere 15. fragole, lamponi 16. anemoni
17. campanule 18. garofanini 19. rododendri 20. violette 21. genziane
22. piante

D 1. albicocco, albicoccheto 2. ananas, — 3. arancio, aranceto 4. banano,
bananeto 5. ciliegio, ciliegeto 6. fico, ficheto 7. fragola, fragoleto
8. fragolina di bosco, — 9. kiwi, — 10. lime/limetta, — 11. lampone, —
12. mandarancio, — 13. mandarino, — 14. melo, meleto 15. mirtillo, —
16. mora, — 17. pero, pereto 18. pesco, pescheto 19. pompelmo, —
20. prugno/susino, — 21. (la) vite, vigheto

Io speriamo che me la cavo

B 1. a. cadente b. cadenti c. cadenti d. cadenti e. cadente f. cadenti
g. bagno h. cadente i. Però ci vivamo lo stesso, perché è casa nostra
j. non ce ne sono
2. a. ha b. cadente
3. a. non è poi cosi male come si vive a casa mia b. calci c. sotto le lenzuola
d. e vuole passare la notte a casa nostra e. non ce n'è più
4. a. a vicenda quando mangiamo b. tinozza
5. abbiamo
6. giocano
7. a. cadente b. ci (sono affezionato) c. cadente
8. cadente

C 1. Gli 2. Le 3. Ne 4. C'è 5. Gli/loro 6. le 7. gli 8. Gli 9. Ti

D   1. **Gliel**'ho   2. **Me** l'ha   3. Glielo   4. Te lo   5. Parliamo**gliene**/Gliene
6. Gliela   7. **Me** l'ha   8. Glieli   9. ve la   10. Glielo   11. Spedite**gliela**
12. Restituite**gliela**

Ville, villette, villone

D   1. b   2. a   3. b   4. a   5. b   6. c   7. a   8. b   9. c   10. b   11. b   12. a
13. c   14. b   15. a   16. a   17. b

La moda italiana

C   1. c   2. a   3. c   4. b   5. a   6. a   7. b   8. a   9. a   10. c   11. c   12. b

D   1. settore tessile, industria, seta, lana   2. abiti da sera, da donna
3. a collo alto   4. da sposa   5. scollature a V   6. misurate, pantaloni
7. camicie, pantaloni   8. da cavallerizza, di tweed   9. da notte, pigiama
10. da cocktail   11. sfilata

Costume e società

Il male di vivere

B   1. adolescenti, ragazze   2. moda, magre   3. trasparente   4. anoressici,
depressi   5. poeta, tumultuosa, dissipata   6. propria immagine   7. pazienti,
guarigione   8. sottopeso   9. jogging, ceramica, pittura   10. vestiti, sfilate
11. fare i conti, corpo   12. bianco, blu   13. psichiatra, isoli, escluda
14. mondo esterno   15. look   16. depressioni, a letto

C   1. moderno   2. modernità   3. moda   4. modello/modella   5. modellabile
6. modellare   7. modellino   8. modellismo   9. leggerezza   10. leggermente
11. alleggerire   12. pesante   13. pesantezza   14. pesare   15. sovrappeso
16. magrolino   17. magrezza   18. dimagrire   19. grassoccio/grassottello
20. grassone   21. grassezza   22. ingrassare   23. ingrassare

La moda maschile

C   *Nouns that are the same as the infinitive or participle forms are in parentheses.*
1. il cibo   2. la bevanda   3. il canto   4. la sgualcitura   5. la stropicciatura
6. l'asciugatura   7. (il passato)   8. il bagno   9. la cottura   10. la scrittura
11. (fare del cinema/fare un film/il filmare)   12. la nascita   13. la candidatura
14. (il prendere/la presa)   15. (il fare/il fatto)   16. (il dovere/il debito)
17. l'amore   18. la pittura (il dipinto)   19. l'evasione   20. la frittura
21. (il pianto)   22. la risata (il riso)   23. (il successo)   24. la vittoria
25. (il dire/il detto)

D   1. su misura, sarta   2. camicia, sparato   3. cravatta, bianchi   4. abito, lino
5. a infradito   6. brache   7. jeans, t-shirt, tennis   8. pantaloni, revers,
cravatte   9. bermuda, smoking

Il problema demografico

B   1. immigrati, saldo   2. donne, uomini   3. negativo, positivo, movimento
4. bilancio, tendenza   5. nati, morti, aumento   6. coppie, speranza, fiducia
7. politica economica, pensioni   8. prolifica, nascite   9. immigrazioni
10. tasso, 3,1%   11. urbanizzazione   12. capoluogo, 30, immigrati

Il calcio

B 1. calcio, squadre, lega calcio
2. serie A, classifica, serie B, promosse, squadre, Juventus, Torino, derby
3. giocatori, (lo) stopper, centravanti, (il) bomber, (la) punta, centrocampisti, passare, cross, fallo laterale, in corner, angolo, Mister
4. primo tempo, secondo tempo, attacco, difesa, gols/reti, pallone, fare la melina, contropiede, rigori
5. calcio di rigore, ammonire, espellerlo, cartellino giallo, cartellino rosso, in dieci
6. campionato, girone di andata, girone di ritorno, in casa, fuori casa, tifosi, tifoseria, ultrà/ultras, scudetto, Juventus, la Signora del calcio italiano, calciatori, calciomercato
7. mondiali, titolo mondiale, azzurri, C.T.

C *Gender exceptions are indicated by an asterisk.* 1. il Po (b)
2. l(o)'Adriatico (e) 3. il Rosa (f, h) 4. il Cervino (h)
5. l(a)'India (i, k) 6. le Alpi (g) 7. gli Appennini (h) 8. il Garda (d)
9. l(a)'Africa* (a, *but also* n) 10. il Trasimeno (d) 11. l(o)'Adige (b)
12. la Gran Bretagna (i, k) 13. la Sicilia (c) 14. la Sardegna (c)
15. il Vesuvio (h) 16. l(o)'Etna (h) 17. il Bormida (o) 18. l(o)'Arno (b)
19. il Piemonte* (k) 20. il Friuli* (k) 21. l(a)'Asia* (a, *but also* n)
22. la Cina (i, k) 23. il Mediterraneo (e) 24. la Lombardia (k)
25. il Trentino* (k) 26. il Maggiore (d) 27. le Puglie (k) 28. il Tirreno (e)
29. la Calabria (k) 30. le Marche (k) 31. il Bianco (f, h) 32. il Veneto* (k)
33. l(a)'Aurelia (m) 34. la Flaminia (m) 35. la Spagna (i, k)
36. la Nomentana (m) 37. l(o)'Iseo (d) 38. il Gran Paradiso (f, h)
39. il Monginevro (j) 40. gli Stati Uniti (l)

La beatificazione

C 1. chiesa cattolica, regolare, secolare 2. sacerdoti, parrocchie, frati, suore, francescani, domenicani, gesuiti 3. conventi, monasteri 4. clausura, monaci
5. diocesi, vescovo, parroco 6. papa 7. processo, beatificazione, processo
8. canonizzazione 9. miracolo, fenomeno soprannaturale 10. amore, chiesa
11. stigmate/stimmate

D 1. a. un thriller b. un libro di colore giallo
2. a. i Tuareg b. uomini colorati di blu
3. a. lezioni sull'America b. lezioni dall'America
4. a. breve periodo di concentrazione b. cucchiaino
5. a. un uomo di dimensioni notevoli b. un uomo di grande statura (morale, politica, ecc.)

E 1. congregare 2. beatificare 3. emigrazione 4. ordinazione
5. amministrare 6. considerazione 7. identificare 8. sollevare
9. celebrazione 10. fondazione 11. preoccupare 12. redazione
13. considerare 14. provocazione 15. registrare 16. valutazione
17. conservazione 18. osservazione

La scuola

Cuore

B 1. piccolo 2. piccolo 3. stretto 4. triste 5. ricco 6. robusto 7. grande
8. corto 9. grasso 10. umile 11. antipatico 12. vivo 13. distratto
14. diverso 15. brutto 16. ultimo 17. sano

C 1. Avvalendosi 2. Ci salutammo 3. ci prenderemo 4. si assomigliano
5. lavarci 6. ti chiami 7. Vi siete scambiati 8. Mi sono fatta 9. Si criticano
da soli. 10. Si criticano

D 1. Si parte 2. Mi piace 3. si divertono 4. ci ricordiamo 5. Si sono
giocati 6. Mi sono piaciuti 7. Criticarsi, buttarsi 8. Togliti

La maturità

C 1. l(o)'antropologo/l(a)'antropologa, antropologico 2. il ragioniere/
la ragioniera, — 3. il/la linguista, linguistico 4. lo scienziato/la scienziata,
scientifico 5. l(o)'architetto/l(a)'architetta, architettonico

E 1. maturità 2. traduzione 3. passo 4. esame orale 5. innovazione
6. tradurre 7. riassunto 8. simulazione

La matematica in rima

B 1. l'ago, needle 2. L'abile, skilled 3. l'acca, letter H 4. l'a, letter A
5. L'acero, maple 6. L'ama, he loves her 7. L'ambire, to aspire 8. l'ancia,
reed 9. Lancia, spear 10. L'edere, ivy plants 11. L'ira, wrath
12. l'oro, gold 13. l'otto, eight 14. l'una, one

G 1. aritmetica, geometria, algebra, analisi infinitesimale
2. quattro operazioni, addizione, sottrazione, moltiplicazione, divisione
3. numeri in colonna 4. unità, unità, decine, decine, centinaia, centinaia
5. punto, virgola, interi, decimali 6. tabellina 7. tavola pitagorica

J 1. c, g, i 2. b 3. f 4. j 5. h 6. k 7. a 8. e 9. d

La gatta

C 1. felini, domestico, tigre 2. addomesticato, fedele, indipendente
3. divinità 4. siamesi 5. soriano 6. gatto, gatto 7. selvatico 8. gatta, topi
9. gattini 10. nidiata, soriano, persiano, siamese 11. castrare 12. leccava i
baffi 13. vibrisse 14. fa le fusa 15. farsi le unghie 16. addomesticati
17. leone, leonessa 18. gattopardo

D 1. Arrivai 2. era 3. c'era 4. c'era 5. veniva nutrita 6. sollevò 7. fece
8. strusciò 9. Fece 10. guardò 11. era 12. rimanevo lì (*Note that the adverb*
qui, *which accompanies the present tense, becomes* lì *with the verb in the imperfect:*
Distance in space is used to convey distance in time.) 13. metteva 14. avviai
15. Stavo 16. spuntò 17. aveva 18. aveva visto 19. spalancò 20. accolse
21. disse 22. fece 23. continuò 24. diceva 25. accarezzava

Lessico famigliare

Una città famigliare

C 1. terre lontane, città 2. mare, sole, rotaie, diritte 3. Torino, tramonto,
ardono 4. pomeriggio, sera 5. vecchiotta, provinciale, parigino

E 1. sogna 2. musa 3. giovinezza, remota 4. nascita, teneri, mesti
5. amori pallidi, tedio 6. fantesca 7. esilio, sere, beoti, pettegoli, bigotti, cari
8. anima, chiara, buia 9. ride, piange 10. metà di se stesso

Lessico famigliare

C 1. figlia, figli/figlie, figliolo/figliola 2. gemella, gemelli/gemelle,
gemellini/gemelline 3. nonna, nonni/nonne, nonnino/nonnina 4. nipote,
nipoti, nipotino/nipotina 5. zia, zii/zie, zietto/zietta 6. prozia, prozii/prozie,
— 7. cugina, cugini/cugine, cuginetto/cuginetta 8. cognata, cognati/cognate,
cognatino/cognatina 9. suocera, suoceri/suocere, — 10. trisavola,
trisavoli/trisavole, — 11. figlioccia, figliocci/figliocce, — 12. (genitrice),
genitori, — 13. —, fratelli, fratellino 14. —, sorelle, sorellina 15. parente,
parenti, — 16. —, famiglie, famigliola 17. —, papà, papino (*colloquial*)
18. —, babbi, babbino/babbuccio 19. —, mamme, mammina

D 1. fratelli, sorelle, più piccola/giovane 2. famiglia, padre, madre
3. genitori, zio 4. nonna paterna, cugine, zie 5. nonni 6. figlia
7. patriarcale 8. matriarcale 9. patrilineari, matrilineari 10. nipotini
11. matrigna, figliastri, figli 12. madrina 13. gemelli

E 1. — 2. — 3. il 4. La, — 5. La, delle 6. La 7. —, — 8. i 9. —, —
10. La, i 11. il

Famiglia cristiana

C 1. filarino 2. ragazzi 3. flirta 4. escono insieme 5. sta con un'altra
6. storia, il tuo ex 7. fidanzamento, sposarsi, si sono lasciati 8. matrimonio,
avremmo divorziato 9. avventure/storie, si è, sacrificata 10. rotto, si sono
rimessi insieme, (hanno) rotto, si sono lasciati 11. separati 12. amante,
umiliazione

D 1. durerà 2. duri 3. sarebbe durato 4. durasse 5. hanno deciso
6. abbiano deciso 7. si erano visti 8. sarebbe tornato 9. hanno deciso

Va' dove ti porta il cuore

C 1. Immagina 2. sente 3. è, seccato 4. riflettere 5. Siamo, incuriositi
6. interessa 7. appassionano 8. previsto, sorpreso 9. ecciti 10. sfiorato
11. È come se 12. sapere

D 1. dovesse 2. ha, creato 3. venga 4. scriverà 5. cadessero/fossero
cadute 6. avesse comprato 7. avrebbe diseredato 8. avesse diseredato
9. era, fosse 10. venissero 11. sarebbero venuti 12. volessero

E *Only commonly used words are given.* 1. —, —, —, immaginazione,
immaginato 2. —, —, —, —, sentito 3. —, —, —, —, volente/voluto
4. —, —, —, —, contagiato 5. riflesso, riflessione, —, riflessione,
riflettente/riflesso 6. previsione, —, il previdente, previsione,
previdente/previsto 7. —, eccitazione, l(o)'eccitante, eccitazione,
eccitante/eccitato 8. —, irritazione, l(o)'irritante, irritazione, irritante/irritato
9. —, —, il sopravvissuto/la sopravvissuta, sopravvivenza, sopravvissuto
10. —, —, l(o)'/l(a)'ignorante, ignoranza, ignorante/ignorato 11. —, —,
il/la conoscente, conoscenza, conoscente/conosciuto 12. —, —, il/la sapiente,
sapienza, sapiente/saputo 13. pensata, —, pensatore/pensatrice, —,
pensante/pensato 14. scoperta, —, scopritore/scopritrice, —, scoperto
15. seccatura, —, il seccatore/la seccatrice, —, seccante/seccato

16. —, —, —, —, desiderato   17. sorpresa, —, —, —, sorprendente/sorpreso
18. —, —, —, —, domandato   19. —, —, —, —, incuriosito
20. l'Appassionata (*music*), —, —, —, appassionante/appassionato
21. —, —, —, —, infastidito

Sebben che siamo donne...

La Lega

C 1. la lavoratrice 2. l(a)'operaia 3. — 4. la capofficina 5. la padrona
6. la capitalista 7. la crumira 8. lavoratrice (*modifies only feminine nouns, as in*
la classe lavoratrice) 9. operaio 10. padronale 11. capitalista 12. borghese
13. sindacale 14. laborioso 15. giornaliero 16. salariale 17. il capitalismo
18. il sindacalismo 19. il socialismo 20. i lavoratori 21. gli operai
22. i padroni

D 1. movimento sindacale 2. mondine 3. scioperare, padroni
4. sabotaggio 5. organizzarsi, sfruttamento 6. massimalista, socialista
7. il diritto di sciopero 8. organizzazioni, generale 9. a gatto selvaggio
10. rivendicazioni 11. stipendi, salari 12. a cottimo 13. crumiri, lotta
14. sindacati, crumiraggio 15. di otto ore, lotte 16. padronale 17. trattative

Mamma

B 1. **L**'hai 2. **L**'ha 3. Le, dir**gli** 4. Le 5. far**lo** 6. a voi due, aiutar**lo**
7. Gli 8. a lui 9. Gli 10. le 11. A loro 12. Le 13. Lui 14. Gli
15. a lui

Donna in guerra

C 1. pulire, casa 2. rimetta in ordine 3. casalinghe, da cima a fondo
4. pulizia 5. pasquali 6. pareti, pavimenti, cera, mobili, armadi, in naftalina
7. a mano, macchine, roba 8. essiccatore 9. stirare 10. ferro da stiro
11. lavapiatti, pentole 12. fatto 13. bucato 14. fresche di bucato

D 1. Dà retta a me 2. fa 3. vi andrebbe 4. Ce l'ha con 5. tocca a me
6. dato fuoco 7. Mi hai rotto le scatole 8. ti metti contro di lui 9. Non me
ne frega 10. Ho voglia di te 11. tocca a me 12. Ce l'hai 13. hanno voglia
di 14. È, di natura 15. Avrei voglia di fare 16. Non fare così 17. Ce ne
andiamo 18. Fa così

Le donne e la politica

C 1. referendum, repubblica 2. presidente, parlamento, cittadini
3. Deputati, Senatori, suffragio 4. Consiglio, Ministri 5. Presidente,
Consiglio, elezioni 6. elezioni 7. proporzionale, eletti 8. maggioritario,
candidato, voti 9. diritto di voto, donne 10. parlamento, giù 11. ultimo
12. laburista, primarie

D 1. Proprio prima 2. dicci anni fa, adesso 3. In futuro 4. stanotte
5. ieri notte 6. stasera 7. adesso, domani 8. Fino all'anno scorso,
Quest'anno, l'anno prossimo 9. da un anno 10. dal 1990 11. Prima che

La comunicazione, la musica e i giovani

Social media, empatia ed entropia: Prima parte

A 1. entropy   2. mirror neurons   3. exceptional, marking an era   4. to find it hard, to barely make it   5. to resort to   6. "pass the word," a game similar to "play the telephone"   7. relational goods   8. between/among peers   9. how   10. positional goods   11. sure   12. the pros and cons   13. first of all

C 1. il marchio, la marca   2. il marketing digitale   3. il filtraggio   4. il flusso   5. il seguito sui network sociali   6. home   7. l(a)'information   8. il link   9. il marketing   10. il microblogging   11. in linea   12. da pari a pari   13. postare   14. il ranking   15. il rapporto   16. la ricerca   17. il social commerce, il commercio sociale   18. i social friends   19. i media sociali   20. la rete sociale   21. lo shopping sociale   22. il tagging   23. la timeline   24. il cinguettio   25. la gestione della web

D 1. to download, "Would you download this program?" "No! There is a Trojan virus inside!"   2. to zip, "Did you zip the file?" "Yes, but it didn't work anyway."   3. to chat, We'll chat again when my parents give me my cell phone back.   4. to interface, What programs do writers use to sell online?   5. to e-mail, What about e-mailing Enrico? Do you think he would come to a poker game?   6. to upload, They uploaded the file to the site.   7. to link, We used to link our site to the school site, but some parents complained.   8. to support, Lino makes a decent living by supporting Web sites.   9. to flood, I don't understand what's happening. If they were flooding me, the reboot wouldn't work.   10. to post, It's not true that you love me! You never post anything on my Facebook page!   11. to reset, Don't reset it one more time. Don't you see it's dead?   12. to key in/type, I think you typed the wrong password.   13. to tag, Here are the instructions for tagging a photo on Facebook.   14. to scroll, Scroll down, farther down. . . . There it is, that's Donatella's picture.   15. to google, If you google the answer to the quiz and I win, I'll give you 10 percent!   16. to check, Vittoria never checks her e-mail.

E 1. Ecco il nuovo look della bacheca di Facebook!   2. Da piccolo voleva fare l'astronauta. Adesso fa il cibernauta.   3. Sai dove trovare Bombo. Passa la vita all'Internet caffè.   4. Google lancia un nuovo servizio: scrivere i messaggi di posta elettronica con il corpo.   5. Quale futuro ci riserva il mondo dei libri digitali?   6. Per cambiare i dati del conto devi accedere al pannello di controllo.   7. Il chiacchiericcio riguarda l'insieme di tutti i pettegolezzi, le discussioni politiche, culturali, ecc. ecc., per vivere... la vita degli altri!   8. Le spie usano i messaggini/gli SMS per installare un virus sui telefonini di quelli che vogliono pedinare.   9. Bona lavora nel campo del software libero e viene anche pagata!   10. Come faccio per limitare la messaggeria solo agli amici?

F 1. *la quale*, subject   2. *le quali*, direct object   3. *la quale*, direct object   4. *la quale*, subject; *la quale*, subject   5. *che*, declarative conjunction; *i quali*, subject   6. *la quale*, subject   7. *il quale*, direct object   8. *che*, declarative conjunction; *la quale*, subject   9. *la quale*, subject   10. *che*, declarative conjunction   11. *che*, declarative conjunction   12. *che*, declarative conjunction   13. *le quali*, subject

Social media, empatia ed entropia: Seconda parte

A 1. randomness   2. to get the idea/hint (from)   3. cognitive
4. interposition   5. broadcasting station   6. drift, regression; to be adrift
7. to have thrown oneself headlong into something   8. monad
9. point-shaped   10. annihilation   11. reflected   12. metaphor
13. addicted   14. those charged with specific, expert tasks; super-experts
15. anxiety-producing   16. threshold   17. sacrificial victim   18. Slow Food
19. as an example   20. pace

B 1. F   2. T   3. F   4. T   5. T   6. T   7. F   8. T   9. F   10. T   11. F
12. T   13. T   14. F   15. F   16. T   17. T   18. F   19. T   20. T   21. T

C 1. H   2. I   3. D   4. K   5. L   6. C   7. E   8. M   9. G   10. B   11. F
12. J

D 1. acquisire   2. aleatorio   3. l'andata   4. annichilire   5. apprendere
6. approfondire   7. attendere   8. coerente   9. competente   10. complesso
11. comunicare   12. la coniugazione   13. connettere   14. conoscere
15. conversare   16. creare   17. la definizione   18. la dipendenza
19. disperdere   20. dissipare   21. l'emissione   22. l'entrata
23. l'esasperazione   24. l'esemplificazione   25. esplorare   26. incerto
27. l'inferiorità   28. informare   29. interagire   30. intrapporre
31. la lontananza   32. la maggioranza   33. mancare   34. la minoranza
35. misurare/la misurazione   36. l'occhiata   37. l'osservazione
38. la potenza   39. la presenza   40. la prevedibilità   41. profondo
42. rappresentare   43. la riflessione   44. la segnalazione   45. la semplicità
46. l'uguaglianza   47. l'unicità   48. l'universalità   49. l'utilizzazione
50. la validità

E 1. l'acquisizione   2. emettano   3. un'occhiata   4. coerenti
5. la segnalazione   6. La validità   7. L'intrapposizione   8. maggioranza
9. presenza   10. della complessità   11. uguaglianza   12. incertezza
13. potenza   14. dipendo   15. annichilito

Ottantaedintorni

A 1. opening night   2. opening piece   3. itinerant; moving around
4. outstanding performer/athlete   5. physique   6. encore   7. performance
8. to send; to blow (someone) away

B 1. F   2. T   3. F   4. F   5. F   6. F   7. T   8. F   9. F   10. F   11. F
12. T   13. F   14. T   15. T   16. T   17. F   18. F   19. T   20. T

C n, h, d, o, f, k, j, e, c, m, a, g, b, i, l

D d, q, p, j, l, m, n, o, f, b, k, a, h, i, g, e, c

E 1. Cantava una canzone da piano bar, **dolce dolce**, ma intensa.
2. Il ragazzino guardava **attentissimo** i movimenti del chitarrista che
accordava il suo strumento.   3. Il rock and roll è un ritmo **molto
coinvolgente**.   4. La musica jazz in genere è **molto sincopata**.
5. Mio padre si è messo a suonare il sassofono a cinquant'anni ed è diventato
davvero bravo.   6. Non chiedere a Lalla di cantare! È **stonatissima**!
7. "Piantatela con quell'heavy metal! Siete **proprio insopportabili**!"
8. Scrive canzoni carine, leggere, **molto sentimentali**.   9. "Sei un batterista
fortissimo. Vorremmo che ti unissi alla nostra band".   10. Ha abbandonato
il pianoforte per il sintetizzatore. I suoi sono **molto depressi**.